本书是教育部人文社科青年基金项目“基于人力资本视角的新疆集中连片特困区反贫困问题研究”（13YJCZH256）的研究成果

经济管理学术文库·经济类

基于人力资本视角的新疆反贫困问题研究

——以新疆集中连片特困区为例

Research on Anti-poverty Problem Based on Human Capital Perspective
—A Case Study of the Concentrated and Connected Special Hardship Zone in Xinjiang

张 霞 潘明明 胡建元／著

经济管理出版社
ECONOMY & MANAGEMENT PUBLISHING HOUSE

图书在版编目（CIP）数据

基于人力资本视角的新疆反贫困问题研究：以新疆集中连片特困区为例/张霞等著. —北京：经济管理出版社，2019. 1
ISBN 978 - 7 - 5096 - 6310 - 3

Ⅰ. ①基… Ⅱ. ①张… Ⅲ. ①扶贫—研究—新疆 Ⅳ. ①F127. 45

中国版本图书馆 CIP 数据核字(2019)第 018133 号

组稿编辑：曹 靖
责任编辑：任爱清
责任印制：黄章平
责任校对：董杉珊

出版发行：经济管理出版社
（北京市海淀区北蜂窝 8 号中雅大厦 A 座 11 层 100038）
网 址：www. E - mp. com. cn
电 话：(010) 51915602
印 刷：北京玺诚印务有限公司
经 销：新华书店
开 本：720mm × 1000mm/16
印 张：12. 5
字 数：238 千字
版 次：2019 年 3 月第 1 版 2019 年 3 月第 1 次印刷
书 号：ISBN 978 - 7 - 5096 - 6310 - 3
定 价：68. 00 元

前　言

贫困是人类社会发展的难点问题，它不仅严重阻碍了社会、经济的发展，也是诱发地区冲突、社会不稳定和环境恶化等问题的重要根源之一。消除贫困不仅是人类社会为之奋斗的理想，更是当今世界各国面临的共同目标和任务。改革开放以来，新疆地区的贫困问题得到了国家的高度重视。

经过四十年的不懈努力，新疆贫困地区的扶贫开发事业取得了巨大成就，为促进新疆经济发展、政治稳定、民族团结、边疆巩固、社会和谐发挥了重要作用，也为全球减贫事业做出了重大贡献。然而，以物质资本投入为主的“输血”型扶贫政策的继续推进，并没有有效地缩小地区间的贫富差距。相反，随着“等、靠、要”思想的生根，相对贫困问题更为凸显，“返贫”现象时有发生。党的十九大报告提出，注重扶贫同扶志、扶智相结合，使贫困人口获取资源的能力与机会不断增加的开发式扶贫方式逐步受到理论界和实践界的关注。人力资本反贫困模式也越来越受到人们的重视。因此，本书从人力资本投资的视角出发，对新疆集中连片特困区这一典型贫困区的贫困情况进行研究。在充分了解新疆集中连片特困区贫困现状、贫困成因以及反贫困现状的基础上，分析人力资本反贫困的作用机理，探究新疆集中连片特困区人力资本反贫困的路径选择。本书对提升少数民族贫困人口和贫困社区的综合生产能力以及抵御各种风险的能力，实现民族地区的经济繁荣和社会可持续发展具有重要意义。

本书是在调查报告基础上修改完成的，由五个部分组成，共分为八章。第一章到第二章，介绍了研究背景和意义，对国内外研究现状进行了综述，在界定清楚核心概念的基础上，夯实了本书的理论支撑。第三章到第四章，对新疆集中连片特困区的贫困现状、反贫困模式以及反贫困模式的成效进行了综述和测算。新疆集中连片特困区是我国贫困面积最大、贫困人口最集中、贫困程度最深、贫困问题最复杂和脱贫难度最大的地区。该地区的反贫困模式涉及民生工程建设、社会帮扶、产业化扶贫和农村人力资源开发等，农村人力资本投资是其中成效最明显、与反贫困成效关系最紧密的一项扶贫模式。第五章，运用综合评价法对农村人力资本和反贫困成效进行评价，并运用 VaR 模型的脉冲响应分析和方差分析探讨农村人力资源开发对反贫困成效的长期作用。研究发现，农村人力资本投资在新疆集中连片特困区反贫困进程中发挥着长期、显著的推动作用。第六章到第七章，利用有序 Probit 模型，建立新疆集中连片特困区农村人力资本影响因素的分析模型。结果表明：传统生活习惯等诱发的农民安于现状、不思进取以及多子多福的价值取向，阻碍了农村劳动力人力资本存量的提升和人口资源的优化配置，而通过基础教育、职业技能培训、通用语言培训以及文化宣传等方式可以有效地打破农村劳动力的传统观念，激发农村劳动力的培训热情和兴趣，实现农村劳动力人力资本的积累和农民城乡之间的合理流动。第八章，在对农村人力资源开发与反贫困关系和农村人力资源开发影响因素准确把握的基础上，从转变农民思想观念，加强农民基础教育和职业技能教育，推动农村劳动力在城镇之间的合理流动，消除农村人力资源开发制度限制以及加强农村基础设施建设，并从提升农村基础设施服务水平等角度构建南疆三地州农村人力资源开发的具体实现路径。

本书是集体智慧的结果，是在分工合作的基础上完成的：胡建元、潘明明、李光明参与完成本书的撰写；王蕾、刘锦华参与课题调研、数据核实及部分内容的撰写；最终张霞负责研究报告和全书的修改、统稿工作。

书稿完成后，课题主管部门聘请校内外五名专家对书稿内容进行了审读并提出了宝贵意见。课题组成员针对所提意见进行了修改，并将修改后的书稿进行了反馈，在此向上述专家表示崇高的敬意，对认真负责修改的课题组成员表示衷心的感谢。

本课题研究中，石河子大学科研处等部门领导对课题的调研给予了大力支持，喀什地区扶贫办、克州地区扶贫办以及喀什地区疏勒县、疏附县等相关部门提供了丰富的素材，在此向帮助过课题项目研究的单位表示最真挚的感谢。

由于时间仓促和能力有限，本书难免有错漏之处，希望广大读者批评指正，也希望本书能得到有关部门的重视，从而为相关决策提供参考。

作者

2018 年 9 月

目　录

第一章 绪 论

第一节 研究背景

贫困问题是人类在社会发展过程中一直存在的难题，它不仅严重阻碍了社会、经济的发展，也是诱发地区冲突、社会不稳定和环境恶化等问题的重要根源之一。国内外已有的研究结果表明：绝对贫困的发生率与一个国家的政治稳定性呈负相关。消除贫困不仅是人类社会为之奋斗的理想，更是当今世界各国面临的共同目标和任务。我国历史都十分重视贫困问题，自改革开放以来，新疆民族地区的贫困问题得到了国家各级政府的高度重视。1989 年 8 月，国务院制定《关于少数民族地区扶贫工作有关政策问题》的规定，指出中央和地方政府在开发项目上，应适当向资源条件较好的民族贫困地区倾斜，以解决民族地区的贫困问题。1994 年国家推出“八七扶贫攻坚计划（1994～2000 年）”，在广西、云南、贵州、甘肃、宁夏、新疆等 17 个省份的贫困地区全面推广“温饱工程”，并加强民族地区干部培训和人才交流工作，促进相应地区的经济发展。1998 年国家实施“国家教育扶贫工程”，在新疆等西部 9 个省份、468 个县投入 54.9 亿元，修建 14942 所中小学。2001 年颁布实施《中国农村扶贫开发纲要（2001～2010 年）》，2010 年底之前，全面完成人口较少民族、在内陆边境 25 千米范围内、国家扶贫开发工作重点县中的 24649 个贫困村的改建工作。

随着《中国农村扶贫开发纲要（2011～2020 年）》（以下简称新《纲要》）的颁布实施，我国扶贫工作立足新起点，迈出了脱贫新步伐。到 2020 年，稳定实现扶贫对象不愁吃、不愁穿，保障其义务教育、基本医疗和住房。贫困地区农民人均纯收入增长幅度高于全国平均水平，基本公共服务主要领域指标接近全国平均水平，扭转了发展差距扩大的趋势。未来我国将把基本消除绝对贫困现象作为首要任务，集中力量将连片特殊困难地区作为主战场，进一步加大扶贫开发投入、启动连片特困地区综合治理试点、大力拓展社会扶贫领域、完善扶贫工作机制。截至2015年，贫困人口显著减少，力争到2020年，基本消除绝对贫困现象。“集中连片特殊困难地区扶贫开发”是新时期扶贫工作的重点，也是新十年我国扶贫开发工作思路的创新。

从2014年底实施精准扶贫，我国用两年时间，对“建档立卡”贫困户实施了“规划到户、措施到户、责任到人”的精准帮扶政策。采取“一村一策、一户一法”等精准扶贫措施，搞好扶贫开发，重点抓好特困地区和特困群体脱贫。以集中连片特困地区为重点，加大投入力度和工作力度，进一步做好扶贫开发攻坚战的工作。

经过三十多年的不懈努力，新疆民族地区的扶贫开发事业取得了巨大成就，为促进新疆经济发展、政治稳定、民族团结、边疆巩固、社会和谐发挥了重要作用，为全球减贫事业作出了重大贡献。然而，随着以物质资本投入为主的“输血型”扶贫政策的继续推进，并没有有效地缩小地区间的贫富差距。相反，随着“等”“靠”“要”思想的生根，相对贫困问题更为凸显，“返贫”现象时有发生。党的十八大提出在科学发展观指引下全面建成小康社会的目标，党的十九大报告提出，注重扶贫同扶志、扶智相结合，使贫困人口获取资源的能力与机会不断增加的开发式扶贫方式逐步受到理论界和实践界的关注。人力资本反贫困模式也越来越受到人们的重视。因此，课题从人力资本投资的视角出发，对典型的新疆集中连片特困区的贫困情况进行研究。在充分了解新疆集中连片特困区贫困现状、贫困成因以及反贫困现状的基础上，分析人力资本反贫困的作用机理，探究新疆集中连片特困区人力资本反贫困的路径选择。该研究对提升少数民族贫困人口和贫困社区的综合生产能力以及抵御各种风险的能力，实现民族地区的经济繁荣和社会可持续发展具有重要意义。

第二节　研究目的与意义

一、研究目的

（1）甄别新疆集中连片聚居特困区贫困现状及其原因。目前，新疆扶贫工作处在新旧交替的时期，经过了2001～2010年十年的扶贫历程，并正在《中国农村扶贫开发纲要（2011～2020年）》的指导下开展新十年的扶贫工作。目前，反贫困工作已经取得了一定的进展，本书在动态地分析新形势下新疆集中连片特困区的贫困现状将对目前的反贫困工作提供有力的指导。

(2) 进行新疆集中连片特困区人力资本投资的路径研究。新疆集中连片特困地区是指和田地区、喀什地区和克孜勒苏柯尔克孜自治州。一方面这三个地区地处我国荒漠区和边境山区，另一方面为少数民族聚居区。基于新疆连片特困区边境性、荒漠性、民族性的特点，三地的贫困原因和扶贫项目侧重点有所不同。本书结合集中连片特困地区的特点和人力资本现状，针对性对该地区进行人力资本投资的路径研究。

(3) 基于教育投资的理论，进行集中连片特困地区的产业扶贫发展与少数民族职业教育互动机制研究。在产业扶贫开发过程中需要提升扶贫对象素质，充分发挥地方职业教育基地的作用，开设民族特色产业学科培训，探索职业教育与产业发展的良性互动机制。

二、研究意义

基于人力资本进行新疆集中连片特困区反贫困问题研究对于新疆的可持续全面发展具有重要的战略意义。

1. 理论意义

(1) 南疆三地州为全国14个集中连片贫困区之一。研究南疆三地州农村的贫困问题，丰富了集中连片贫困区反贫困的理论成果，对其他顽固贫困区反贫困工作的开展具有理论指导价值。

(2) 南疆三地州为少数民族聚居地区。研究从历史、民族文化、自然环境等多个角度分析南疆三地州贫困的形成机理、反贫困的障碍性因素等问题，并从人力资源开发的视角，探寻提升少数民族贫困人口的生产能力以及抵御各种风险的能力，从而开辟了新的研究视角。

2. 现实意义

(1) 选择新疆集中连片维吾尔族聚居贫困地区作为研究对象进行反贫困问题的研究，对于国家安全、民族团结以及树立国家形象具有重要意义，是确保国家长治久安的重要措施，也是促进民族团结、维护社会稳定的需要。

(2) 人力资本反贫困问题研究是进行开发式扶贫，提升扶贫对象自我发展能力的最根本问题。

(3) 基于人力资本视角的教育扶贫、健康投资是保证脱贫户不再致贫、避免扶贫工作陷入贫困恶性循环的重要因素。

三、国内外研究现状及述评

在当今知识经济时代，只有具有专业知识的高级技术人才是推动经济发展的真正动力，这驱使了众多学者投入其中进行相关研究。现将国内外关于人力资本投资与经济增长关系的研究简要介绍如下。

（一）国外研究现状

1. 贫困成因的研究

对贫困成因的研究，西方学者提出了许多理论。纳克斯（1966）“贫困恶性循环论”指出，贫困的长期存在是由若干个有着相互联系和相互作用的恶性循环系列造成的，资本缺乏是产生贫困和恶性循环的重要因素。缪尔达尔（1991）的“循环积累因果关系论”认为，在贫困地区，人们收入水平低下、教育资源匮乏、身体素质较差，导致当地人口的素质下降、劳动力素质下降，同时又直接影响生产效率，生产效率低下对产出造成负面影响，最终低产出致使低收入，低收入又强化了原来的贫困。贫穷的国家或地区最终陷入低收入与贫困的积累性循环困境中。舒尔茨（1990）的“人力资本理论”指出，贫困的根本原因不在于物质资本的短缺，而是人力资本的匮乏和对人力资本投资的严重不足。阿马蒂亚·森（2004）的“能力贫困理论”则认为贫困的根本原因是他没有足够获取收入的能力。他认为人口贫困的原因就是丧失其中的某些能力，即能力的贫困。刘易斯（1958）的“二元经济理论”和“发展计划”、纳尔逊（2006）的“低水平均衡陷阱”理论、马尔萨斯（2007）的“人口贫困论”理论以及库兹涅茨（1955）的“经济增长与收入不平等”理论等，都相继对贫困的形成及发展原因等问题进行了深入研究。

2. 关于反贫困的研究

基于不同研究对贫困定义和成因的认定差异，学者们从不同角度进行了反贫困研究。马尔萨斯的“抑制人口增长反贫困理论”指出要解救工人、消除贫困的唯一办法不是革命，不是实行平等的社会制度，而是在于抑制人口增长，以达到人口增长与食物供应间的平衡。并提出解决人口问题的“两类抑制办法”（马尔萨斯，2006）。马克思主义反贫困理论立足资本主义生产的本质——生产剩余价值，全面分析整个无产阶级各个方面的贫困状况，指出消除贫困的唯一出路，就是消灭“剥夺者”，通过暴力革命在政治上推翻资产阶级统治，“用建立新社会制度的办法来彻底铲除贫困”①。“赋权”反贫困理论则指出贫困的实质源于权利的贫困，相关权利的缺失是诱发贫富差距扩大和社会普遍贫困的重要原因，因此解决贫困的有效途径是通过对相应的制度安排，建立一套政治和社会体制，赋权以保障贫困者享有基本的政治与公民自由、获得基本生活需要和教育、医疗卫生等权利（朱霞梅，2010）。“人力资本”反贫困理论则认为减少收入不平等，

① 马克思恩格斯全集．北京：人民出版社，1956.

缩减、消除贫困的有效路径是应采取加强贫困人群的人力资本投资、改善贫困人口的健康状况、提高其教育水平和劳动技能，促进贫困人口进入劳动力市场等措施。此外，收入再分配理论、“涓滴效应”反贫困理论等相关研究阐述了通过政策实施、经济成果分配等手段减少、消除贫困，以维护社会的公平，促进社会的文明进步（刘丽娜，2012）。

3. 关于人力资本理论的研究

随着亚当·斯密《国民财富的性质和原因的研究》（1776）一书的出版，亚当·斯密被视为第一个将人力作为资本的经济学家，他不仅提出了“劳动能够创造价值且处于各种资源的特殊地位”的观点，更明确地指出，人所具有的劳动熟练程度和判断能力对于人的劳动效率有显著的影响。而人要想具备这一熟练的劳动技巧必须通过教育培训来获得，同时这需要花费时间和学费。之后，英国著名经济学家马歇尔对于人力资本理论的分析，被视为现代人力资本理论的重要思想来源。马歇尔拓展了资本的概念，将人力资本纳入资本概念中，强调政府对于教育投资的重要性，同时还主张人力资本投资相对于物质资本投资外具有优先性。

舒尔茨指出，传统的物质资本与劳动力投资已不适应当今时代的发展，只有依靠人力资本投资，重视教育、培训，才能实现经济腾飞。通过教育、培训让劳动者更新理论知识，学习先进科学技术，有助于提高劳动生产率，促进经济增长。通过改善医疗条件增强劳动者的身体素质，延长劳动者的工作时间，从而增加劳动产量和个人收入。舒尔茨发表“人力资本投资”演讲，阐述了人力资本的概念、特征，论述了人力资本投资有利于经济增长和个人收入增加。随后舒尔茨发表了《教育的经济价值》（1963）、《人力资本投资：教育和研究的作用》（1990）等论文，进一步深入分析人力资本对于经济和社会发展的重要性，丰富和发展了人力资本理论，由于舒尔茨对人力资本理论的形成和发展做出了巨大贡献，所以被世人称为“现代人力资本之父”。美国经济学家贝克尔在《人力资本：特别是关于教育的理论与经验分析》（1964）、《时间配置论》（1965）等著作中，对人力资本的成本与收入进行分析，得出“加大人力资本投资，增加劳动者的知识存量，掌握现代科技，有助于提高劳动者的个人收入”这一结论。贝克尔的研究具有科学性和可操作性，为现代人力资本理论的发展提供了坚实的微观基础。除了舒尔茨和贝克尔之外，明塞尔也长期从事收入分配、教育培训的人力资本分析探索，他先后发表了《人力资本投资与个人收入分配》（1957）、《教育、经历与收入》（1974），建立了个人收入分配和培训之间的数学模型，用人力资本理论解释了人们之间存在收入差距的原因，他提出的明塞尔收益率分析法被业界广泛使用，后成为分析人力资本投资与收入分配的重要工具。明塞尔对现代人力资本理论的发展作出了巨大贡献，后人把他看作是人力资本理论的先驱。

美国著名经济学家卢卡斯在 1988 年发表的《经济发展机制》一文中，提出了一个人力资本推动型的经济增长模型，为人力资本理论的发展做出了进一步的贡献。卢卡斯认为，经济增长的决定因素在于资本的积累，他明确强调了外部作用对于人力资本的作用，并指出人力资本的投资决定一个国家经济的发展和收入的多少，人力资本增长率同经济增长率呈正相关，发展中国家应该注重人力资本的投资，引进先进的技术以此来提高经济的发展。

4. 有关人力资本投资与贫困问题的研究

目前，有关人力资本与贫困的直接研究比较少。Schultz 和 Sen 在理论上分析了人力资本对贫困的影响。前者认为，人力资本短缺是导致贫困的根本性原因，而人力资本的提高是帮助穷人摆脱贫困的决定性因素，后者则认为贫困不仅是收入的低下，更是创造收入和机会的基本可行能力的剥夺，教育、技能、健康等形式存在的人力资本，不仅是贫困的表现也是贫困产生的实质原因。

但某些实证研究的结果却与前者理论并不一致。Kurosaki 和 Khan（2001）对巴基斯坦农村的研究显示，人力资本，尤其是教育，在缓解贫困方面起到了重要的作用。Cheng 等（2002）的研究表明，教育投资的减贫效果最显著。但也有研究表明，人力资本对消除贫困的影响并不显著。Teal（2001）对加纳的研究证明，教育并未显著地缓解农村贫困；而 Wedgwood（2007）对坦桑尼亚的研究表明，教育投资并未带来显著的减贫效果。此外，还有研究表明，人力资本支出不利于缓解贫困。如 Gustafsson 和 Li（2004）利用中国 18 个省份 1988～1995 年的数据，从教育本身对贫困的影响进行研究，发现农村居民教育支出的增加，导致低收入家庭教育支出占比上升，造成农村贫困消除缓慢。

（二）国内相关研究理论

1. 贫困成因的研究

在广泛借鉴国外贫困成因相关理论基础上，国内学者对民族地区贫困问题进行了大量研究，逐步形成了“制度论”“条件论”“起点论”和“素质论”四种不同的观点。程厚思、曹文（1997）指出，由于地理位置远离社会经济中心，交通通信条件差，内部交流困难，外部交流成本高，造成民族地区长时期的制度固化和技术停滞，是导致民族地区贫困的关键性因素。程厚思、邱文达等（1999）认为，民族地区贫困的客观原因是自然生态环境恶劣、基础设施落后、生产方法原始、信息闭塞以及文化传统、宗教信仰和风俗习惯特殊等，不利于经济发展，利用刺激经济发展的外部因素很难渗透到许多民族地区的经济“孤岛”体系内部。王改弟（2000）运用以斯密为代表的古典经济理论、诺克斯的贫困恶性循环论等“唯资本论”观点为理论依据，证明了民族地区贫困的原因是历史起点低，发展资金积累不足。民族地区由于长期的经济状况落后，无法形成现代经济起飞的积累资金，导致了现在的贫困。敬莉（2008）则认为，贫困的深层次原因是人力资源的稀缺和人口素质的低下。

本课题对南疆三地州贫困问题的研究，在整体上是基于阿马蒂亚·森、舒尔茨和敬莉等学者研究的观点，即造成贫困的根本原因是人力资本的严重短缺，不足以产生维持生存和促进发展所需要的内在动力和能力。

2. 关于反贫困的研究

我国对反贫困的研究侧重于农村地区和民族地区。蔡昉（2003）、王朝明（2008）等指出农村地区实施小额信贷、以工代赈、项目开发、人力资源培训与劳务输出、移民搬迁和国际合作等对措施促进当地经济发展，提升人们收入水平效果显著。叶普万（2008）、陕立琴（2009）、郑志龙（2009）等根据反贫困相关理论进行实证分析后，提出信贷扶贫、减贫和国家经济发展相结合战略，直接瞄准穷人以及制度扶贫等政策建议。樊纲（2002）、张杰（2006）和张雄（2007）等指出农业生产是农户最基本的收入来源，增加对农业资金的投入不仅改善了贫困地区的生产生活条件，而且使贫困地区经济增长速度和人均收入水平有了明显提高。俊峰（2004）、汪三贵（2010）和魏淑清（2011）等从严格控制贫困人口增长、加大人力资本投资、增强贫困人口自我发展能力等方面提出了西部少数民族地区反贫困的理性选择。李俊杰等（2006）则指出扩大劳务输出是增加民族地区农牧民收入的重要渠道，也是解决民族地区贫困问题的重要举措。另有徐贵恒（2006）、樊怀玉（2002）、李茂林（2010）、邵志忠（2011）、庄天慧（2010）等国内学者也对反贫困提出了自己的见解，包括提升人口素质措施、增强人力资本、改善人口结构、优化人力资源、整合区位资源、加强基础设施建设等方面措施。

3. 关于集中连片特困区的研究

集中连片特困区最早见于20世纪80年代中期，我国提出了扶贫开发政策，旨在提高贫困地区经济增长和居民收入增长。我国国家发展和改革委员会（以下简称发改委）公布的数据中，根据我国贫困地区地理分布特点、经济收入水平等因素将全国划分出18个集中连片特困区。2010年10月召开的党的十七届五中全会出台的《中共中央关于制定国民经济和社会发展第十二个五年规划的建议》中提出"加快解决集中连片特殊困难地区的贫困问题"。2011年《"十二五"规划纲要（草案）》提出在南疆地区、青藏高原东缘地区、武陵山区、乌蒙山区、滇西边境山区、秦巴山—六盘山等地区，实施集中连片特殊困难地区扶贫开发攻坚工程。张军广在《宏观经济趋势与区域经济发展》的报告中指出，从东部、中部和西部三个地区，统计了18个集中连片特困区。原思敏（2011）分析了集中连片特困区分布的特点：从贫困区县数量上来看，集中连片特困区的空间分布与我国区域经济差异具有一定的相关性；从地域分布上来看，这些贫困县多集中在几大山脉周边和地理区位较差、交通不便的边远山区，由此得出，集中连片特困区的贫困原因有一定的共性结论。

（1）东部集中贫困区的研究。尚建宝（2011）基于东部贫困地区县域政府公共产品的供给角度，对山东省沂南县公共产品的供给进行了实证分析，指出我国东部贫困地区公共产品低效供给表现在供给不足、供给结构失衡、城乡供给差距悬殊等方面。原因包括：供给主体单一；政府与民众信息不对称；缺乏监督机制等。张昌英和徐昀（2012）以沂蒙山区为例，分析了人口智力资源在农村地区反贫困中的作用，指出智力资源的流失使农村劳动力的智力状况与新时期农村建设不相适应等。

（2）中部集中贫困区的研究。张大维（2011b）基于生计资本视角下，对武陵山区进行了现状分析并提出了治理方法。张大维（2011a）对渝鄂湘黔交界处的 1149 个村的案例分析发现：在集中连片少数民族困难社区，灾害与贫困具有重合性和一致性；灾害、脆弱性、可行能力、贫困等要素之间具有相对的继替性和循环性等。张玉玺（2011）对四川省民族贫困县进行了研究，以四川省 20 多个少数民族扶贫重点县的数据为基础，从扶贫目标、经济发展、社会发展、生态发展四个方面，选取 18 个具有代表性的基础指标，建立了和谐社会进程中民族地区反贫困绩效评价指标体系。黄玉娜（2011）从物质资本、人力资本和社会资本三个方面，对部分中部地区政府反贫困政策的绩效进行了定量分析，得出以下结论：从整体来看，物质资本、人力资本和社会资本反贫困政策均对贫困家庭的生产有促进作用，加强家庭物质资本、人力资本和社会资本的建设可以有效带动贫困家庭增加收入、摆脱贫困，但是政策的效果在城市（镇）和农村之间存在着一定的差别等。

（3）西部集中贫困地区的研究。龚宵侠（2007）对西部民族贫困问题进行了研究，他指出，西部民族地区贫困的成因主要有以下七个方面：

其一，自然地理原因。“边际”地理区位，恶劣的自然环境。

其二，社会历史原因。社会经济文化发展水平低，基础设施落后。

其三，人力资本原因。人口数量增长快，人力资本水平低。

其四，非正式制度原因。思想观念落后。

其五，制度性原因。农地产权制度、户籍制度、税费制度和基层行政管理制度阻碍经济发展。

其六，资本原因。发展资金不足，资本形成困难，外流严重。

其七，经济结构原因。经济基础薄弱，经济结构不合理。

杨颖（2011）基于贵州农户家庭层面的问卷数据，分析了西部农村反贫困的影响因素，从农户家庭的生计层面实证发现：性别、学历、家庭规模、是否接受过技能培训、获得农村最低生活保障程度等是西部农村反贫困的决定因素，而民族、年龄、人均耕地、外出务工、扶贫贷款都对反贫困的影响不显著。潘明明（2016）对西部民族特困区农村人力资源开发减贫成效做了研究，从农村人力资源的规模与结构、农村人力资源的文化素质与身体素质、农村人力资源的迁移与流动及构建西部农村人力资源开发水平指标体系。从农村农业生产与农村经济、农民生活与农村社会发展和农村生态环境保护与治理等角度构建南疆三地州反贫困成效指标体系。运用 VaR 模型探究农村人力资源开发在民族特困区贫困缓解过程中的作用。结果表明，农村人力资源开发在民族特困区贫困缓解过程中发挥着积极的作用。

通过对中西部的集中连片贫困区文献的研究发现，这方面文献主要围绕贫困区的现状、影响因素、业绩评价及反贫困的措施等方面进行研究；其中大多数是定性分析，定量研究较少；实证分析主要集中在中西部，其贫困成因具有共同性，主要在地理原因、社会原因、人力资本、物质资本、制度原因及经济结构等方面。

4. 关于农村人力资本投资的研究

刘朝臣、鲍步云（2007）认为，“农村人力资本投资是指对全体农村人口在进行认真调研、数据汇总、认真分析的基础上，确定农村人口的知识和技能差别，有针对性地进行人力资本投资”。政府可以利用教育机构进行文化扫盲，利用职业技能培训渠道让农民掌握先进农业生产技术，提高农村人口整体素质，更好地构建社会主义新农村。目前，大部分学者普遍认为农村人力资本投资可分为以下几个方面：

（1）农村教育投资。教育是改变农民贫困的关键，加大教育投资力度，普及基本农业知识，增加农民知识储备，才有可能增加农民收入。

（2）农村培训投资。农业技能培训是改变农民贫困的基础，培训使农民改变原始生产模式，采用先进的种植技术，增加农作物产量。

（3）农村保健投资。医疗是改变农民贫困的保障，乡村医疗基础设施的改善、农民医疗费有比例的报销，有效解决农民“看病难、看病贵”问题。农民有了健康的身体才能更好地从事农业生产活动，延长劳动时间，增加农民收入。

（4）农村劳动力转移投资。劳动力转移是改变农民贫困的前提，我国农村耕地面积越来越少，仅依靠农业难以改变农民贫困现状，政府可通过组织农村富余劳动力再就业培训且向沿海城市转移。

5. 有关人力资本投资与反贫困问题的研究

我国贫困地区人力资本存量的现实状况极差。贫困地区人力资本的积累有两个来源：一是除了贫困区域之外对贫困地区进行的人力资本投资；二是贫困人口自身的积累，即区内自我人力资本投资。我国农村的贫困与地区差距紧密相连。农村贫困人口的绝大多数分布在中部、西部落后地区，东部沿海省市农村贫困人口相对较少。

目前，已有大量的研究文献关注包括劳动力素质在内的人力资本投资对解决贫困问题的影响。沈利生、朱运法（1997）指出，经过测算能够确定固定资产存量的增长和人力资本存量的增长是农业部门增加值的主要源泉，它们分别解释农业增加值增长的57.4%和27%，加上技术进步的贡献率14.8%，在农业经济增长中有50%的增长是由于农业劳动者人力资本水平提高所导致，这对于解决农村贫困问题有举足轻重的作用。与此同时，也有研究关注人力资本积累对经济增长和社会发展的影响。例如，白菊红（2004）发现，户主的文化程度越高，农户从事非农业的可能性就越大。刘建和、朱晓明（2008）通过对浙江省和陕西省的人力资本状况进行比较，指出人力资本积聚的差异机制对区域经济增长产生的作用。韩林芝（2009）指出，通过完善人力资本投资政策来促进我国农村的反贫困进程，是消除农村贫困地区绝对贫困的最终目标。

（三）文献述评

关于国外方面的研究来说，人力资本问题研究被分为两个体系：一个是以舒尔茨为代表的人力资本经济增长论，他是从人力资本作为经济增长的决定性因素这一角度来研究的；另一个是以明塞尔和贝克尔为代表的人力资本收入分配论，这一理论是把人力资本作为决定收入分配或工资结构的因素来研究的。在国内研究方面，大部分学者普遍认为农村人力资本投资可分为以下几个方面：农村教育投资、农村培训投资、农村保健投资、农村劳动力转移投资。部分国内学者认为通过完善人力资本投资政策来促进我国农村的反贫困进程，是消除农村贫困地区绝对贫困的最终目标。

综观国内外学者对人力资本与贫困的相关研究，发现现有的研究存在以下三点不足：

（1）在概念的把握上，对人力资本的理解不够全面、准确，即对人力资本概念的界定大多侧重于劳动者的教育水平和技能水平方面，而忽视劳动者的健康状况，特别是思想观念状况，因而在资料选取上也较为单一，大多采取官方统计的农民受教育状况，缺少完全意义上的人力资本状况描述。

（2）在研究方法上，大部分研究是直接以全体农户或者农村贫困户为研究对象，没有运用比较的方法，即将贫困户与非贫困户作比较研究，因而其研究结论往往缺乏说服力。

（3）在研究层次上，宏观或中观层面的总体性论述较多，而对微观层面个体人力资本对其家庭收入的具体作用过程进行描述分析尚不多见。因此，采取社会学的研究范式对人力资本概念进行操作化、运用问卷调查和个案访谈的方法搜集相对全面的实证资料成为完善这一研究主题的可能选择。

因此，本书在借鉴已有国内外学者的研究成果基础之上，结合新疆集中连片特困区的实际情况，从贫困人口的个人视角出发，运用实证的分析方法，探究新疆集中连片特困区长期贫困的主要原因，并从贫困人口的人力资本投资角度提出新疆集中连片特困区具体反贫困模式。

四、研究的思路与方法

（一）研究思路

本书以人力资本投资、反贫困的相关理论为基础，结合国家政策导向和相关会议精神，提出问题和研究背景。针对研究对象与特定区域分析扶贫历程及扶贫效应。在分析传统扶贫方法缺陷的基础上，深入剖析新疆集中连片维吾尔族聚居特困地区的根本原因，同时阐述人力资本与贫困地区贫困的关系研究。综合以上分析，创新性构建人力资本反贫困的视角。在此基础上提出“人力资本反贫困”的战略开发模式和政策思路。研究思路如图 1－1 所示。

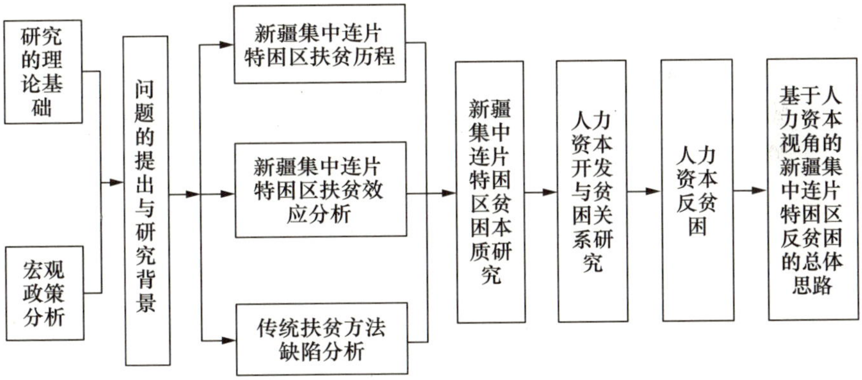

图 1－1 研究思路

（二）本课题的研究方法

本书将以社会学、发展经济学、劳动经济学和管理学为主，结合统计学开展研究。采用定性分析与定量分析相结合的方法，实证分析与规范分析相结合的方法，同时运用比较分析的方法进行研究。

五、创新与不足

（1）研究视角创新。新疆南疆农村少数民族贫困人口的贫困原因和类型不同。对贫困的不同理解将导致不同的反贫困路径的选择。以往的研究多从生态贫困、制度性贫困的视角进行。为规避传统扶贫方法的缺陷和跳出“贫困陷阱”，本研究基于人力资本视角进行反贫困问题的研究。

（2）研究对象的特殊性与典型性。研究对象具有独具鲜明特色的地域性与民族性。

第二章　概念界定和相关理论基础

第一节　概念界定

一、集中连片特困区

《中国农村扶贫开发纲要（2011～2020年）》（下文简称《纲要》）指出，新时期我国扶贫攻坚的主战场主要集中在连片特殊困难地区（简称连片特困区）。《纲要》第十条明确指出，连片特困区主要包括六盘山区、秦巴山区、武陵山区、乌蒙山区、滇贵黔石漠化区、滇西边境山区、大兴安岭南麓山区、燕山—太行山区、吕梁山区、大别山区、罗霄山区以及国家已明确实施特殊政策的西藏、四川藏区和南疆三地州。从地域上来看，由于连片特困区散布在我国广大的版图上，其地理环境和经济社会发展存在巨大的差异，因此连片特困区是一个抽象的集合性概念，每个地区都有其自身特殊性，难以以一个统一的概念概括，但这些区域也具有一些共性，如贫困范围广、贫困程度深、致贫因素复杂、扶贫开发难度大等，而且这些地区多是少数民族聚居区、边远山区、革命老区和边境地区，以往的扶贫模式在此难以奏效。因此，新时期中国的贫困格局呈现出绝对贫困人口在分布上向边远山区、民族聚居区、革命老区、省际交界区等区域集中的大分散、小集中态势，这些贫困人口集中区被称为集中连片特殊困难地区，简称连片特困区。

二、新疆集中连片特困区

新疆集中连片特困区主要指南疆三地州，包括克孜勒苏柯尔克孜自治州、喀什地区、和田地区，辖24个县（市）。克孜勒苏柯尔克孜自治州包括阿图什市、阿克陶县、阿合奇县、乌恰县，喀什地区包括喀什市、疏附县、疏勒县、英吉沙县、泽普县、莎车县、叶城县、麦盖提县、岳普湖县、伽师县、巴楚县、塔什库尔干塔吉克自治县，和田地区包括和田市、和田县、墨玉县、皮山县、洛浦县、策勒县、于田县、民丰县。从地理环境上来看，该地区处于亚欧大陆干旱区，以荒漠、戈壁为主，绿洲空间距离遥远，区内干旱少雨，水资源极为稀缺，植物覆盖率低，种群结构单一，等级较低，生态系统稳定性差，区域内生态环境脆弱，自然灾害频发，是典型的贫困问题与生态脆弱耦合区域。

三、贫困与反贫困的内涵及衡量标准

（一）贫困的内涵

西方贫困与反贫困理论是在经济学相关理论的基础上逐渐演化而来的。对贫困的研究可追溯到布什（Booth）和朗特里（Rowntree）在20世纪初对伦敦东区的城市贫困进行的“一系列调查研究工作”，至今已有100多年的历史。在此期间各地学者和研究机构从不同角度对贫困分别进行定义，使贫困的概念界定经历了一个由狭义的经济视角逐渐转变为广义的经济、社会、政治、文化等多元视角的过程。本次研究仍然将贫困理解为最基本的经济意义上的概念，即中国国家统计局（1991）在《中国城镇居民贫困问题的研究》中所说的：“贫困一般是指物质生活困难，即一个人一个家庭的生活水平达不到一种社会可接受的最低标准。他们缺乏某些必要的生产资料和服务，生活处于困难境地。”

（二）反贫困的内涵

学者们就贫困的成因、发生机制和反贫困对策与措施等问题进行了深入研究。认为相同情况的贫困是由于不同的原因产生的。综合来看，对贫困成因的研究主要有要素短缺论，政策不利论、制度短缺论、贫困文化论和能力贫困论等。

根据贫困的定义和成因不同，学者们从不同角度进行了反贫困研究。主要有以下两方面：①从国家层面的展开对反贫困制度的研究，如黄英君（2011）从地区层面展开的资源和经济结构角度来解释成因，扩大资源开发力度、提高资源使用效率、增强对外来资源的吸引力以及加快经济结构调整、实现结构优化将是贫困地区进行贫困治理的主要战略选择；②从个人角度展开的由于个人能力不足造成贫困的反贫困策略研究，这方面研究主要包含加大人力资本投资、注重贫困人口的能力建设等。

（三）人力资本的概念界定

现代人力资本概念是在对西方经济学占主导地位的物质资本概念的批判中创立的。考虑到人力资本投资渠道中劳动迁移的重要性，同时也为了避免人力资本泛化的危险，将劳动者的人格纳入迁移能力来考察。于是，人力资本类型便可以概括为知识、技能、健康、迁移能力、思想观念五个部分。这种类型划分实际上也间接反映了人力资本的形成渠道。

人力资本相关研究主要是针对人力资本的存量、投资收益、测量方式等相关研究。人力资本投资的相关研究则见于对农村社会问题、企业发展问题、教育发展问题的研究当中。学者们从人力资本的不同方面出发，结合自身学科背景，从不同角度研究了人力资本的开发现状、策略等问题。他们认为，人力资本的开发有利于提高劳动力个人能力，可以从创造良好的政策环境、制度环境和经济环境角度出发开发人力资本。人力资本开发的实现途径，既有一般的规律性，又有针对不同群体的特殊性。

第二节　相关理论基础

一、舒尔茨—贝克尔的“人力资本投资”理论

西奥多·W. 舒尔茨在研究美国农业增长问题的基础上提出系统的人力资本理论，并且很快将人力资本理论与发展中国家的农业现代化问题和缓解贫困问题结合起来。他认为提高人力资本投资是实现农业现代化的重要途径。

自 20 世纪 70 年代以来，舒尔茨将人力资本理论运用于研究发展中国家的经济发展和解决人民的贫困等问题上。他说，改善穷人福利的关键因素不是空间、能源和耕地，而是提高人口质量，提高其知识水平。他批判了传统发展经济学重物质资本投资、轻人力资本投资，重视工业、轻视农业的错误做法，他认为应提高人力资本投资，包括增加教育、培训、卫生保健等方面的人力资本投资，不断增加人力资本积累，是实现经济繁荣和提高穷人福利的关键因素。

20 世纪 80 年代初，贝克尔在人力资本的基础上分析了人口的生育行为以及不同的生育行为对家庭收入的影响。个体所受教育程度越高，其工作能力越强，因而劳动生产率也越高，那么其本人与配偶的时间价值也更高，即生育子女的机会成本越高，因而他们更加偏重子女的质量，而不是子女的数量。这样，他们将更为重视对子女进行人力资本投资，从而增加子女人力资本的积累，使其提高未来的劳动生产率和收入。反之，受教育水平低、收入低的个体，其时间价值也低，他们在生育选择上则倾向于重视子女的数量，而忽视提高子女的质量，即不愿对子女进行更多的人力资本投资，造成子女未来的低劳动生产率与低收入。这样，不同人力资本禀赋的个体，不仅影响其本人的劳动效率与收入，也通过生育

选择间接影响其子女的人力资本存量、劳动效率与未来收入，从而形成贫富差距的代际传递。

舒尔茨和贝克尔的理论论述了人力资本与贫困之间的内在关系，从而对贫困的根源提供了一个新的视角，另外对反贫困战略也提出了新的思路。

二、缪尔达尔的“循环积累因果关系”反贫困理论

缪尔达尔的“循环积累因果关系”理论，又叫累积因果理论，由世界著名贫困问题研究专家、瑞典经济学家纲纳·缪尔达尔于1957年提出。缪尔达尔认为，社会经济发展是一个动态的过程，在这个动态的过程中各个因素相互影响、互为因果，其中某一个社会经济因素的变化会导致另一个因素的变化，进而形成“积累循环”的态势。最为典型的例子是，在发展中国家，由于收入水平低导致生活困难，生活困难又使劳动者素质低，劳动者素质低再次让其生产水平低，接着低生产水平造成低收入，进而贫困恶化、进入循环。为此，他指出贫困国家要通过对权力关系、土地制度、教育体制等进行改革，让收入更为平等，增加贫困群体的消费能力，从而诱使更高的投资，带动高产出，从而使人均收入快速提高，进入良性循环中。

从“循环积累因果关系”理论中可以看出，缪尔达尔与其他学者不同，他运用整体的、动态的研究方法从经济、政治、文化、制度等更为广泛的层面上对贫困国家的贫困问题进行研究，并注重社会公平，强调加强政府的干预，这对广大欠发达国家促进经济繁荣、协调经济发展具有重要的指导作用。

三、阿马蒂亚·森的“基本能力开发反贫困”理论

基于能力的贫困理论由阿马蒂亚·森在《以自由看待发展》一书中提出。该理论认为贫困深层次的原因不仅是人的能力的欠缺，更多的时候是人们的基本可行能力被社会制度的剥夺，致使贫困人口缺乏提高生活质量，改变自身命运的机会，进而陷入长期贫困的恶性循环当中。对于基本能力的反贫困理论来说，贫困人口的基本可行能力的剥夺往往表现为过早的死亡、严重的营养不良（特别是儿童）、长期流行疾病、大量的文盲以及一些其他的自然灾害等。因此，该理论始终主张对于群体贫富程度的衡量，应充分考察和了解个人在实现自我价值功能方面的实际能力，通过社会群体的个人收入、资源的占有量以及社会群体改变生活现状的能力等指标来共同测度人们的贫富程度。因为，对于广大的贫困人口来说，只有具备了改变自身生活现状的能力，才能最大限度地发挥物质资本的效用，从而获取脱贫致富的机会，使其真正摆脱贫困的境遇。

对于阿马蒂亚·森基本能力的贫困理论来说，解决贫困的根本途径则是千方

百计地提高贫困群体的个人能力。即反贫困的过程就是通过教育、医疗卫生等手段使其顺利获取改变生活现状，创造社会财富和提升生活质量的可行能力过程。

本课题研究内容涉及贫困、贫困类型、反贫困以及人力资本投资等核心概念的界定，以及西奥多·W. 舒尔茨人力资本投资理论、缪尔达尔“循环积累因果关系”反贫困理论和阿马蒂亚·森基本能力开发反贫困理论等人力资本反贫困相关理论的全面、系统的阐述。研究首先将新疆集中连片特困区的贫困界定为农民因生产能力和抵御风险能力欠缺而造成的相对贫困，然后结合西奥多·W. 舒尔茨人力资本投资理论和阿马蒂亚·森基本能力开发反贫困理论提出，通过调节人口数量，提高人口健康存量、发展基础教育和开展职业技术培训等人力资本投资手段提升新疆集中连片特困区贫困群体的人力资本存量，进而提高创收增收能力为拓宽新疆集中连片特困区农民探索新疆集中连片特困区人力资本反贫困问题提供科学的理论支撑。

第三章　新疆集中连片特困区的贫困现状及成因

第一节　新疆集中连片特困区贫困概况及类型

新疆集中连片特困地区，即南疆三地州，分别位于塔克拉玛干沙漠西南边缘的喀什地区、和田地区和克孜勒苏柯尔克孜自治州（克州），下设 24 个县（市），总面积为 46111 万平方千米，与印度、巴基斯坦、阿富汗、吉尔吉斯斯坦和塔吉克斯坦五个国家接壤。境内有维吾尔族、柯尔克孜族、塔吉克族、汉族等 18 个民族成分，是新疆少数民族最为聚集的地区。同时，由于南疆三地州地理位置偏远，生存环境恶劣，少数民族聚居，经济结构单一，长期陷入“环境脆弱—贫困—掠夺资源—环境退化—刺激人口增加—进一步贫困”的“贫困—人口—环境”的 PPE 怪圈，是我国 14 个集中连片贫困区中的一个，也是我国当前扶贫攻坚的主战场。

其中，和田地区位于新疆维吾尔自治区最南端，南枕昆仑山与西藏自治区相连，北部深入塔克拉玛干沙漠腹地与阿克苏地区阿瓦提县接壤，东部与巴音郭楞蒙古自治州且末县毗邻，西南越喀喇昆仑山与印度、巴基斯坦实际控制的克什米尔地区毗邻，边境线长 210 公里。总面积 24.78 万平方公里，其中，山地占 33.3%，沙漠戈壁占 63%，绿洲仅占 3.7%，且被沙漠和戈壁分割成大小不等的 300 多块。自然条件恶劣，生态环境脆弱，基础设施滞后，社会发育程度低。和田全地区 91 个乡（镇）、1388 个行政村、总人口 225.82 万人，其中，乡村人口数为 183 万多人，乡村人口所占比重为 81.48%。[①] 所辖 7 县 1 市均为国家级贫困

① 数据由《2016 年和田地区统计年鉴》整理而得。

县，是新疆贫困发生率最高、贫困程度最深的地区。2006～2016年，和田地区农民人均纯收入从1499元提高到7022元，① 极大地缓解了贫困问题。2007～2012年，国家贫困线标准不断上调，从1067元提高到2300元。② 据统计，2011～2014年，和田地区累计完成6.43万户、25.43万人扶贫对象的越线任务。③ 在贫困线标准提高的前提下，和田地区的绝对贫困人口不断减少，解决了大部分贫困人口的温饱问题。但是相对贫困问题依然很严重，截至2016年初，累计贫困人口70.35万人，贫困人口基数较大。④ 此外由于和田地区农村的反贫困具有较强的脆弱性和不稳定性，重新陷入绝对贫困的问题常有发生，因此形式依旧不乐观。根据《新疆统计年鉴》相关数据显示，2013年和田地区第一产业的产值占全区GDP的比重为31%，到2015年第一产业的产值占全区GDP的比重为29.5%。对于农村地区主要从事农业生产的居民来说，第一产业的产出比值下降1.5%，⑤ 这说明由于田地区农村经济水平发展滞后，贫困给农民带来的人均纯收入比例较低。

喀什地区地处我国西北边陲，是以维吾尔族、塔吉克族、回族、柯尔克孜族、乌孜别克族、哈萨克族等少数民族为主的贫困地区，土地面积139479.6平方千米，辖有11个县、1个市，与塔吉克斯坦、阿富汗、巴基斯坦三国接壤，边境线长388千米。喀什地区自然环境恶劣，生态环境比较脆弱，产业结构单一，劳动者的知识技能素质较差，人均收入水平低，医疗设施不健全，这些都制约着喀什地区农村的可持续发展。"十三五"时期，喀什地区扶贫工作仍面临巨大挑战，如要有以下三个方面：

（1）贫困对象多，整体脱贫难。按照新一轮"建档立卡"的标准，全区仍有1222个贫困村、105万贫困人口。⑥ 贫困群体主要集中在高寒边远山区、生态脆弱区和自然灾害易发区，该区自然条件恶劣、基础设施落后、生产生活条件差，贫困对象受教育程度低、综合素质低、技术能力低，自我脱贫难度大。加之每年因灾、因病、因学等返贫人口有10000余人，全区仍有近105万人还未脱贫。⑦

（2）项目投入大，攻坚任务重。喀什地区地理位置特殊，贫困群体分布区域广，导致扶贫项目建设成本高，资金需求量大。然而上级投入资金十分有限，

① 数据由《2016年和田地区国民经济和社会发展统计公报》整理而得。

② 数据来自网页《贫困线新标准解读》文献数据。

③ 数据来自网易新闻《和田地区扶贫扶出新天地》文中数据。

④ 数据来自中华人民共和国国务院新闻办公室网页《新疆出台政策扶持和田地区全面脱贫》。

⑤ 数据由《2016年新疆统计年鉴》整理而得。

⑥⑦数据来自中国新闻网《5年让121万人脱贫！喀什是怎样啃"硬骨头"的？——喀什地区脱贫攻坚工作综述》。

部门整合资金困难重重，地方财政自给率仅为14%，[①] 配套投入不足等一系列融资难题尚未解决。农村供电容量小、质量差，生产生活用电缺乏保障；边远贫困村上学、就医、文化生活和社会保障体系不够健全；水利设施严重老化，病险水库、灌渠亟须维修。诸多难题摆在眼前，扶贫攻坚的任务依然十分艰巨。

（3）产业底子薄，农民增收难。贫困农牧民科技文化素质普遍不高、市场化意识不强，传统的“家庭式”自产自销模式根深蒂固；农技推广体系不健全，机械使用率较低；种植栽培管理粗放，产量较低，优质品种比例较小，市场竞力低。产业发展基础落后，底子薄、起步晚，农民持续增收十分艰难。

克孜勒苏柯尔克孜自治州（以下简称克州）地处祖国西北边疆，与吉尔吉斯斯坦、塔吉克斯坦、阿富汗、巴基斯坦接壤或毗邻，有1133公里的边境线、254个通外山口，是名副其实的“边防大州”。境内有吐尔尕特、伊尔克什坦两个国家级一类陆路口岸通往吉尔吉斯，是我国打造向西开放的桥头堡。克州境内有维吾尔族、柯尔克孜族、汉族、塔吉克族等11个民族，少数民族人口占全州总人口的92.6%（其中维吾尔族人口占64.4%），是新疆少数民族人口集中的区域之一。截至2012年底，全州经济总量61.03亿元，仅为南疆三地州的25.3%，不到新疆的1%，位列新疆倒数第一；人均占有量10946元，为全国平均水平的28.5%、新疆平均水平的32.3%，位列新疆倒数第二；农民人均纯收入3236元，为南疆三地州农民人均纯收入的79.4%，全国农民人均纯收入的41%，新疆农民人均纯收入的51%，位列新疆倒数第一；其他各项经济指数均处于后位。[②]

在南疆三地州所辖24个县（市）中，19个为国家扶贫开发工作重点县（市），5个为扶贫开发工作比照县（市），贫困村庄数达到2970个，占行政村总数的74.9%。[③] 其中，“十三五”初期自治区确定的和田地区扶贫开发工作重点村1296个（平原村1237个、特困山区试点村51个、边境试点村8个），占全疆贫困村总数的33.5%[④]。截至2016年初，贫困人口70.35万人，占全疆的27%，贫困发生率高达40%[⑤]。喀什12个县（市）中国家扶贫开发工作重点县8个，占67%；扶贫开发工作重点乡96个，占总乡数的59%[⑥]。克州地区所辖三县一市均为国家扶贫开发工作重点县（市），贫困村占行政村总数的80%。扶贫对象人口25.06万人，占全州农村总人口的63.6%，占新疆农村扶贫对象人口的

① 数据由《喀什地区2016年国民经济和社会发展统计公报》整理而得。
② 数据由《2013年新疆统计年鉴》整理而得。
③ 数据来自网页新闻《新疆维吾尔自治区南疆三地州特困区获百亿资金扶持》。
④ 数据来自网页新闻《和田地区扶贫扶出新天地》。
⑤ 数据来自网页新闻《新疆出台政策扶持和田地区全面脱贫》。
⑥ 数据来自《新疆喀什地区贫困状况调查研究》。

9.62%。[①] 南疆三地州扶贫对象人口为266万人，占新疆农村扶贫对象人口的81%，占南疆三地州农村人口的75%[②]。南疆三地州贫困县（市）、贫困村分布情况如表3－1所示。

表3－1　南疆三地州贫困县（市）、贫困村分布

地州	县（市）（个）		行政村（个）			
	总数	扶贫开发工作重点县	总数	其中		
				国家重点扶贫村	边境贫困村	山区贫困村
克州	4	4	254	192	52	30
喀什地区	12	12	2331	1482	46	63
和田地区	8	8	1378	1296	8	51
南疆三地州	24	24	3963	2970	106	144

注：扶贫开发工作重点县（市）数包含5个比照国家扶贫开发工作重点县（市）和3个自治区确定的重点县。

第二节　新疆集中连片特困区贫困的特征

新疆连片特困区2014年底总人口734.28万人，占全国总人口的0.54%，其中乡村人口451.65万人；面积45.92万平方公里，占全国总面积的4.78%；国内生产总值976.07亿元，占全国总量的0.15%；人均国内生产总值40239元，占全国的86.30%；农牧民人均纯收入5733元，占全国的64.19%；公共财政预算收入76.28亿元，占全国的0.054%；全社会固定资产投资1107.42亿元，占全国的0.22%。[③] 可见新疆连片特困区地广人稀，经济发展落后，所创造的经济价值有限，从而抑制当地农村经济进一步发展的步伐。新疆连片特困区是我国贫困较为严重的区域之一，辖24个县（市），19个国家扶贫开发重点县（市），贫困人口数174万人，是新疆贫困总人口数的67.08%，贫困发生率29.03%，是

① 数据来自网页新闻《发展弱州、边防大州！克州怎么处理脱贫与固边关系》。

② 数据来自网页新闻有关南疆三地州片区区域发展与扶贫攻坚启动电视电话会议的报道。

③ 数据由《2015年新疆统计年鉴》整理而得。

国家贫困发生率5.7%的5.09倍。[①]

从新疆集中连片特困区贫困的特点来看，新疆集中连片特困区的贫困问题主要表现为贫困人口区域性集中分布，贫困面积大、程度深，贫困问题与其他社会问题交织，返贫现象时有发生等问题。

一、贫困人口集中

通过上文分析可知，新疆的贫困人口主要集中在南疆三地州。除此之外，贫困人口在南疆三地州的县域内部和乡镇内部也呈现出明显的集中分布的特点。例如，对于喀什地区的叶城县来说，在全县的20个乡镇中，有14个为重点扶贫开发乡镇，5个边境贫困乡镇，贫困的村庄则达到272个，占叶城县村庄总数的89.18%[②]；再例如，和田的墨玉县绝大多数贫困人口均集中在阿克萨拉依乡和奎亚乡，在奎亚乡1559位村民中，贫困村民达到1170人，贫困比例超过75%[③]。

二、贫困程度深

虽然随着新疆集中连片特困区扶贫开发工作的逐步深入和西部大开发事业的全面展开，南疆三地州的经济取得了长足的发展。但是就南疆三地州的贫困问题来看，其依然是新疆乃至全国贫困的区域。2013年，南疆三地州农民的人均纯收入仅为4733.73元，[④] 2016年，新疆三地州农民的人均纯收入提高到了22669元[⑤]，但与全国平均水平相比存在明显的差距，甚至与新疆平均水平相比，也存在较大距离。此外，在南疆三地州农民的收入当中，有较高比例的支出用于食品和衣着支出，而节约下来用于教育、医疗和再生产的比例则严重不足。南疆三地州农村居民重点年份的人均纯收入水平和食品支出情况如图3-1所示。

根据2000~2013年《新疆调查年鉴》数据整理，喀什地区农村人均纯收入低于全疆农村人均纯收入，低于全国农村人均纯收入，如表3-2所示。

相比于全国农村人均纯收入可知，从整体上来看，新疆的人均纯收入不高，与全国水平还有一定的差距，可见新疆的农村经济在全疆范围内处于较低水平。而喀什地区的农村人均收入与全国的平均水平差距甚远，从侧面反映出喀什地区农村人口大多处于贫困状态，这与喀什经济特区的地位严重不符。当地政府应落实精准扶贫政策，帮助喀什地区农村摆脱贫困，早日脱贫致富。

① 数据来自网页新闻《我国农村贫困现状：2015年贫困发生率5.7%》。

② 资料来源：喀什地区扶贫开发办公室。

③ 资料来源：和田地区政府信息网。

④ 数据由《2015年新疆调查年鉴》整理而得。

⑤ 数据由《2017年新疆调查年鉴》整理而得。

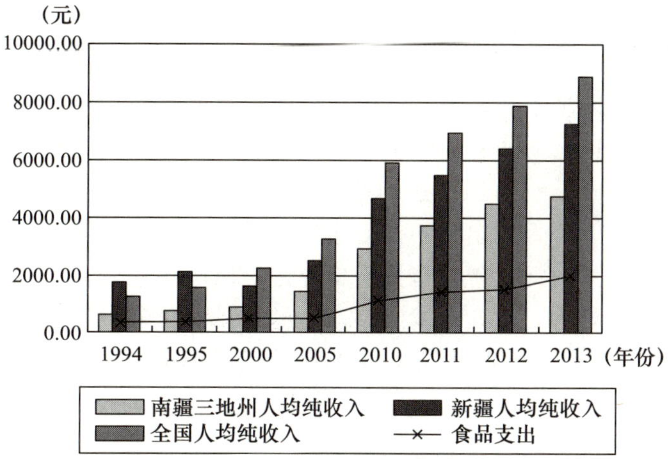

图 3－1　南疆三地州居民重点年份人均纯收入与食品支出情况

表 3－2　喀什地区农村人均纯收入与全疆对比情况　　单位：元

年份	喀什地区农村人均纯收入	新疆农村人均纯收入	全国农村人均纯收入
2000	989. 14	1618. 08	2253. 42
2001	1049. 54	1710. 44	2366. 40
2002	1231. 41	1863. 26	2375. 63
2003	1473. 26	2106. 19	2622. 24
2004	1589. 25	2244. 93	2936. 40
2005	1698. 53	2842. 15	3254. 93
2006	1872. 85	2737. 28	3587. 04
2007	2393. 84	3182. 97	4140. 36
2008	2627. 52	3502. 90	4760. 62
2009	2938. 31	3883. 10	5153. 17
2010	3269. 58	4642. 67	5919. 01
2011	4026. 03	5442. 15	6977. 29
2012	4708. 23	6393. 70	7916. 58
2013	5393. 49	7296. 46	8895. 90

资料来源：2001～2014 年《新疆调查年鉴》整理计算所得。

三、交通不便，人才匮乏

新疆连片特困区坐落在戈壁和沙漠上，人们逐水而居，片区面积广阔，由于城与城之间距离遥远，交通通达性差，铁路线路少，公路距离遥远，质量低，航空运行成本高，因此限制了当地运输业发展，从而阻碍了当地经济发展。另外，与中心城市距离遥远，人们出行不便，生活条件艰苦等造成人才大量流失以及引进人才难度增大，人力资本匮乏也是造成片区贫困的重要因素。片区具有丰富的资源，但是由于其落后的生产技术、不健全的基础设施建设以及匮乏的专业对口人才，难以将资源转化为经济收益，生产多处于低级阶段，这在一定程度上加剧了当地贫困。

四、贫困问题与其他社会问题交织

新疆集中连片特困区也多是少数民族群体聚居地区。这些地区贫困问题与宗教、民族问题等交织在一起，错综复杂。首先，由于民族文化、宗教信仰和传统习俗的影响，南疆三地州部分贫困群体观念陈旧，安于现状，"等""靠""要"思想严重，并对新生事物具有严重的排斥心理。这就在一定程度上阻碍了现代的生产方式和生产工具的推广和使用。其次，南疆三地州民族地区的贫困问题容易成为一些敌对势力"借题发挥"的工具，向贫困群体灌输极端思想，激化社会矛盾，诱发社会稳定问题。这就为南疆三地州的民族团结与健康、稳定和谐发展带来严峻的挑战。

五、返贫现象频发

新疆集中连片特困区贫困人口高度集中，自然生态环境恶劣，人均耕地面积欠缺，加之贫困群体自我积累和自我发展能力匮乏以及南疆三地州贫困人口的生产、医疗保障等资源严重不足。这都会引起大部分贫困群体在"风调雨顺"的年份基本上解决家庭的温饱问题，而一旦遇到较大的自然灾害或者家中有疾病患者，就极容易重新陷入贫困的行列。

第三节　新疆集中连片特困区贫困成因

目前，学者们就贫困的成因、发生机制和反贫困对策与措施等问题进行的研究认为，相同情况的贫困是由于不同的原因产生的。综合来看，对贫困成因的研究主要有要素短缺论、政策不利论、制度短缺论、贫困文化论和能力贫困论等。

为获取新疆集中连片特困区贫困成因一手数据，课题组于2015年9月使用抽样调查法对典型贫困农村家庭进行问卷调查，走访了和田地区于田县科克亚乡科克亚村、克孜勒苏柯尔克孜自治州阿图什市上阿图什乡、喀什地区莎车县伊什库利乡8村、恰尔巴克乡、托木吾斯塘乡罕艾日克村、疏勒县库木西力克乡15村等最典型的少数民族贫困地区，分别对300多户贫困户、一般农户和救济户，尤其是对典型的贫困家庭进行问卷调查分析。在参与调查的400位农村贫困人口中，少数民族394人，占98.59%，汉族人口仅占不足2%的比例，而南疆农村少数民族贫困人口中又以维吾尔族为主。调查结果显示被调查者在性别、年龄、受教育程度和收入方面都有差别。在性别上，男性略多于女性。年龄及受教育程度差异如表3－3所示。

表3－3　年龄及受教育程度差异

年龄	人数	比例（%）	学历	人数	比例（%）
20～25岁	59	14.64	从未上过学	24	5.89
26～30岁	10	2.5	小学	131	32.79
31～40岁	70	17.53	初中	196	49.10
41～50岁	158	39.50	高中	28	6.95
51～60岁	82	20.42	大专及以上	21	5.27
61岁及以上	21	5.39			
平均		43.08			

基本资料显示家中劳动力的文化程度主要是小学和初中文化程度，两者比例达到87.86%。

可以看出，在2000～2010年第一个扶贫纲要的十年间，政府和社会组织在调查对象地区实施多项与扶贫有关的项目，采取了多种与扶贫有关的政策措施，如产业扶贫、社会扶贫等项目。但是，根据此次调查，部分扶贫项目的效果还是有限的，新疆集中连片特困区的贫困状况没有得到根本改善。

对样本户2011年收入水平的调查数据如表3－4所示。

表3－4　样本户收入水平数据

收入水平	10000元以下	10000～20000元	20000元以上
户数（户）	322	64	14
比例（%）	80.68	15.93	3.39

数据显示仅有3.39%的极少的农户的收入水平在20000元以上，处于10000元以下的农户达到80.68%的比例。

课题组于2016年7月20日至8月22日对南疆三地州进行人力资本视角的反贫困调研。在调研中共发放400份问卷，有效问卷总共362份，其中，喀什150份问卷，有效问卷为141份；克州100份问卷，有效问卷为86份；和田150份问卷，有效问卷为135份。此次调研本着调研的可实施性、有效性与成本节约型的原则，主要选取了和田地区、克孜勒苏柯尔克孜自治州、喀什三个调研地区，其中包括7个国家级贫困县、11个乡镇、18个贫困村镇。在和田地区主要调研了和田县的罕艾日克乡的巴拉玛斯村与巴士拉斯奎村两个村，英阿瓦提乡的江巴格村；墨玉县的托胡拉乡的巴扎布依村与喀热满村和牙瓦乡的巴什艾日克村与牛场村；皮山县的皮亚勒玛乡的塔吾孜吾斯堂村。在克孜勒苏柯尔克孜自治州选择了以阿图什县的阿扎克乡的布亚买特与库尔干村和松他克乡的托库勒村与当尕勒村作为调研地点。喀什地区选择了莎车县的托木吾斯塘乡的尤库日贝依什巴格村与拜什托格拉克村；叶城县的吐格其乡的阔钠托喀依艾格勒村和依提木扎乡的斯也克村还有疏勒县的巴赫齐乡的吐格其村（3村）与阿克美其特村（8村）。

此次调研主要是针对三地州贫困家庭的调查，从家庭的基本情况、贫困现状、贫困原因、扶贫政策及效果、人力资本投资状况及其障碍性因素多方面多角度进行调查，全面了解三地州贫困家庭的生活状况（如图3-2、图3-3、图3-4、图3-5、图3-6、图3-7所示）。

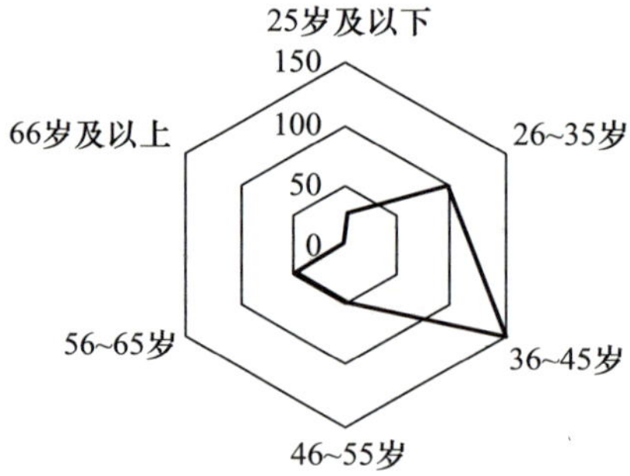

图3-2　被调查者年龄分布

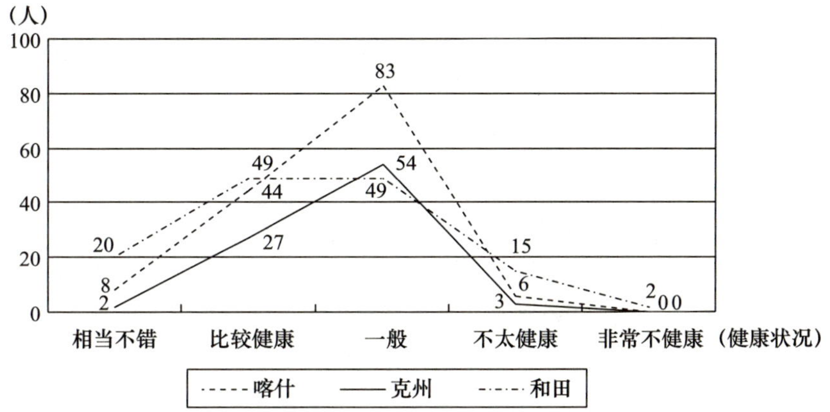

图 3－3　被调查者健康状况

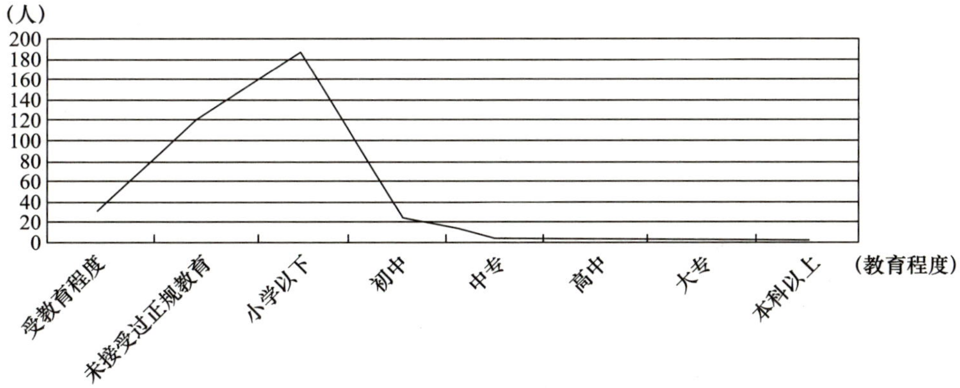

图 3－4　被调查者受教育程度

一、调查对象基本情况

（一）年龄分布调查

南疆地区少数民族以维吾尔族为主，少数民族贫困户以维吾尔族居多，在所有有效问卷的被调查者中 25 岁及以下有 24 人，占总人数的 6.7%；26～35 岁有 95 人，占总人数的 26.3%；36～45 岁有 146 人，占总人数的 40.3%；46～55 岁有 48 人，占总人数的 13.2%；56～65 岁有 46 人，占总人数的 12.7%；66 岁及以上有 3 人，占总人数的 0.8%。

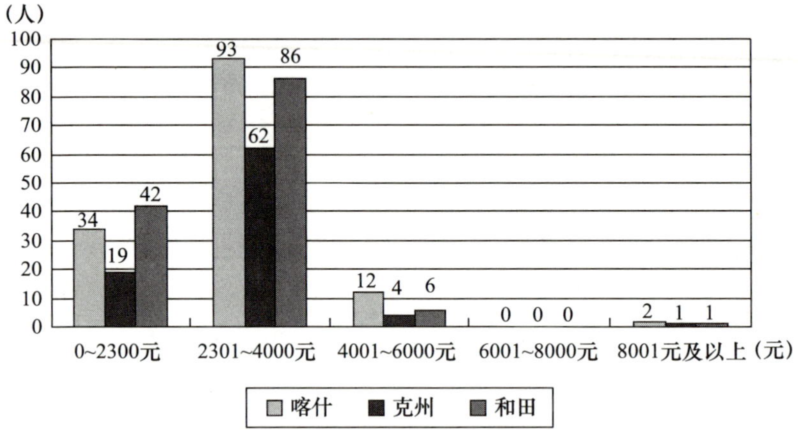

	0 ~ 2300 元	2301 ~ 4000 元	4001 ~ 6000 元	6001 ~ 8000 元	8001 元及以上
喀什	34	93	12	0	2
克州	19	62	4	0	1
和田	42	86	6	0	1

图 3 –5　三地州家庭年人均收入

（二）健康状况调查

可见，三地被调查贫困者身体状况都相对较好，根据调查身体非常健康和非常不健康的人数在三个地区都是比较高的，身体不健康的人数也是在三个地区最高的，在一定程度上反映了和田贫困人口的身体素质相对较差，因病致贫返贫的人口比例较高。

（三）教育程度调查

其中未接受过正规教育的有 30 人，占总人数的 8%；受教育程度在小学以下的有 120 人，占总人数的 33. 1%；受教育程度在初中阶段的有 186 人，占总人数的 51. 4%；受教育程度中专阶段的有 24 人，占总人数的 6. 6%；受教育程度高中阶段的有 2 人，占总人数的 0. 5%；受教育程度大专及本科以上人数为 0。由此可见被调查者受教育程度普遍较低。而其中与被调查者的年龄呈反比关系，被调查中年龄越小受教育水平普遍相对越高，年龄越高受教育水平就越低。

（四）家庭年人均收入调查

相比较而言，三地州整体人均收入较低，首先是大多数人在 2301 ~ 4000 元阶段，约占 66. 6%；其次是 2300 元及以下，约占 26. 2%；4001 ~ 6000 元约占 6%；8001 元及以上约占 1. 1%。按横向比较数量来看，和田地区人均收入最低，其次是喀什地区，最后是克州地区，按比例来看，人均收入位于 6000 元及以下，克州地区最多，其次是和田地区，最后是喀什地区。就实际情况了解而言，克州地区相对于和田地区和喀什地区较为落后。

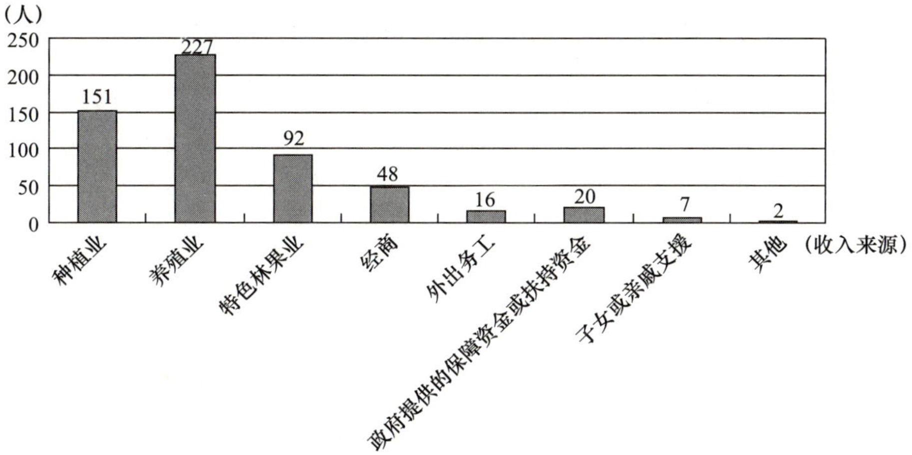

种植业	151 人
养殖业	227 人
特色林果业	92 人
经商	48 人
外出务工	16 人
政府提供的保障资金或扶持资金	20 人
子女或亲戚支援	7 人
其他	2 人

图 3－6　主要收入来源

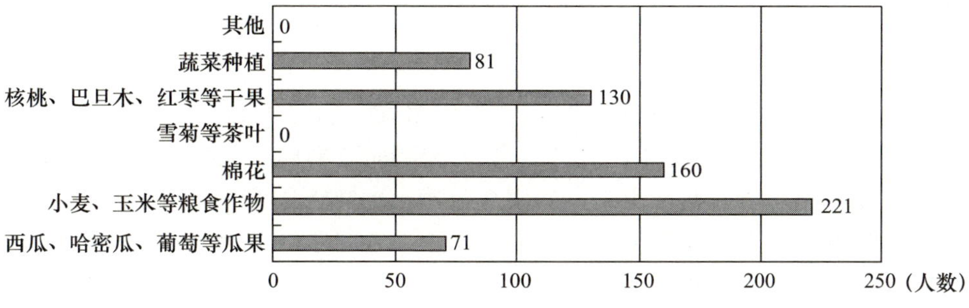

图 3－7　选择种植作物的人数

（五）主要收入来源调查

通过调查少数民族贫困人口主要收入来源还是通过养殖业、种植业，有

40%的贫困家庭表示主要收入是通过养殖业获得的，有27%的贫困家庭表示主要收入是通过种植业获得的。而种植业与养殖业的发展受环境的影响比较大，不稳定，并且当地的少数民族贫困人口种植、养殖的技术水平有限，收入并不乐观，收入来源单一，风险较高。

（六）种植作物的类型选择

在三地州地方上的贫困人口，他们的种植类型是不受政府管制的，自己根据市场的需要选择种植不同的作物，绝大多数的人不会选择单一的作物，根据调查三地州贫困人口种植较多的作物还是小米和玉米等粮食作物，以及棉花和新疆特色干果等。

二、贫困现状调查

（一）教育情况

通过对三地州贫困家庭孩子教育问题的调查发现，现在孩子的辍学率相对往年有所下降，通过调查有21%的家庭中表示有孩子辍学，而这21%的家庭中又有69%的家庭表示孩子辍学的原因是因为家庭经济贫困，通过调研数据分析，在三地州的贫困家庭中依然有14.49%的贫困家庭子女会因为家庭经济原因而辍学。

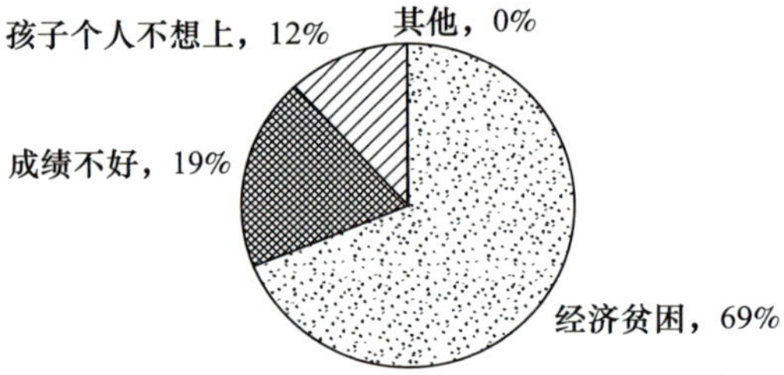

图3-8　孩子辍学原因

（二）健康医疗状况

根据调查发现有82%表示他们没有有病无钱医治的状况，有14%的人表示家庭成员中存在着长期长患病、伤残、智力缺陷而对家庭造成巨大经济压力的情况，在对于村里是否有医疗卫生室的调查中都表示村里有卫生室，平常的感冒发烧小病他们都是在卫生室治疗。

（三）家庭生活负担

通过对家庭主要负担的调查中发现，有58%的人表示孩子教育负担不太重自己可以承担，有16%的人表示没有负担，只有26%的人表示负担比较重；对于赡养父母的负担有54%的人表示负担不太重，有30%的人表示没有负担，只有16%的人表示负担很重，说明现在对于贫困家庭来说子女教育与赡养父母的压力在逐步减小，这也说明三地州贫困家庭基本解决了温饱问题，只是在实现全面小康的道路上依然艰难。

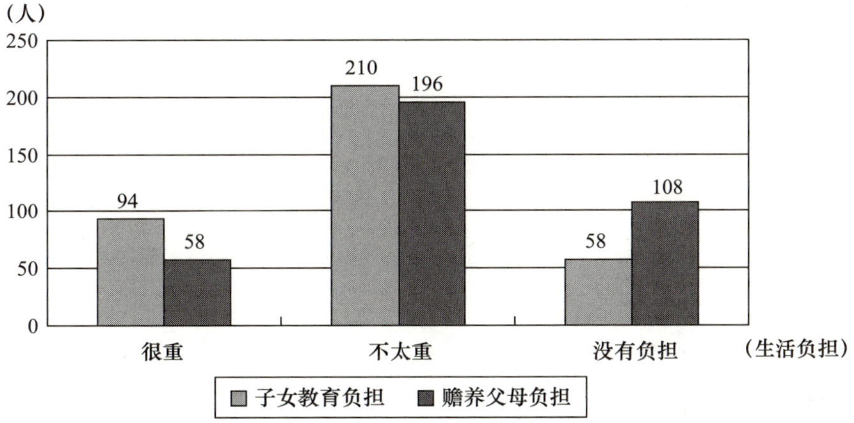

	很重（人）	不太重（人）	没有负担（人）
子女教育负担	94	210	58
赡养父母负担	58	196	108

图 3-9　家庭生活负担调查

三、贫困原因调查

(一) 自然灾害对收入影响分析

通过调查，可以看出南疆这三个地区都发生过重大自然灾害，而且自然灾害对这三个地区的人民收入带来了重大影响，自然灾害发生得越多，人们的收入就越受到影响。由此可以看出自然灾害是导致贫困的一个重要原因。

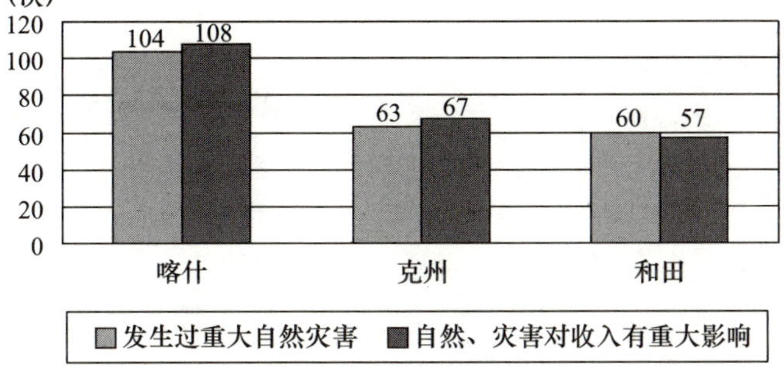

图 3-10　自然灾害对收入的影响

（二）是否外出务工及其障碍性因素

调查显示，在调查的人员中有61.6%的人员从未外出务工过，在外出务工的人员中在本市以内务工的人员占92.8%，在对没有外出务工原因的调查中，极大部分的人表示语言不通，缺乏外出务工的技能和自身文化水平较低。

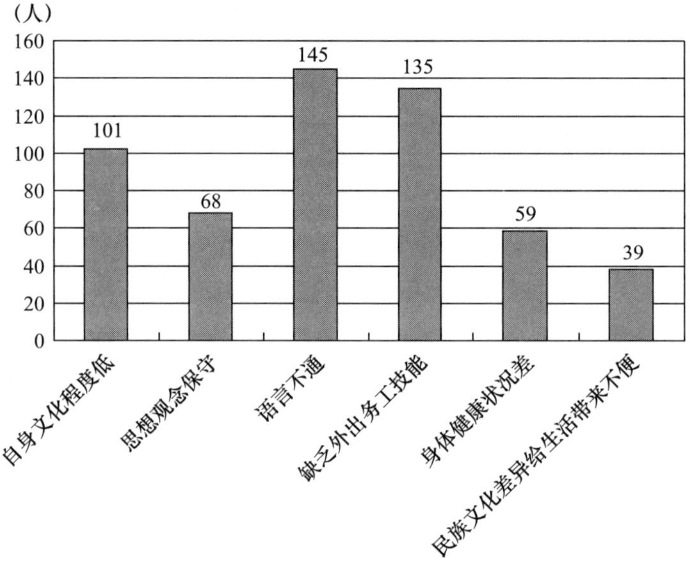

图3－11　影响外出务工的因素

（三）家庭贫困原因调查

在家庭贫困原因调查中，贫困的原因主要是收入来源单一、耕地较少、当地提供的就业岗位有限等，有20%的人表示收入来源单一，有19%的人表示耕地少，有17%的人表示当地就业岗位少，很难找到合适的工作。调查结果从侧面反映了贫困家庭自我脱贫的能力比较弱，即便是有脱贫的想法，也没有脱贫的能力。

（四）地区贫困原因

从图3－13可以看出，这三个南疆地区贫困的主要原因集中在就业岗位不足，基础设施较差，留不住人才、高素质劳动力较少，经济发展缓慢、土地贫瘠，自然环境较差，自然灾害较多、国家扶贫精准度不高，扶贫项目落实不到位等四个方面。还有给的补充说明里面最多的是耕地少、农产品销价低、成本高等。由此可以看出耕地少、经济发展缓慢、自然灾害较多以及就业岗位不足是南疆地区贫困的主要原因。

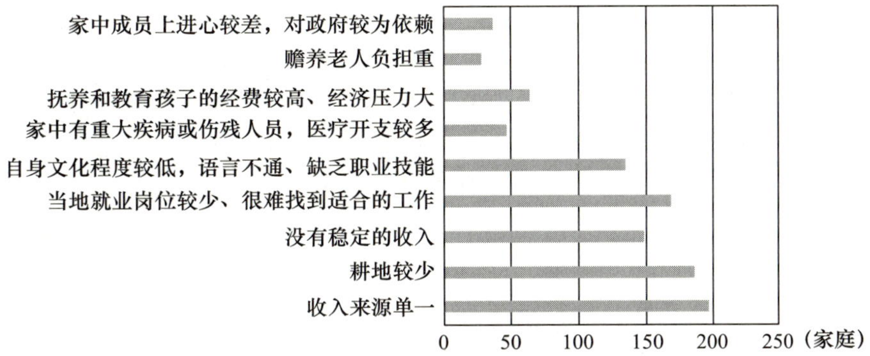

图3－12　家庭贫困原因

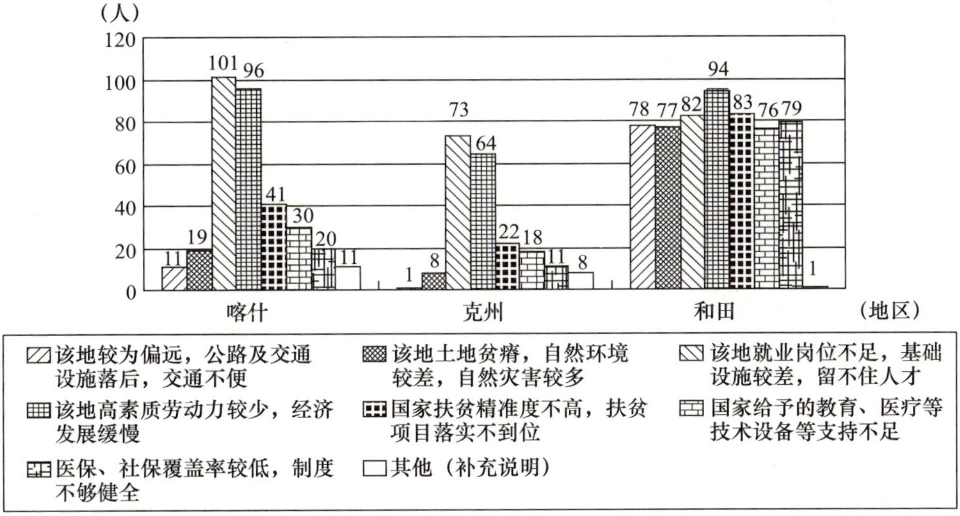

图3－13　南疆三个地区贫困原因的调查状况

四、南疆三地州农村的贫困、收入水平较低的原因

（一）有限的土地、自然条件的恶劣成为限制农业收入的主要因素

南疆三地州的自然条件恶劣。和田属干旱荒漠性气候，年均降水量只有35毫米，年均蒸发量高达2480毫米。总面积24.78万平方千米，其中，山地占33.3%，沙漠戈壁占63%，绿洲仅占3.7%，且被沙漠和戈壁分割成大小不等的300多块。喀什地区处在中亚腹部，属暖温带大陆性干旱气候带。因地形复杂，气候差异较大，大体可分为五个区，其中的沙漠荒漠气候区和山地丘陵气候区覆

盖了集中连片特困区的主要县市。如麦盖提东部和叶城东北部，属塔克拉玛干沙漠荒漠区，降水稀少，气候干燥风沙多。疏附、英吉沙和莎车西部处山区丘陵地带，夏季短促且常伴有暴雨山洪是南疆贫困的一个首要原因。南疆集中连片特困区相对恶劣的自然条件及贫困户的土地占有量小且条件相对较差，更加限制了农民获得较大幅度收入的增加。2012 年新疆耕地面积达 7685 万亩，基本农田面积稳定在 5330 万亩。新疆总人口为 2158.63 万人，人均耕地面积为 3.56 亩。在南疆，人均耕地多的也只有 3 亩左右，和田地区为 1.5 亩左右，人均土地占有量少。自然条件和土地条件对于农业生产的影响调查如表 3－5 所示。

表 3－5　自然条件和土地条件对收入的影响

气候条件对农业生产的影响	风调雨顺	43	10.7%	本村土地条件	土地肥沃	44	11%
	气候一般，有时受灾	251	62.87%		中等	212	32.79%
	气候恶劣，常有沙尘灾害	106	26.38%		土地差或耕地太少	144	49.10%

（二）南疆三地州农村基础设施建设不健全限制了农民增收

通过对南疆三地州农村的基础设施的调查发现，2011 年，南疆三地州扶贫开发工作地区通公路的自然村比例为 94.1%，通电的自然村比例为 99.6%，通电话的自然村比例为 92.1%，能接收电视节目的自然村比例为 99.8%，基本达到了全覆盖。但是遭遇的自然灾害在主要类型构成中旱灾占了 70.1% 的比例，成为影响当地农民生产生活的主要因素。关于“您认为以下哪种做法对农民的帮助最大”的调查，其中，17.69% 的农户回答“修路”，61% 和 21% 的农户分别回答了“农田水利设施”和“改善农村卫生条件”对农民的帮助最大。由此可知，农民对修缮农田水利设施的意愿最为强烈。加强农村基础设施建设尤其是农田水利设施建设是增加南疆三地州贫困农村农民的收入、缓解农民贫困的重要途径。同时，也反映农业的生产和发展严重受到了水利基础设施建设现状的制约。

（三）收入来源有限使得农民收入偏低

将农业作为主要的收入来源，在一定程度上限制了农民的收入。在调查的样本户中，农民的收入来源有很大的差别。回答最主要的收入来源是农业（农林牧渔业）的农户的比例为 46.4%。同时，有 29.41% 的农户认为最主要的收入来源是外出打工，有 24.5% 的农户认为最主要的收入来源是除农业和外出打工之外的其他行业。根据《新疆调查年鉴（2011 年）》数据，说明南疆三地州农村劳动力就业结构不合理，就业行业分布主要是农业（如表 3－6 所示）。

表 3-6 南疆三地州农村劳动力产业分布情况

年份	产业	主要产业构成（%）
2011	第一产业	92.2
	第二产业	2.4
	第三产业	5.3
2012	第一产业	90.6
	第二产业	4.3
	第三产业	5.1
2013	第一产业	87.2
	第二产业	4.3
	第三产业	8.5

资料来源：《新疆调查年鉴（2014 年）》。

根据农民收入来源统计也可以反映贫困人口的致贫原因。表 3-7 是喀什地区 2003~2015 年的农民总收入及构成部分比例。

从 2003~2015 年数据来看，自 2003 年以来，全区农村居民家庭人均纯收入呈直线上升趋势，农民收入保持稳定增长，2015 年较之 2003 年，农民收入增加了 9164.44 元，是 2003 年的 4.94 倍。主要原因是 2000 年之后，国家加大了对“三农”问题的关注力度，逐步取消农业税，增加对农业和农村的补贴。家庭经营收入长期占到喀什地区农民总收入的 80%，这说明新疆农民收入的主要来源仍然是农业生产经营，农民收入较为单一。

基于以上分析，新疆集中连片特困区的致贫原因主要是该区域自然条件恶劣及有限的土地，基础设施条件较为薄弱，农民收入的单一等因素限制了农民的增收。

表 3-7 喀什地区农民总收入来源状况统计　　单位：元,%

年份	总收入	工资性收入	比重	家庭经营收入	比重	财产性收入	比重	转移性收入	比重
2003	2327.08	66.94	2.88	2217.28	95.28	27.05	1.16	15.81	0.68
2004	2492.91	36.94	1.48	2404.57	96.46	13.95	0.56	37.45	1.50
2005	2598.96	81.49	3.14	2454.65	94.45	17.07	0.66	45.75	1.76

续表

年份	总收入	工资性收入	比重	家庭经营收入	比重	财产性收入	比重	转移性收入	比重
2006	2816.58	134	4.76	2618.86	92.98	17.28	0.61	46.44	1.65
2007	3461.26	198.4	5.73	3204.75	92.59	9.71	0.28	48.4	1.40
2008	3918.12	279.42	7.13	3502.46	89.39	19.46	0.50	116.79	2.98
2009	4351.7	349.38	8.03	3841.61	88.28	13.18	0.30	147.52	3.39
2010	5181.59	434.57	8.39	4425.53	85.41	72.27	1.39	249.22	4.81
2011	7810.94	786.55	10.07	6465.72	82.78	91.97	1.18	466.7	5.97
2012	8559.03	769.42	8.99	6947.51	81.17	56.99	0.67	785.11	9.17
2013	8855.15	877.91	9.91	7015.6	79.23	76.82	0.88	884.82	9.99
2014	10296.9	1321.25	12.83	7899.57	76.72	78.89	0.77	997.19	9.59
2015	11491.52	1473.85	12.82	8770.1	76.31	81.26	0.71	1166.31	10.15

资料来源：根据2004~2016年《新疆统计年鉴》相关数据整理。

第四章　新疆集中连片特困区扶贫效应分析

第一节　新疆集中连片特困区扶贫开发历程

新疆的扶贫开发事业，溯源于新疆和平解放之初，新疆是深居内陆腹地的少、边、穷地区，由于历史、社会、自然诸多原因，经济社会发展缓慢，贫困面大、贫困人口多。新疆和平解放后，政府一直致力于发展生产、改善条件、消除贫困，并经过实践多年之后，经济社会各方面都取得了历史性进步。但是，由于自然条件较差，经济基础薄弱，教育、文化、卫生等各项社会事业的发展十分滞后，新疆农村贫困问题仍然很突出。

自改革开放以来，新疆扶贫开发经历了基本解决贫困人口的温饱和为全面建设小康社会创造条件两个重要阶段，走出了一条“政府主导、社会参与、自力更生、开发扶贫、全面发展”的扶贫开发道路，取得了令人瞩目的成就，为新疆的稳定与发展做出了突出贡献，新疆扶贫开发大致经历了四个阶段，现在进入了第五阶段。

第一阶段，始于20世纪80年代中期，这是国家有组织、大规模推动扶贫开发的发展阶段，主要目标是基本解决贫困人口温饱问题。

自新中国成立以来，虽然新疆致力于发展生产、消除贫困，使社会经济建设取得了历史性的辉煌成就。但是，由于自然条件差，经济基础薄弱，教育、文化、卫生等各项社会事业的发展还十分滞后，新疆农村贫困问题仍然很突出。1978年，新疆人均收入在100元以下的贫困人口约532万人，占农村总人口的78%。

自党的十一届三中全会以后，新疆农村经济全面发展，实施家庭联产承包责任制充分调动了农牧民的积极性，使农牧民收入大幅度提高，大面积、大规模的贫困现象随着农村经济发展逐步缓解。然而由于自然条件、经济基础和工作水平等因素的制约，到20世纪80年代中期，仍然有一些农户缺衣少食，温饱问题没有得到真正解决。

1984年，中共中央、国务院联合发出了《关于帮助贫困地区尽快改变面貌的通知》，自治区也出台一系列政策，要求各级政府深入实际，采取措施，抓好扶贫工作。1986年5月和7月，自治区党委、自治区人民政府分别在喀什和阿勒泰召开了南疆三地州脱贫致富工作座谈会和加快发展北疆牧区工作会议，提出了扶贫目标，制定了扶贫方针、政策和措施。1987年，自治区扶贫开发工作领导小组正式成立。自此，新疆以解决农村贫困人口温饱问题为目标、以改变贫困地区经济文化落后状态为重点的扶贫开发工作大规模地展开。

第二阶段，“八七扶贫攻坚”时期，主要目标是解决温饱的贫困人口达到100万人。

1994年，国家实施“八七扶贫攻坚”计划。制订并实施《自治区百万人温饱工程计划》，1994~2000年，集中人力、物力、财力，组织动员社会各方面力量，旨在用七年时间基本解决全区贫困人口的温饱问题。1996年10月，自治区党委、人民政府在当年的自治区扶贫开发工作会议中，全面总结了1986年以来十年扶贫开发工作的经验，确定了到20世纪末基本解决全疆农牧区贫困人口温饱问题的扶贫攻坚目标任务，强化了扶贫开发的政策措施。

“八七扶贫攻坚”期间，新疆有国定贫困县25个，区定贫困县5个；新阶段有国定扶贫开发工作重点县27个，区定扶贫开发工作重点县3个，扶贫开发工作重点乡276个，扶贫开发工作重点村3606个。课题组在逐村逐户摸底，对贫困人口全部建档立卡，做到“户有卡、村有册、乡有簿、县有微机档案”，并根据每一个村、每一户不同情况，制订具体的帮扶计划，采取针对性措施，保证项目覆盖到户、政策落实到户、帮扶措施到户、科技培训服务到户、效益兑现到户，确保贫困户真正得到实惠。2001年以来，用于到村入户项目的财政扶贫资金达到80%，以工代赈资金达到70%，扶贫贴息贷款达到69%，累计实施扶贫项目1.8万个，共为贫困户建大棚17万座、青贮窖4.9万个、棚圈7.1万座，购置地毯架2.1万部、编织机717台，自来水入户33.2万户、照明入户15.7万户，异地搬迁1.7万户；新增基本农田85.5万亩、新增及改良草场286.8万亩，购置大小牲畜207.7万头（只）、新定植及嫁接改造林果面积692.5万亩。

1978~2000年，国家和自治区累计投入三项扶贫资金75.6亿元，着力推动扶贫开发进程，贫困地区面貌发生了翻天覆地的变化。主要体现在以下四个方面：一是贫困人口温饱问题基本得到解决；二是贫困县市农牧业生产能力增强，主要农产品产量增幅明显，农牧区人均收入普遍提高；三是贫困乡村条件明显改善，科技、教育、文化、卫生等社会事业取得全面进步；四是贫困群众观念转变，科技意识和市场意识增强，自我发展能力增强。

第三阶段，21 世纪的第一个十年，主要目标是稳定解决温饱、改善生产生活条件，为全面建设小康社会创造条件。

从 2001 年开始，新疆扶贫开发工作与全国同步进入了为全面建设小康社会创造条件的新阶段。新疆是国家扶贫开发的重点区域之一，国家确定新疆扶贫开发工作重点县 27 个。根据国家新阶段扶贫开发工作的贫困标准（2000 年底人均纯收入在 865 元以下），新疆确定扶贫开发对象 72 万户 329 万人，占农村总人口的 36%，这些贫困人口分布在全自治区 82 个县（市）。

2001 年 6 月，新疆维吾尔自治区党委召开五届八次全委（扩大）会议，传达贯彻中央扶贫开发工作会议精神，确定新疆新阶段扶贫开发工作的目标任务是：收缩战线，突出重点；进村入户，整村推进；三年解决特困人口的温饱问题，十年使低收入贫困人口整体步入小康生活水平。

为适应新的任务和要求，新疆扶贫开发工作在工作方式上实现了战略转变：

（1）进村入户，让贫困户直接受益。自治区在扶贫开发工作部署上坚持了突出重点的方针，集中有限的财力、物力，狠抓了进村入户工作。各地逐村逐户摸底，对贫困人口全部建档立卡，做到“户有卡、村有册、乡有簿、县有微机档案”，根据不同情况，制订具体的帮扶计划，有针对性地采取措施，保证项目覆盖到户、政策落实到户、帮扶措施到户、科技培训服务到户、效益兑现到户，确保贫困户真正得到实惠。2001 年以来，共扶持特困户 9.9 万户、低收入贫困户 46 万户。

（2）整村推进，改善贫困村的生产生活条件。根据国家“实施以村为基础的扶贫规划是做好新阶段扶贫工作的关键措施”的要求，自治区 3606 个扶贫开发工作重点村都制定了村级扶贫开发规划。规划的实施按照“五通”（通水、通电、通路、通电话、通广播电视）、“五有”（有学上、有医疗保障、有科技文化室、有集体经济收入、有强有力的村级领导班子）、“五能”（能用上安全饮用水、能用上电、能有一项以上有稳定收入来源的生产项目、能有经济适用房居住、能及时得到培训和获得信息）的整村推进模式，统筹安排，分期分批推进。

（3）整村推进扶贫方式得到了国务院扶贫办的充分肯定。自治区贫困地区初步形成了扶贫资金与其他资金的整合机制，有力地加强了扶贫重点村基础设施和社会事业的建设。自 2001 年以来，累计解决了 2264 个村的饮水困难问题、886 个村的通电问题、864 个村的通路问题、1194 个村的通电话问题、931 个村的通广播电视问题。

（4）围绕增收，大力推进产业化扶贫。与农村产业结构调整相结合，安排扶贫资金项目，增加对贫困地区产业发展的支撑力度。2001～2007年，自治区各类扶贫资金投入到种植业9亿元，畜牧业12.1亿元，林果业4亿元，占扶贫资金总投入的51.6%。在贫困地区仅新定植经济林面积就达到337万亩，占自治区新定植经济林面积的25%。同时，着力培植和壮大扶贫龙头企业，强化对贫困地区特色主导产业的辐射和带动，截至2007年，全区国家和自治区扶贫龙头企业达到79个，通过产业化扶贫带动43万户贫困户增加收入。

（5）科技扶贫，强化贫困劳动力培训。自2001年以来，国家和自治区从财政扶贫资金中安排科技扶贫资金6200万元，在30个扶贫开发工作重点县实施科技扶贫示范项目106个。同时加大科技教育培训力度，以农牧业科学实用技术、职业技能和教育为重点，组织实施“131”转移培训工程。2001～2007年，自治区累计安排扶贫培训资金6815万元，培训贫困劳动力466.5万人次，转移劳动力近190万人次。

（6）重心下移，广泛开展社会扶贫。通过大力倡导和鼓励，自治区定点帮扶单位由2001年的2361个增加到6432个，扶贫重点村全部得到帮扶，帮扶方式也由过去的联县到乡转变为到村入户。2007年，中央、自治区单位帮扶资金物资达到2.53亿元，是2001年2625万元的近10倍。

（7）引进外资，拓展扶贫新渠道。近年来，自治区引进联合国开发计划署赠款60万美元，合作开展了新疆绿色扶贫项目；引进国际农业发展基金高度优惠贷款2500万美元，合作开展了新疆贫困地区农村综合发展项目，覆盖了10个扶贫重点县1171个重点村。

（8）扶贫创新，争取国家支持力度。这些年来，自治区扶贫开发工作结合新疆实际积极创新，得到了国务院扶贫办、国家财政部和发改委的肯定。国家对我区扶贫开发的支持力度逐年加大，各类扶贫资金由2001年的8.3亿元增加到2007年的15.8亿元。

（9）建章立制，强化扶贫资金监管力度。自2001年以来，新疆逐步制定扶贫开发工作管理办法15个、管理制度32项，形成了比较完善的扶贫工作管理体系，其中自治区研发的财政扶贫资金管理监测信息系统还在全国得以推广。

以上政策措施的有效实施，使得新阶段扶贫开发工作目标任务明确，呈现出良好的势头，主要表现在：

（1）自治区新阶段扶贫开发工作的目标任务扎实推进。有2042个扶贫开发工作重点村通过实施扶贫开发规划，达到整村推进验收标准，占扶贫开发工作重点村总数的5.66%，这些村的减贫人口都超过了80%，基础设施和社会公益事业得到改善，农牧民人均纯收入增幅均超过了本县的平均水平，基本具备了为全面建设小康社会创造条件的功能。

（2）贫困地区经济平稳快速发展。2007 年与 2000 年相比，30 个扶贫开发工作重点县的生产总值由 100.3 亿元增加到 272.4 亿元，年均递增 15.3%，比全区增速快了近 1 个百分点；地方财政收入由 3.7 亿元增加到 16 亿元，年均递增 23.2%，比全区增速快 6.3 个百分点。农村产业结构调整取得进展，30 个扶贫开发工作重点县的粮食人均占有量保持在 500 千克以上，粮食安全得到保障。

（3）贫困地区农民收入大幅提高。2007 年，30 个扶贫开发工作重点县的农牧民人均纯收入达到 2206 元，比 2000 年增加 1226 元，年均递增 12.3%，收入差距进一步缩小。

（4）贫困人口生活质量显著改善。2007 年，30 个扶贫开发工作重点县农村居民的恩格尔系数为 0.52，比 2000 年的 0.61 下降了 9 个百分点；76.1% 的农户参加了新型合作医疗；88.7% 的农牧民得病能及时就医；贫困户拥有的财产和生活设施状况明显改善。

第四阶段，“十二五”时期，新疆扶贫开发进入巩固温饱、增收致富阶段，其特征更加明显，就是温饱问题已经解决但尚不稳定，脱贫基础初步具备但不稳固。

“十二五”期间，新疆以区域发展为基础、产业支撑为关键、素质提高为前提、条件改善为保障、发挥主体作用和形成合力为根本，扶贫开发取得历史性成就，为脱贫攻坚奠定了坚实基础。从脱贫成效来看，全疆建档立卡贫困人口累计减少 174 万人，贫困发生率从 32% 下降到 15%，下降 17 个百分点；从农民收入来看，35 个贫困县农村居民人均纯收入从 3543 元增加到 7490 元，增加 3947 元，年均递增 16.9%，高于全区平均水平 3.1 个百分点；从发展条件来看，坚持以重大基础设施工程建设突破贫困地区发展瓶颈，以民生工程建设改善贫困乡村发展条件，以实施整村推进扶贫规划解决“最后一公里”“最远一户人”问题，对贫困地区经济社会发展和贫困人口脱贫致富形成了有力支撑；从基本公共服务水平来看，组织实施教育扶贫、科技扶贫、文化扶贫、卫生扶贫等系列扶贫工程，落实科技兴新、科技援疆专项计划，新建了一批科技文化室、卫生室、双语幼儿园，新农合参合率、新农保参保率均达到 98% 以上，贫困县农村平均低保补助标准提高 1.73 倍；从生态扶贫效益来看，确立“环保优先、生态立区”的理念，走“资源开发可持续、生态环境可持续”的发展道路，大力发展林果业及林下产业，实施退耕还林、退牧还草、防沙治沙、生态保护与恢复工程，取得了生态和经济双重效益。

“十二五”期间，特别是自治区第八次党代会以来，自治区党委、自治区人民政府从战略全局的高度谋划扶贫开发，推动理念创新、实践创新、机制创新，探索了许多新模式，积累了许多新经验，厚植了脱贫攻坚的优势。

（1）创造大环境带动扶贫。扶贫开发是一个庞大的系统工程，与基础设施建设、经济社会发展、公共服务水平息息相关。没有这些基础和支撑，扶贫开发就会势单力薄，就会成为无源之水、无根之木。“十二五”期间全区固定资产投资、生产总值、财政公共预算收入的大幅度增长，使得农业农村经济整体发展实力持续提升，有力带动、促进和辐射了贫困地区发展。仅以“十二五”期间农业农村经济为例，全区农民人均纯收入从4643元增长到8850元，年均增长13.8%，粮食产量由1170万吨增加到1560万吨，年均增长5.0%，特色林果业发展壮大，以肉牛肉羊生产为重点的现代畜牧业快速发展。同时，农产品市场开拓取得新成效，以南疆为重点大力发展农产品产地初加工，促使农业产业化经营迈出新步伐，农业综合生产能力持续增强。这些都为农牧民特别是贫困人口收入大幅度增长提供了重要支撑、奠定了基础。

（2）改善民生拉动扶贫。连续6年开展“民生建设年”，财政用于民生支出占70%以上，解决了一大批突出民生问题，贫困地区生产生活条件快速改善。

（3）产业就业促进扶贫。大力发展特色优势产业和劳动密集型产业，实施“短、平、快”项目，解决了一大批贫困群众就业。

（4）创新模式分类扶贫。坚持“划分区域、分类扶持、整村推进、连片开发、完善机制”，探索了整村推进、精准扶贫、边境扶贫、金融扶贫、易地搬迁、生态扶贫等新模式，形成了专项扶贫、行业扶贫、社会扶贫、援疆扶贫“四位一体”的大扶贫工作格局。尤其是边境扶贫，探索出了“一线守边、二线固边、三线服务”军警民联防联控新机制新模式。

（5）文化引领扶志扶贫。坚持扶贫先扶志，扶贫又扶智，大力弘扬现代文化，弘扬新疆精神，深入推进“去极端化”，引导各族群众树立正信、崇尚科学，激发脱贫致富的内生动力。

第五阶段，进入“十三五”时期，新疆扶贫开发进入脱贫攻坚、补齐短板的新时期。

这一阶段的主要任务是在思想上、认识上、行动上与以习近平总书记为首的党中央看齐，与自治区党委看齐，根据自治区实际情况，坚决贯彻落实中央扶贫开发工作会议精神和习近平总书记的重要讲话要求。首先要对中央的精神精准理解到位。2015年11月27～28日召开的中央扶贫开发工作会议，主题词是四句话八个字，即“短板、底线、摘帽、追责”。“短板”是指脱贫问题，是实现全面建成小康社会的最大短板；“底线”是指脱贫标准，是实现全面建成小康社会的最低标准；“摘帽”是指到2020年，我国按现行标准下农村贫困人口实现脱贫，贫困县全部摘帽，解决区域性整体贫困；“追责”是指中央确定，实行最严厉的领导责任追究制。

脱贫攻坚冲刺期，任务繁重艰巨，面临许多矛盾、困难和挑战。主要体现在：

（1）贫困面大。全疆有贫困县 35 个，占县市总数的 42%；有贫困村 3029 个，占行政村总数的 35%。按照国家扶贫标准（按 2010 年不变价，贫困的标准为年人均收入 2300 元，2014 年的标准为年人均收入 2800 元），全疆建档立卡贫困人口还有 261 万人（含 2014 年、2015 年未验收的 76 万脱贫人口），是全国 5 个贫困发生率超过 15% 的省区之一①。

（2）贫困程度深。经过多年努力，容易脱贫的已经基本解决，剩下的都是难啃的硬骨头，有近半贫困户收入与扶贫标准线相差千元，脱贫攻坚成本高、难度大。

（3）区域性整体贫困严重。南疆四地州有贫困县 26 个、贫困村 2605 个、贫困人口 219 万人，分别占新疆的 75%、86% 和 83%②，自然条件恶劣、生态环境脆弱，基础设施和社会事业欠账较多，社会发育程度低，脱贫攻坚任务艰巨。

（4）致贫因素复杂。新疆丧失和无劳动能力的农村贫困人口 87 万人，因其他因素致贫人口 174 万人③，特别是因灾、因病、因学返贫问题突出，沙漠腹地、高寒山区、边境一线贫困问题多发高发。

（5）特殊区情制约。新疆有着特殊的区情和艰巨的任务，既是反恐维稳的主战场，也是脱贫攻坚的主战场。因此，复杂的环境使得全区发展的任务艰巨，要想打赢脱贫攻坚战更加困难重重。

（6）主观能动性有待提高。精准扶贫机制还不健全，扶贫开发责任还没有完全落到实处，贫困地区内生动力有待进一步激发。

必须深刻把握脱贫攻坚的阶段性特征，既直面制约瓶颈和客观困难，又充分认识“十二五”扶贫工作的坚实基础和成熟经验，切实增强信心决心，坚决打赢脱贫攻坚战。

第二节 新疆集中连片特困区反贫困模式梳理

自进入 20 世纪以来，中央和自治区各级政府高度重视南疆三地州扶贫开发工作，南疆三地州政府也根据自身实际情况和发展特点，结合自治区政府“一体

①②数据来自网页新闻《排难而进坚决打赢脱贫攻坚战》。

③ 数据来自网页新闻《2020 年新疆 261 万贫困人口全脱贫》。

两翼”开发扶贫战略，先后探索和开发了民生工程建设、产业化扶贫、社会帮扶和农村人力资源开发等多种扶贫开发模式。

一、民生工程建设扶贫开发模式

民生工程建设是南疆三地州扶贫开发事业的重要组成部分，也是“一体两翼”扶贫开发战略的核心。当前，南疆三地州民生工程建设主要通过“整村推进”和“以工代赈”两种形式展开。

（一）整村推进模式

整村推进扶贫开发模式是以《中国农村扶贫开发纲要（2001~2010年）》为蓝本制定的一项对集中连片贫困区具有重要意义的扶贫开发模式。该模式是一项以扶贫开发重点村为对象，以增加贫困群体收入为核心，以发展社会公益事业、完善基础设施建设和改善群众生产生活条件为重点，以促进经济社会文化全面发展为目标，通过整合资源、科学规划、集中投入、规范运作、分批实施、逐村验收的扶贫开发工作方式来推进。整村建设模式改变了过去南疆三地州传统扶贫模式“单打一”的局面，在南疆三地州贫困地区形成了高位推动、社会互助、上下联动、合理推进的扶贫开发工作机制，实现了扶贫开发模式由以项目管理为中心的大规模区域性扶贫开发和“到村到户”扶贫向“参与式”扶贫开发模式的转变，提高了资源的投放和配置效率。整村推动模式于2004年在南疆三地州实施，先后对南疆三地州2799个扶贫开发工作重点村进行统筹规划，并按照“九通”“九有”“九能”的标准进行建设验收。

（二）农村以工代赈扶贫开发模式

以工代赈扶贫开发模式是指政府引导农民参与到贫困地区基础设施建设中，因此是获取劳动报酬和实现贫困地区基础条件改善的一种扶贫开发模式。以工代赈也是南疆三地州民生工程建设扶贫开发模式的重要组成部分，该模式由南疆三地州政府于2001年根据《中国农村扶贫开发纲要（2001~2010年）》提出。当前，南疆三地州农村以工代赈扶贫开发主要通过投资农田、水利、道路、饮水、荒漠化治理、草场建设、抗震安居工程等形式实现。

二、社会扶贫开发模式

社会帮扶扶贫开发模式是南疆三地州长期施行的一项重要的反贫困模式，至今已有三十多年的历史了。早期的社会帮扶主要是大中型国企和自治区对南疆三地州进行资金、技术、物资、人力和教育等方面的帮扶。自2009年新疆工作座谈会议以后，针对南疆三地州贫困地区的社会帮扶模式发生了巨大变化，除了在贫困地区继续保留“直接救济”的传统帮扶形式外，同时确立了北京、广东、江苏、上海、山东、河北、安徽、天津和江西对南疆三地州开展基础设施建设、民生工程建设、城乡一体化建设、人力人才支援建设和产业开发建设为主的“对口援疆”式社会帮扶扶贫开发模式。各省市对南疆三地州的对口援助情况如表4－1所示。

表4－1　各省市对南疆三地州支援详情

省份	支援地区	支援计划	支援具体内容
北京	和田地区的和田市、和田县、墨玉县、洛浦县及兵团十四师	五大示范项目	和田县抗震安居房暨新农村建设工程、墨玉县设施农业建设工程、洛浦县人民医院病房楼建设工程、兵团十四师红枣加工基地建设工程
广东	喀什地区的疏附县、伽师县、兵团三师	对口支援基础设施建设等	广东省在五年内安排专项扶贫资金96亿元用于喀什地区“两市三县”基础设施建设
天津	和田地区的民丰县、策勒县、于田县	采取10项措施做好对口支援工作	力争推动对口支援的三县在2015年之前实现小康社会的目标
江西	克孜勒苏柯尔克孜自治州的阿克陶县	民生工程和经济发展	力争对口支援县在五年内经济总量、财政收入、县域规模翻番，经济综合水平达到江西省的平均水平
安徽	和田地区皮山县	坚持四个相结合	坚持当前与长远相结合、“输血”与“造血”相结合、硬件与软件相结合、政府与市场相结合
江苏	克州的阿图什市、阿合奇县、乌恰县	保障和改善民生工程	支援教育事业发展，提高劳动者素质，促进转移就业和农民增收
山东	喀什地区疏勒县、英吉沙县、麦盖提县、岳普湖县	四个着力支援建设	着力支持民生保障项目建设，着力培育特色优势产业，着力强化人才援疆工作，着力推进农村基层权力和基层组织建设
上海	喀什地区巴楚县、莎车县、泽普县、叶城县	民生问题和可持续发展问题	将工作重点放在群众最为关注的民生问题和可持续发展问题上

三、产业扶贫模式

产业化扶贫模式是以市场为导向，以解决贫困群体温饱、增加贫困群体收入为中心，根据政府及相关机构的帮扶和政策倾斜，依托自身发展优势，调整农业结构，选准有一定市场竞争力的农产品，大力发展特色农业，实现农业生产规模化和产业化，从而增强贫困群体的自我积累，提高其生活质量的一种扶贫开发模式。产业化扶贫开发模式在南疆三地州“一体两翼”扶贫战略中承担着重要“一翼”的角色，各级政府结合自身发展的资源优势，围绕特色林果业开展产业化扶贫工作，形成了“公司＋农户”“基地＋农户”“合作经济组织＋农户”“主要产业＋农户”的产业化扶贫模式。

四、农村人力资源开发扶贫模式

农村人力资源开发扶贫模式是南疆三地州扶贫开发“一体两翼”工作重点中的另一翼。近年来，逐步受到自治区政府和南疆三地州政府的高度重视。目前，南疆三地州农村人力资源开发扶贫模式主要包括农村劳动力转移培训开发、教育扶贫和农牧民定居安居工程三种类型。

（一）农村劳动力转移培训扶贫开发模式

劳动力转移培训扶贫开发模式是指根据贫困地区农村劳动力的实际状况，充分利用各类中等专业学校、农广校、成人职业学校和劳动就业培训中心等教育培训组织和社会培训机构，针对农村劳动力有计划地开展建筑施工、木工、厨师、裁缝、家电摩托车维修、特种养殖等职业技能培训。南疆三地州农村劳动力转移培训是南疆三地州人力资源开发扶贫模式的重要组成部分。贫困地区劳动力转移培训工作，可以在一定程度上解决农村劳动力外出务工、农业生产中面临的相应的技术水平偏低的问题，对贫困农民收入的增加作用显著。

（二）教育扶贫开发

教育通过向贫困群体传播科学技术和知识，可以有效提升贫困群体的认识和理解能力，进而增强他们的自我改造能力和创收增收能力。南疆三地州政府将教育扶贫的重点放在大力发展基础教育和职业技术教育两个方面。在基础教育方面，南疆三地州政府除了加大基础教育投入水平，改善农村基础教育软硬件设施之外，还积极与内地发达省份合作，提升本地区的基础教育水平。如近年来兴起的“内高班”在提升南疆三地州基础教育质量方面就发挥着非常重要的作用。在职业技术教育方面，南疆三地州政府一方面充分利用本地区现有的职业教育和高校资源，发挥高校和职业技术院校在提升贫困群体综合素质和工作技能作用；另一方面大力发展职业技术教育，通过扩大高校和职业技术院校办学规模等方式，提升职业技术教育的覆盖范围。

（三）农牧民定居安置工程

南疆三地州绝大部分贫困人口集中在自然灾害频发，生存条件恶劣，自然承载力差的民族地区。对于这一地区大部分贫困人口，通过社会帮扶、整村推进等扶贫模式成本相对较高、解决贫困群体脱贫的难度也相对较大。因此，政府一般对这部分贫困群体采用异地搬迁的形式将其搬入自然条件相对较好、农业生产条件相对完善的地区。南疆三地州贫困群体定居安置工程于20世纪80年代末开始实施，已实现上万名农牧民顺利转移和定居。

第三节　南疆三地州扶贫开发模式成效比较分析

当前，南疆三地州农村地区的扶贫开发模式涵盖了民生工程建设、社会帮扶、产业化扶贫和农村人力资源开发等多种模式，并且各扶贫开发模式呈现出“齐头并进”“蓬勃发展”的态势。那么究竟哪一种扶贫开发模式在贫困群体脱贫致富过程中发挥的效果是最显著的呢？本节将通过计算扶贫开发模式与农民人均纯收入关联度的形式来比较分析南疆三地州各扶贫模式的成效。

一、指标选取和数据来源

研究通过计算扶贫开发模式与南疆三地州农民人均纯收入水平的关联程度来比较分析各扶贫开发模式的反贫困成效。因此，扶贫开发成效用南疆三地州农民人均纯收入来衡量；在扶贫开发模式相关指标的选取上，民生工程建设又包括整村推进和以工代赈两种模式。民生工程建设选择对基础农田修建、人畜饮水工程、公路修建及改造、电力设施等的资金投入进行评价；社会帮扶模式主要是在农民遇到自然灾害，生活陷入贫困线以下，政府给予资金救济的一种扶贫模式，本书采用平均每户收到救济、救灾款来衡量当前南疆三地州的社会帮扶力度。南疆三地州产业化扶贫的重点则放在大力发展特色农业，实现农业生产规模化和产业化上，因此，产业化扶贫模式选用南疆三地州特色农业发展投入资金总额进行衡量；而在农村人力资源开发方面，针对目前南疆三地州农村人力资源开发的三种模式，本书选取南疆三地州农村地区教育经费和技术培训费用投入进行衡量。

同时，由于《新疆调查年鉴》中针对南疆三地州民生工程建设、社会帮扶、产业化扶贫和农村人力资源开发投入等数据在2011年之后，统计口径发生了较大程度的变动，同时，本章节的研究重点是通过计算民生工程建设、社会帮扶、产业化扶贫和农村人力资源开发与农民人均纯收入的关联程度来比较分析南疆三地州各扶贫模式的成效。因此，为了保证数据的一致性和研究结果的准确性，本书只选择2006～2010年五年的时间序列数据进行评价，相关数据则主要由2007～2011年《新疆调查年鉴》数据整理所得。

二、扶贫开发模式与农民纯收入关联度分析

研究采用灰色关联分析方法探讨新疆集中连片特困区农民纯收入与扶贫开发模式的动态关系。灰色关联分析方法主要根据系统中的母因素与子因素关系的密

切程度来评价引起该系统发展变化的主要因素和次要因素。灰色关联分析方法可以有效规避传统数理统计方法关于样本数量和样本数据分布规律的限制，并且计算量相对较少，且不容易出现量化结果和定量分析结果不相符的情况，因此具有极强的适用性。

研究采用灰色关联分析方法探究南疆三地州民生工程建设、社会帮扶、产业化扶贫、人力资源开发等扶贫开发模式与南疆三地州农民人均纯收入的关联程度，计算结果如表 4-2 所示。

表 4-2 灰色关联系数及灰色关联度

项目	2006 年	2007 年	2008 年	2009 年	2010 年	灰色关联
民生工程	1	0.858	0.410	0.333	0.482	0.617
社会帮扶	1	0.929	0.663	0.639	0.590	0.764
产业化扶贫	1	0.883	0.979	0.612	0.508	0.797
人力资源开发	1	0.950	0.956	0.637	0.550	0.819

由表 4-2 可知，民生工程建设、社会帮扶、产业化扶贫和人力资源开发与南疆三地州农民纯收入的平均关联程度分别为 0.617、0.764、0.797 和 0.819。南疆三地州各扶贫开发模式与南疆三地州农民纯收入的平均关联程度均大于 0.6，说明当前南疆三地州不论是民生工程建设、社会帮扶还是产业化扶贫和农村人力资源开发均与南疆三地州农民的纯收入存在密切的联系，各扶贫模式对南疆三地州反贫困事业的顺利进行也都起到显著的推动作用。同时，在南疆三地州所有扶贫开发模式中，农村人力资源开发与反贫困成效的关联度明显大于其他扶贫开发模式的关联度，即农村人力资源开发扶贫模式与南疆三地州农民的收入水平关系最紧密，对南疆三地州扶贫开发的作用也最明显。

进一步分析南疆三地州各扶贫开发模式的实施现状可知，当前，南疆三地州无论采取什么样的扶贫开发模式，归根结底都需要广大贫困群体的积极参与。然而，由于南疆三地州贫困群体生活环境闭塞，医疗和教育等基础设施匮乏导致农村劳动力文化水平偏低，工作技能欠缺，农民目光相对短浅，开发意识和可持续发展意识淡薄，这就造成广大贫困群体在南疆三地州扶贫开发工作中参与积极性不高，参与能力严重不足等问题，极大地削弱了民生工程建设、社会帮扶、产业化扶贫等扶贫开发工作的成效。因此，通过对南疆三地州农村人力资源进行开发，提升南疆三地州农村劳动力文化知识水平和工作技能，增加农村劳动力的身体素质存量，转变农村劳动力“安于现状，固守家园”的传统观念，消除农村劳动力“等”“靠”“要”思想是推动南疆三地州贫困群体脱贫致富的关键所在。

而“农村劳动力转移培训扶贫模式”“教育扶贫”和“农村劳动力务工转移开发模式”与农民收入的高关联度以及近年来南疆三地州劳务输出工程的蓬勃发展和喀什地区“东方宾馆”等成果案例也证明，通过农村人力资源开发，提升农村劳动力的人力资本存量才是南疆三地州扶贫开发的长效和可持续发展模式。

根据2015年9月本课题组对和田地区于田县科克亚乡科克亚村、克孜勒苏柯尔克孜自治州阿图什市上阿图什乡、喀什地区莎车县伊什库利乡8村等最典型的少数民族贫困地区的调查，这些年，政府和社会组织在调查对象地区实施多项与扶贫有关的项目，采取了多种与扶贫有关的政策措施，如产业扶贫、教育扶贫、社会扶贫和少数民族青年就业能力提升等一系列措施，下面就各项扶贫政策的实施情况和效果进行分析。

（一）以工代赈的扶贫力度有限

以工代赈是一项农村扶贫政策，也是促进区域协调发展，缩小贫富差距，建设社会主义新农村的一项重要措施；是政府直接投资扶持农村贫困地区进行项目建设，以加强贫困地区的基础设施为内容，以缓解和最终消除贫困为目的，通过资金（或实物）投入方式，使贫困地区基础设施条件得以改善，为其经济发展创造一个相对良好的外部环境，进而促进其自我发展的措施。同时，通过组织贫困地区农牧民参加工程建设，获得一定的劳务报酬，可以直接增加农民收入，促进他们脱贫致富。“十一五”期间，五年时间累计发放劳务报酬12658万元，不仅增加了贫困农牧民收入、改善了生活条件，同时还转变了农民“等”“靠”“要”的思想，增强了脱贫致富的信心。据自治区发展改革委以工代赈处2011年的以工代赈项目专项调研，选择了贫困程度深、贫困人口最为集中的南疆三地州的和田地区民丰县、于田县、策勒县、洛浦县，喀什地区叶城县、英吉沙县、莎车县、伽师县和克州阿克陶县、阿合奇县10个县的48个以工代赈建设项目调研，检查范围涵盖中央财政预算内以工代赈项目、以工代赈示范工程、南疆三地州贫困乡村基础设施建设和兴边富民专项规划项目。调研检查组按照基本建设程序、财扶资金管理、项目稽查管理、以工代赈管理办法的规定和要求，认真查阅各项目档案资料，并先后深入60多个工程现场实地检查了项目建设完成情况。调查结果认为以工代赈项目扶贫开发工作在农业基础设施条件的改善、落实劳务报酬政策、以工代赈管理水平等方面取得了显著成效。但是，还存在着招标组织程序不规范、工程实施质量较粗糙、财务核算管理不严谨和工程竣工验收较迟缓等问题。课题组针对以上存在问题提出整改措施和建议。

在本次调查中，对于以工代赈的扶贫效果及出工对于增加家庭收入的调查如表4-3所示。

表 4－3　以工代赈扶贫项目效果调查

以工代赈的扶贫效果	很好	24 人	8%	出工对收入的帮助	帮助大	65 人	5.89%
	有些效果	202 人	67%		有些帮助	191 人	32.79%
	没有明显效果	74 人	25%		没什么帮助	68 人	49.10%

通过调查，以工代赈扶贫项目工程的实施对于农村扶贫带来了一定的效果，但扶贫的作用还是有限的。扶贫的效果还取决于出工的报酬高低。被调查地区在劳务报酬发放中存在程序不规范，当地务工农牧民较少，大部分项目发放的劳务报酬未达到计划下达数等现象。

（二）整村推进的扶贫政策效果不佳

2011 年，中央和自治区将投资 9.28 亿元重点用于 373 个贫困村的整村推进扶贫开发工作和南疆三地州集中连片扶贫开发规划，并开展 17 个边境扶贫重点县的边境扶贫试点工程和 100 个山区贫困村扶贫试点工程。扶贫资金主要用于优质畜牧业、优质特色种植业、设施农业、民族特色手工业、水土整治等七类扶贫项目。在本次实地调查中，整村推进项目在南疆三地州的扶贫效果不佳，仅有占比 19.67% 的 12 个村认为整村推进扶贫在减少贫困、改善农村面貌方面收到实效。

（三）政府资助的村基础设施建设项目扶贫效果良好

国家发展改革委员会于 2009 年 8 月批复的南疆三地州贫困乡村生产基础设施建设规划和兴边富民工程建设规划，在 2009～2013 年的五年间安排的 17.5 亿元专项资金主要用于支持南疆三地州贫困乡村的小型农田水利、基本农田、畜牧草场、小流域治理、乡村道路等农村小型基础设施建设。农村基础设施建设的扶贫效果调查如表 4－4 所示。

表 4－4　农村基础设施建设扶贫效果调查

修路	帮助大	171 人	42.76%	农田水利建设	帮助大	261 人	65.1%
	有些帮助	170 人	42.42%		有些帮助	103 人	25.79%
	没什么帮助	59 人	14.8%		没什么帮助	36 人	9.11%

调查表明，基于南疆集中连片区域特殊的生态环境，并且农业是贫困户的主要收入来源，所以增加收入作用较为明显的是农田水利建设项目。国家应加大投入力度，加强农业基础设施和生态环境建设；这些措施将会极大地改善南疆三地州贫困乡村的生产生活条件，为南疆三地州经济社会的可持续发展提供坚实的基础保障。

(四)政府组织的职业技术培训收效良好

针对培训的类型、培训效果的调查如表4-5所示。

表4-5 技术培训效果调查

是否接受过政府资助的培训	接受过	182户	45.55%	培训对扶贫的效果	效果很好	16.16%
	没有接受过	218户	54.45%			
培训类型	建筑业	45次			有效果	57.23%
	林业培训	109次				
	种植业和养殖业培训	116次			没有明显效果	26.6%

在调查中,回答没有明显效果的原因是培训内容、培训方法缺乏针对性和组织不力等原因。但是当问到“您家的劳动者是否因为文化水平较低或者相关技能掌握的不足影响了脱贫致富的能力”时,只有1户回答“否”,其余都肯定了技能培训的作用。说明贫困户都认识到了培训文化知识和技能给他们带来的提高对于脱贫致富发挥重要的内生作用。基于南疆贫困地区产业扶贫政策的实施和扶贫龙头企业的发展,应加强政府和社会组织的各类型技能培训,使之成为增加农民收入、摆脱贫困的可持续发展的路径选择。

第四节 新时期新疆集中连片特困区扶贫开发的机遇与挑战

一、新疆连片特困区面临的机遇

(一)精准扶贫政策的实施

针对南疆三地州不同贫困区域环境、不同贫困农户状况,运用科学有效程序对扶贫对象实施精确识别、精确帮扶、精确管理的治贫方式。南疆目前有贫困人口159万人,且主要集中在农村。这些农村贫困人口要实现脱贫,必须按照“六个精准”(即扶持对象精准、项目安排精准、资金使用精准、措施到户精准、因村派人精准、脱贫成效精准)的要求,扶贫开发“五个一批”(即通过扶持生产和就业发展一批、通过易地搬迁安置一批、通过生态环境保护脱贫一批、通过教育扶贫脱贫一批、通过低保政策兜底一批)的精准脱贫思路,制订精准扶贫脱贫计划,坚持以整村推进扶贫为载体,着力改善贫困村生产生活条件,以区域经济社会发展带动扶贫开发，促进片区整体脱贫。

对于新疆集中连片特困区精准扶贫政策具体体现在以下五个方面：

(1) 在财政政策方面。以各类专项规划为引领，有效统筹整合涉农资金，培育南疆困难团场内生动力，形成“多个渠道引水、一个龙头放水”的扶贫投入新格局。

(2) 在金融政策方面。鼓励和引导各类金融机构加大对扶贫开发的金融支持，重点支持贫困团场发展特色产业和贫困人口就业创业。同时，创新扶贫开发融资模式，充分利用好现有的投融资平台，加大扶贫攻坚专项融资力度。

(3) 在人口政策方面。大力实施南疆发展战略，综合施策，促进新疆集中连片特困区人口增长。加快新建、改扩建南疆贫困地区的步伐，加速第二、第三产业和城镇化发展，夯实人口发展基础。实施“兴边住房安居工程”，采取棚户区改造、廉租房、公共租赁住房、租赁补贴等多种方式改善新落户群众居住条件。

(4) 在投资政策方面。积极落实中央支持南疆三地州特殊扶持政策，健全扶贫资金整合的长效机制和制度保障，积极整合国家各类扶贫专项资金，重点投向农业基础设施及农业特色产业发展项目。

(5) 在产业政策方面。加大对南疆贫困地区特色农业生产基地和商贸流通体系建设的支持力度，优先安排符合条件的国家大型项目、重点工程和新兴产业。积极争取能源资源类重大产业项目优先向新疆集中连片特困区布局，提高在新疆集中连片特困区加工、深加工比例，积极引导劳动密集型产业向新疆集中连片特困区转移。

(二) 国家将新疆连片特困区作为扶贫攻坚的主战场之一

南疆的贫困问题由来已久，也是制约当地经济发展的主要因素之一。正因如此，摆脱贫困刻不容缓。就全国而言，虽然新疆的扶贫开发有其特殊性，但还要发挥促进民族团结、巩固边疆稳定的作用，这些作用具有很强的政治意义。新疆连片特困区扶贫攻坚任务是新疆工作的重点和难点。新疆如同一盘棋，新疆连片特困区是“棋眼”。加快新疆连片特困区发展和脱贫致富步伐，突破了就扶贫而扶贫、扶贫开发互不关联的传统扶贫模式，是针对我国国情与所处特定历史阶段提出的一种新的扶贫模式。

国家将新疆连片特困区作为主战场，既是对以往工作思路的继承，也是对今后工作的一个创新。新疆的贫困分布带有明显的区域性特征，经过近几年的发展，新疆的贫困有了较大缓解，但发展不平衡的矛盾却显得比较突出。随着国家经济实力的增强，中央和自治区进一步强调把连片特困区作为主战场，符合实现全面建设小康社会目标的客观要求，对于新形势下政治稳定、民族团结、边疆巩固、社会和谐、生态安全都具有特殊的重要意义。

（三）对口援疆工作的顺利开展

加强对口援疆工作，是新形势下中央新疆工作总体部署的重要组成部分，是加快新疆发展、维护新疆稳定的重要举措。近年来对口援疆工作突出重点、精准发力从以下六个方面顺利开展：

（1）更加注重扩大就业，把产业带动就业作为优先目标，引导当地群众就近就地稳定就业。

（2）更加注重抓好教育，着力提高双语教育和中等职业教育质量，加强内地新疆籍少数民族学生的教育管理服务工作。

（3）更加注重人才援疆，研究完善援疆人才选派政策和人才保障政策，建立统一的援疆干部人才管理和服务体制。

（4）更加注重向基层特别是农牧区倾斜，着力加强基础设施和公共服务项目建设。

（5）更加注重促进民族团结，深入开展“结对子、结亲戚、交朋友、手拉手”等活动，让新疆与内地各族群众走动互动起来。

（6）更加注重支持反恐维稳能力建设，把基层反恐维稳纳入援疆工作范畴，进行统一规划和部署。

积极主动对接各援疆省市及前方指挥部，加强沟通协调，开展援疆扶贫重点问题研究，制定并推动落实产业、民生、财政、投资、金融、人才等方面的援疆政策，积极争取援疆资金对重大基础设施、民生工程和重点产业给予资金支持。

（四）国家设立喀什经济开发区

国务院发布《关于支持喀什、霍尔果斯经济开发区建设的若干意见》，正式把喀什地区确立为“我国向西开放的重要窗口”。喀什地区从昔日的“古丝绸之路”重镇跃升为“经济特区”，从开放的“末端”走向“前沿”；“一个创新”“四个突破”已成为喀什经济开发区当前和今后一个时期发展的思路和重点。喀什经济开发区正逐步发挥出新一轮西部大开发的动力“引擎”作用，零距离共享至喀什地区12县市、南疆三地州乃至全疆，实现开发区政策效益最大化。

喀什经济开发区是中央面对当前地缘政治形势做出合理的地缘战略选择，是对西北地区地缘经济、政治的一种整合，具有重要的地缘战略意义。设立喀什经济开发区，有利于推动新疆经济发展，维护新疆社会稳定，有利于西部大开发战略的实施，有利于东部、中部、西部地区协同发展，有利于加强与中南亚国家之间的战略合作。本书基于地缘政治理论，阐述了建立喀什经济开发区的地缘战略意义。

（五）国家“一带一路”倡议的实施

由于新疆有着独特的地理位置优势，而“一带一路”倡议规划的实施建设，为新疆旅游、基础设施建设、招商引资都提供了好机会，促进了各产业、行业的快速发展。特别是在交通方面，带动了陆路口岸快速发展，让更多新疆特色产品更顺畅地运出去，这样既加强了与周边地区的交流，同时也能为百姓带来一定的增收。因此，“一带一路”倡议使新疆大有可为，从而进一步增强新疆经济的整体竞争能力和活力。

新疆有着独特的地理位置优势，“一带一路”倡议，为新疆交通、旅游、基础设施建设、招商引资都提供了好机会，促进了各产业、行业的快速发展。希望新疆能够借助“一带一路”倡议构想，实现交通快速发展，让更多新疆特色产品更顺畅地运出去，这样既加强了双方的交流，又为百姓增加了收入。实施“一带一路”倡议，不仅可以助力新疆经济发展新引擎，促进“五大中心”的建设和发展，而且还可以使新疆从一个封闭的经济区域向开放合作的区域转变，进而促进区内少数民族向现代化转变，使传统的增长方式向现代增长方式过渡和发展，进一步转变百姓的商业经济观念、市场经济观念、平等交易观念、诚实守信观念、质量观念、教育观念，提高区内民众的文化素养，也能形成中小微企业与对口援疆企业、区内国有企业相互合作发展，培育出新的经济增长点，增强新疆经济的整体竞争能力和活力。

二、新疆连片特困区面临的挑战

（一）新疆连片特困区深陷贫困陷阱，常规扶贫手段难以奏效

新疆连片特困区自然条件恶劣，生态环境脆弱，资源较为丰富，开发相对滞后。由于自然、民族、历史、政治等多种复杂因素的共同作用，一般的经济增长已无法带动连片特困区的发展，常规的扶贫手段也难以奏效。由于生产力水平低下，在这些地区一般经济增长不能带动区域发展、常规扶贫手段举措难以解决贫困人口脱贫致富问题，扶贫任务异常艰巨，扶贫难度大、投入成本高。

（二）片区群众意识落后，扶贫政策落实困难

造成部分地区贫困的原因，除了自然条件恶劣、天灾人祸之外，还有少数群众思想贫穷和观念落后的原因。课题组发现了“思想贫困”的诸多具体表现，如有的思想过于保守，不愿接受新事物，学习新技能，缺乏脱贫能力；有的好逸恶劳，好吃懒做，宁肯整天打牌搓麻将，坐享清福，也不愿动手干点事情；有的满足现状，温饱即安，进取精神不足，奋斗动力不强；有的没有财富积累观念，缺乏过紧日子的思想，挣多少钱就花多少钱；有的“等”“靠”“要”思想严重，守着“金饭碗”却要饭吃，总指望政府救济和扶持等。正是由于这种内在思想观念上的贫穷落后，使得一些贫困群众年年扶、年年贫，有的甚至越扶越贫，直接影响了扶贫工作的成效。

本书在充分了解南疆三地州农村地区贫困现状和贫困特点的基础上，对南疆三地州农村地区的扶贫开发模式进行梳理，并运用灰色关联分析法对各扶贫模式成效进行比较分析。结果表明，由于农村劳动力文化素质偏低，工作技能欠缺和参与积极性不高等，南疆三地州农村扶贫开发模式对农民脱贫致富的作用非常有限。同时，根据实地调研，整村推进、以工代赈扶贫效果力度有限，农村职业技能培训效果较好。因此，通过人力资源开发相关手段，提升农村劳动力知识文化水平和工作技能以及转变农村劳动力的思想观念是最大化发展南疆三地州扶贫开发模式成效的关键。

第五章　人力资本与新疆集中连片特困区反贫困的关系研究

第一节　新疆集中连片特困区人力资本投资现状

人力资本投资包括教育投资、在职培训投资、劳动力流动投资、健康投资。

一、教育经费投入总量

在人力资本形成的各种途径和人力资本投资的各种方法中，教育是最具有投资特征且最重要的内容。教育作为人力资本投资的五大项之一，是改善和帮助摆脱贫困实现经济增长的重要投资之一，教育投资可以提高人力资本投资的回报，从而促进地区经济的不断增长。新疆集中连片特困区的重要组成部分包括和田、喀什、克州地区的教育经费投入总量，分别如表5－1、表5－2和表5－3所示。

表5－1　2000～2015年和田地区教育经费投入总量情况

类别 年份	GDP（亿元）	和田教育经费（亿元）	教育经费增长速度（%）	新疆整体教育经费（亿元）	和田教育经费占新疆教育经费比重（%）	教育经费占GDP的比重（%）
2000	27.13	3.21	—	49.21	55.13	—
2001	30.89	4.55	41.74	65.3	47.3	11.83
2002	33.65	5.43	19.34	75.12	44.79	14.73
2003	36.79	5.88	8.29	81.79	44.98	16.14
2004	42.98	4.8	－18.37	63.09	68.12	15.98
2005	48.78	5.06	5.42	72.65	67.14	11.17
2006	55.34	7.3	44.27	89.28	61.98	10.37
2007	63.7	7.88	7.95	142.77	44.62	13.19
2008	78.29	12.13	53.93	199.21	39.3	12.37

续表

类别 年份	GDP（亿元）	和田教育经费（亿元）	教育经费增长速度（%）	新疆整体教育经费（亿元）	和田教育经费占新疆教育经费比重（%）	教育经费占 GDP 的比重（%）
2009	88.58	14.64	20.69	240.15	36.89	16.28
2010	103.5	23.2	58.47	313.84	32.98	16.53
2011	126.99	27.04	16.55	399.8	31.76	22.42
2012	147.29	37.88	40.09	412.18	35.73	21.29
2013	171.65	35.55	-6.15	453.75	37.83	25.72
2014	198.42	41.29	16.15	548.36	36.18	20.71
2015	233.86	59.67	44.51	647.93	36.09	31.27

资料来源：本数据从《2000～2015 年中国区域经济统计年鉴》相关数据整理所得。

从表 5-1 中可以看到，2000～2015 年和田地区平均每年教育经费投入为 15.72 亿元，同期平均每年和田地区国内生产总值为 83.35 亿元，教育经费投入占国内生产总值比重平均只有 18.86%，这个比重相对来说是比较低的，并且这个比重也是不断变化的。教育经费投入的增长速度基本上是先下降后上升的趋势，先从 2001 年的 41.74% 下降到 2004 年的 -18.37%，虽然 2000～2015 年和田地区整体教育经费是不断增长的，但是增长速度都比较起伏、稳定性不高。喀什地区的教育投资金额不断攀高，这是经济快速发展带来的好处。但同时也应该注意到教育支出所占比重却不断下滑，这表明喀什地区政府在经济发展中并没有将教育的发展放在优先位置。

表 5-2　2000～2015 年喀什地区教育经费投入总量情况

类别 年份	GDP（亿元）	喀什教育经费（亿元）	教育经费增长速度（%）	新疆整体教育经费（亿元）	喀什教育经费占新疆教育经费比重（%）	教育经费占 GDP 的比重（%）
2000	75.44	7.11	—	49.21	14.45	9.42
2001	83.46	9.24	29.96	65.3	14.15	11.07
2002	92.42	10.45	13.10	75.12	13.91	11.31
2003	102.79	12.96	24.02	81.79	15.85	12.61
2004	119.56	14.98	15.59	63.09	23.74	12.53
2005	145.24	16.56	4.47	72.65	22.79	11.40
2006	164.13	17.82	7.38	89.28	19.96	10.86
2007	218.76	13.07	-26.66	142.77	9.15	5.97
2008	249.07	21.78	66.64	199.21	10.93	8.74
2009	294.24	28.98	33.06	240.15	12.07	9.85
2010	375.97	30.67	5.83	313.84	9.77	8.52
2011	420.3	37.31	21.65	399.8	9.33	7.98

续表

类别 年份	GDP（亿元）	喀什教育经费（亿元）	教育经费增长速度（%）	新疆整体教育经费（亿元）	喀什教育经费占新疆教育经费比重（%）	教育经费占GDP的比重（%）
2012	517.35	39.82	6.73	412.18	9.66	7.69
2013	617.31	44.63	12.08	453.75	9.84	8.08
2014	688.5	50.27	17.63	548.36	10.05	8.77
2015	780.3	61.39	23.74	647.93	9.47	7.87

资料来源：本数据从《2000～2015年中国区域经济统计年鉴》相关数据整理所得。

从表5-2中可以看到，2000～2014年喀什地区平均每年教育经费投入为23.67亿元，同期平均每年国内喀什地区生产总值为187.64亿元，教育经费投入占国内生产总值比重平均只有12.61%，这个比重相对来说是比较低的，并且这个比重也是不断变化的，教育经费投入的增长速度基本上是先下降后上升的趋势，先从2006年的7.38%下降到2007年的-26.66%，2008年又增长到66.64%，达到一定的高度。喀什地区整体教育经费是不断增长的，但是增长速度都比较起伏、稳定性相对较差。喀什地区在教育支出所占比重却不断下滑，这表明喀什地区政府在经济发展中并没有将教育的发展放在优先位置。

表5-3　2000～2015年克州地区教育经费投入总量情况

类别 年份	GDP（亿元）	克州教育经费（亿元）	教育经费增长速度（%）	新疆整体教育经费（亿元）	克州教育经费占新疆教育经费比重（%）	教育经费占GDP的比重（%）
2000	15.75	1.18	—	49.21	2.40	7.49
2001	18.84	1.57	33.05	65.3	2.40	8.33
2002	21.36	1.89	20.38	75.12	2.52	8.85
2003	25.51	2.33	23.28	81.79	2.85	9.13
2004	29.89	2.85	22.32	63.09	4.52	9.53
2005	32.07	3.65	28.07	72.65	5.02	11.38
2006	35.87	3.51	-3.84	89.28	3.93	9.79
2007	28.32	3.28	-6.55	142.77	2.30	11.58
2008	30.06	5.26	60.37	199.21	2.64	17.50
2009	32.46	8.47	61.03	240.15	3.53	26.09
2010	35.98	9.62	13.58	313.84	3.07	26.74
2011	40.27	12.65	31.50	399.8	3.16	31.41
2012	47.83	15.35	21.34	412.18	3.72	32.09
2013	52.16	19.28	25.60	453.75	4.25	36.96
2014	55.89	23.53	22.04	548.36	4.70	42.10
2015	63.59	27.88	25.96	647.93	6.12	47.63

资料来源：本数据从《2000～2015年中国区域经济统计年鉴》相关数据整理所得。

从表5－3中可以看到，克州地区教育经费投入的增长速度基本上是稳步上升趋势，虽然2006年和2007年有所下降，但克州地区整体教育经费是不断增长的，但是增长速度都比较缓慢、稳定性相对较高。表明克州地区政府在经济发展中慢慢重视教育，发展教育。

综上所述，从新疆整体教育经费可以看出，虽然新疆教育经费呈加速增长态势，15年间教育经费总量增加了10.2倍，发展趋势明显，但是新疆集中连片特困区作为少数民族重点发展地区，和田地区平均教育经费每年为15.7亿元，而新疆整体平均教育经费每年为210.57亿元，和田地区每年的教育经费仅为新疆整体教育经费的1/14，说明和田地区教育投资规模较小，教育经费支出偏低，和田政府应加强对教育的投入。喀什地区的教育投资金额不断攀升，这是经济快速发展带来的好处。但同时也应该注意到教育支出所占比重却不断下滑，这表明喀什地区政府在经济发展中并没有将教育的发展放在优先位置。

二、正规教育投资

经表5－4、图5－1及第六次新疆人口普查数据计算可得，南疆三地州的平均受教育年限为7.78年。这与全国平均水平大体持平。由图5－1可知，新疆集中连片特困区接受初等教育人口已经达到全国平均水平，但是接受高等教育的人才却远远低于全国平均水平。要想快速发展经济，加速城镇化建设显然是不够的。因此，新疆集中连片特困区政府应该继续将教育发展放到优先位置，加大高等教育投资力度，培养高素质人才。

表5－4　南疆三地州6岁及以上年龄受教育程度

受教育程度	人数（人）			占比（%）		
	和田	喀什	克州	和田	喀什	克州
未上学	54897	145564	37889	3.07	4.13	2.67
小学	814363	1377559	257783	45.48	39.08	40.19
初中	762881	1598001	107547	42.60	45.34	37.64
高中	71962	216214	45687	4.02	6.13	3.56
大专	70649	135113	67848	3.95	3.83	3.77
本科	15592	51301	10246	0.87	1.46	0.52
研究生	397	1082	116	0.02	0.03	0.01

资料来源：本数据从《新疆第六次人口普查资料》相关数据整理所得。

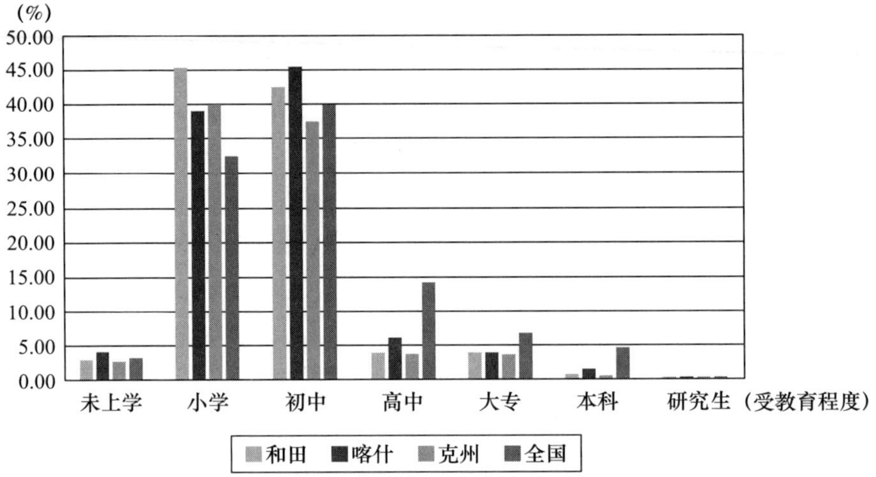

图5－1　南疆三地州6岁以上受教育程度对比

表5－5　南疆三地州各级各类教育学校数　　单位：所

类别	普通高等学校			中等专业学校			普通中学			小学			幼儿园		
年份	和田	喀什	克州	和田	喀什	克州	和田	喀什	克州	和田	喀什	克州	和田	喀什	克州
2000	2	1		5	7	1	140	24	12	895	72	54	55	23	12
2001	2	1		5	7	1	152	219	29	875	1202	69	68	25	13
2002	2	1		4	7	1	149	213	37	871	1256	86	70	30	15
2003	2	1		5	8	1	149	218	46	864	1249	128	64	27	20
2004	2	1		5	7	1	150	226	57	856	1212	159	75	25	21
2005	2	1		2	9	1	152	234	62	829	1202	211	78	27	24
2006	2	1	1	9	9	1	151	233	62	768	1175	235	177	264	109
2007	2	1	1	3	11	1	152	232	62	740	1157	267	196	445	181
2008	2	1	1	11	11	2	146	233	65	690	1122	332	209	581	224
2009	2	1	1	11	11	2	148	222	69	669	1027	358	228	715	268
2010	3	1	1	11	11	2	147	212	72	670	1001	429	254	787	335
2011	3	1	1	11	11	2	148	211	72	674	982	457	287	848	358
2012	3	1	1	11	11	5	148	211	79	666	976	473	313	923	366
2013	4	1	1	11	27	5	152	204	83	663	951	486	345	955	397
2014	4	1	1	12	27	5	155	208	86	665	957	492	396	979	405
2015	4	1	1	12	27	7	157	180	94	669	929	504	445	1056	428

资料来源：本数据从《新疆统计年鉴》相关数据整理所得。

表 5-6　南疆三地州各级各类教育在校学生数　　单位：人

类别/年份	普通高等学校			中等专业学校			普通中学			小学		
	和田	喀什	克州	和田	喀什	克州	和田	喀什	克州	和田	喀什	克州
2000	2496	4780	1135	3648	3976	221	96005	145673	23557	256970	290784	23434
2001	3724	4989	1336	3889	4025	259	100582	156456	28779	251115	307867	25686
2002	4647	5569	1782	3402	4117	298	101510	176549	32676	243210	247792	32457
2003	4996	7682	1899	2188	4486	342	105605	117698	35698	240367	228984	38756
2004	3952	8231	1933	763	4895	368	114722	156487	39859	232998	225869	45765
2005	3960	8846	2045	2131	5780	437	128099	175020	45356	225114	267095	53743
2006	3836	9356	2098	2302	5886	526	133184	193345	45998	219232	237865	55436
2007	3986	9788	2176	3677	5994	558	131935	171256	47986	216482	197667	63353
2008	4409	9997	2245	3360	6138	632	123140	218775	45768	212888	275476	67291
2009	4835	10235	2476	16081	15431	878	117188	233356	44675	207249	356789	58445
2010	5280	10591	2587	21034	19876	1576	115352	236487	49878	199476	398798	55589
2011	5386	10897	3341	24362	25685	2291	116033	240789	53796	191985	391687	52786
2012	5472	11065	3476	22767	23687	2976	112491	243354	55749	188250	406972	58875
2013	6800	11957	3782	19357	30882	3087	111947	252800	57842	185980	415000	68683
2014	8734	11465	4367	23299	35034	3375	115890	261400	58653	198625	426100	69531
2015	11100	11503	6792	25200	40570	4280	125100	282500	67451	227000	462500	75628

资料来源：本数据从《新疆统计年鉴》相关数据整理所得。

由表 5-6 可以看出，南疆三地州的普通中学学校数有一定的增加，但是高等学校数量却停滞不前，小学学校数量甚至出现明显下滑。由表 5-4 可以看出，总体而言南疆三地州的学生数有了较为明显的增加，尤其体现在中等专业学校、普通高等学校的在校生数，这说明南疆三地州地区政府的教育投资有了一定成效。但是小学在校生人数却呈现递减态势，这应该引起地方政府注意。

表 5-7　南疆三地州各级各类教育教师数　　单位：人

类别/年份	普通高等学校			中等专业学校			普通中学			小学		
	和田	喀什	克州	和田	喀什	克州	和田	喀什	克州	和田	喀什	克州
2000	277	432	67	260	632	56	5248	10453	889	10333	19867	2285
2001	332	442	73	281	647	69	5492	11786	937	11113	22564	2594
2002	330	447	79	276	655	73	5428	12564	1186	10481	21987	3384

续表

类别 年份	普通高等学校			中等专业学校			普通中学			小学		
	和田	喀什	克州	和田	喀什	克州	和田	喀什	克州	和田	喀什	克州
2003	343	552	82	253	649	89	5628	13564	1596	10324	20654	3794
2004	342	566	89	200	628	95	6028	14687	2285	10752	21664	4189
2005	341	579	96	236	667	110	7307	15060	2912	10529	21550	4385
2006	362	586	105	363	732	124	8229	16357	3129	10596	21758	4598
2007	301	554	93	253	689	115	8211	16214	3265	10342	21551	4226
2008	351	525	91	214	663	119	8539	15327	3147	10691	22063	4589
2009	374	576	117	505	753	226	9455	16998	3389	11813	22868	4879
2010	383	594	124	524	768	253	9703	17878	3587	11486	21989	5556
2011	360	612	136	485	635	269	9786	17648	3675	11608	23563	6287
2012	365	618	139	486	643	272	9883	18257	3865	11176	24882	5479
2013	363	623	142	463	658	286	10509	18339	4154	11594	25865	6898
2014	356	627	145	511	668	315	11376	18956	4582	12409	26779	7432
2015	428	715	177	532	708	344	12235	19774	5211	13754	27009	7998

资料来源：本数据从《新疆统计年鉴》相关数据整理所得。

由表5－7可以看出，南疆三地州地区师资力量不断加强，小学和初中教师数量增长尤为明显，和田地区和喀什地区教师数量增长速度较快，而克州地区教师数量持续稳步增长。这说明南疆三地州政府对教育的重视程度不断加强，且对教育的投资有了一定成效，对教师的需求也在不断增加，可见南疆三地州地区对教育的支持力度在逐年增大。然而南疆三地州高等教育教师人数却变化不明显，说明南疆三地州对人才的培养和重视程度还需要加强，还应进一步加大对高等教育的关注和加大对高等教育的投资力度。

三、职业培训（如表5－8所示）

表5－8　南疆三地州职业教育情况

类别 年份	中等专业教育学校数（所）			中等专业教育招生数（人）			中等专业教育毕业生数（人）		
	和田	喀什	克州	和田	喀什	克州	和田	喀什	克州
2001	5	9	1	1798	3388	834	998	1662	425
2002	4	8	1	1675	1838	819	1432	3544	474
2003	5	8	1	1663	1745	855	1689	3264	668

续表

类别 年份	中等专业教育学校数（所）			中等专业教育招生数（人）			中等专业教育毕业生数（人）		
	和田	喀什	克州	和田	喀什	克州	和田	喀什	克州
2004	5	8	1	1884	2031	891	2185	3427	752
2005	2	9	1	1430	1666	882	1056	1252	798
2006	9	7	1	867	1125	874	1098	1223	821
2007	3	6	1	1576	1917	956	1154	1327	854
2008	11	25	2	1932	2616	979	1375	1898	905
2009	11	25	2	7753	11685	1068	3688	6651	944
2010	11	24	2	7889	11207	1765	4376	6521	1257
2011	11	27	2	7963	9363	2021	2553	4557	1885
2012	11	27	5	8231	10997	2228	5580	7291	1934
2013	11	27	5	9542	13813	3321	6785	8087	2683
2014	12	27	5	9876	16988	3745	6749	7224	3521
2015	12	27	7	10275	15200	5498	7195	6603	4469

资料来源：本数据从《2010 年新疆人口普查资料》相关数据整理所得。

从表 5－8 可以看出，南疆三地州职业教育情况为喀什地区中等职业教育的波动性非常大，但总体呈现增长趋势，这是一个较为乐观的现象。特别是在中央对口支援新疆工作会议之后，喀什地区的中等职业教育有了较为明显的改善，可以归结为四省份在大力支援喀什地区之后企业对于技术人员的需求大大增加，进而带动了一股学习技术的热潮，因此喀什地区的中等教育专业学校的毕业生人数有了质的飞越。而和田地区和克州地区的中等职业教育的波动相对平稳，趋于稳步上升的现象。总体而言，南疆三地州中等教育水平在逐步提高，不断完善。

四、健康投资

如同教育的改善能帮助家庭摆脱贫困的恶性循环一样，健康投资同样可以提高人力资本投资的回报，从而促进地区经济的不断增长。本书以整理得到的卫生机构床位数、人均拥有量作为衡量一个地区的卫生保健水平的硬性指标，如表 5－9 所示。

表 5－9　南疆三地州医疗卫生状况

类别 年份	床位（床）			医疗机构（家）			卫生人员（人）			每万人口床位（床）		
	和田	喀什	克州	和田	喀什	克州	和田	喀什	克州	和田	喀什	克州
2000	4639	5831	553	239	349	56	6123	8672	1174	25.5	21.8	28.67
2001	4666	5972	669	239	355	62	6353	8774	1235	25.6	22.3	28.99
2002	4538	6354	712	309	368	99	6388	9131	1792	26.4	24.6	29.31
2003	4837	6917	856	316	414	116	6452	9757	1985	27.74	26.96	29.57
2004	4721	7554	1042	281	302	136	6047	10758	2278	26.64	23.75	30.19
2005	5075	9024	1459	277	341	102	5946	11397	2519	28.08	24.7	30.96
2006	5719	9981	3312	288	428	99	6070	11986	2631	30.79	28.65	36.78
2007	5322	11293	5322	274	491	96	5517	12980	2691	28.25	30.57	41.22
2008	6655	11775	5021	262	406	110	6186	13075	2744	34.84	32.43	42.54
2009	8874	12241	6892	277	443	132	7617	13089	2963	45.37	33.97	44.85
2010	10236	12708	7322	304	678	231	8308	13171	3145	50.81	47.69	49.56
2011	10875	12986	7389	1503	1725	254	9047	14453	3387	52.39	49.85	47.67
2012	11776	13054	7877	1785	1924	307	9238	15077	3596	55.46	54.32	48.89
2013	12474	13298	8122	1770	2088	358	9321	15921	3613	57.9	55.68	49.05
2014	12957	14589	8556	1773	2397	405	9402	17283	3576	57.38	59.65	49.77
2015	13599	22256	9486	2284	3168	715	9416	19765	3673	61.5	67.99	51.87

资料来源：本数据从《新疆统计年鉴》相关数据整理所得。

如表 5－9 显示，总体而言，对南疆三地州的医疗卫生事业投资有了非常显著的提高，2000～2015 年 16 年间南疆三地州的医疗机构、卫生人员、每万人口床位都不断提高，南疆三地州的卫生医疗保健投资力度不断加大，可以看出南疆三地州越来越重视医疗卫生，从而能够更好地满足当地人民对健康水平的基本需求。

表 5－10　南疆三地州人口死亡率　　　　单位:%

类别 年份	死亡率			少数民族死亡率		
	和田	喀什	克州	和田	喀什	克州
2000	5.37	5.73	2.97	5.43	5.13	5.89
2001	6.09	5.88	2.63	6.18	5.56	5.93
2002	6.38	6.24	2.98	6.52	5.28	5.56
2003	5.88	6.71	3.47	5.98	5.42	5.67

续表

年份 \ 类别	死亡率			少数民族死亡率		
	和田	喀什	克州	和田	喀什	克州
2004	5. 81	6. 48	3. 12	5. 91	5. 49	6. 29
2005	7. 86	6. 69	3. 38	8. 02	5. 91	7. 47
2006	6. 1	7. 61	3. 86	6. 2	2. 63	5. 11
2007	7. 6	7. 63	4. 01	7. 75	5. 84	6. 26
2008	6. 14	7. 85	3. 98	6. 26	5. 97	8. 84
2009	5. 25	8. 19	4. 33	5. 36	5. 45	6. 56
2010	5. 53	5. 37	4. 41	5. 6	5. 83	6. 75
2011	5. 69	8. 46	4. 96	5. 79	6. 57	6. 93
2012	7. 25	9. 17	5. 37	7. 4	6. 2	7. 13
2013	4. 45	9. 25	5. 25	4. 57	5. 11	5. 66
2014	5. 18	9. 71	5. 44	5. 32	5. 23	5. 7
2015	5. 52	10. 25	6. 51	5. 28	6. 59	5. 47

资料来源：本数据从《新疆统计年鉴》相关数据整理所得。

从表 5－10 中可以看出，南疆三地州的医疗卫生支出所取得的最终成效还不是很显著，死亡率分布波动较大，但相比较 21 世纪初有一定的改善。南疆三地州地区少数民族死亡率相对高出一线，但总体差距不大。

作为人力资本投资的重要基础保障的健康投资，可以从该地区的卫生机构床位数、人均拥有量和该地区的人口死亡率等指标衡量。南疆三地州应重视医疗健康，加大农村医疗投资力度，让人们能看得起病，有病及时就诊医治，从而降低死亡率。

五、劳动力迁移

劳动力迁移是人力资本投资中的一个重要部分，它也和教育与健康一样影响着人力资本的回报，从而对反贫困能力的建设有显著作用。由于关于劳动力迁移并无确切的数据给予提供，故本研究拟采用人均支出中的通信支出作为选取指标，如表 5－11 所示。

表 5－11　南疆三地州农村人均通信支出情况

类别 年份	人均生活消费支出（元）			人均通信支出（元）			占比（%）		
	和田	喀什	克州	和田	喀什	克州	和田	喀什	克州
2000	832.19	863.92	543.46	17.25	19.13	10.13	2.07	2.21	1.86
2001	854.36	946.69	579.67	23.88	51.28	14.98	2.80	5.42	2.58
2002	866.89	970.08	632.41	27.63	31.37	17.22	3.19	3.23	2.72
2003	889.56	956.78	669.84	45.67	60.04	26.31	5.13	6.28	3.93
2004	956.53	1071.59	712.56	40.98	52.67	29.79	4.28	4.92	4.18
2005	987.62	1071.42	745.67	43.76	54.08	31.24	4.43	5.05	4.19
2006	1054.31	1257.65	796.85	55.67	76.39	37.86	5.28	6.07	4.75
2007	1121.67	1296.68	820.18	62.75	75.62	44.32	5.59	5.83	5.41
2008	1287.98	1558.19	839.65	88.45	110.41	57.83	6.87	7.09	6.89
2009	1466.54	1878.88	906.72	128.56	161.72	78.96	8.77	8.61	8.71
2010	1789.67	2213.99	955.84	134.76	168.83	86.41	7.70	7.63	9.04
2011	1998.76	3703.88	1200.32	225.98	328.68	97.54	9.31	8.87	8.13
2012	2367.86	3790.7	1379.87	276.47	302.66	120.36	5.08	7.98	8.72
2013	3335.47	3830.67	1545.02	291.52	311.25	151.47	4.54	8.13	9.81

资料来源：2001～2014 年《新疆统计年鉴》整理计算所得。

通过以上对南疆三地州各个方面研究，综合分析可以看出：

（1）在教育投资方面。通过对新疆集中连片特困区的重要组成部分的和田、喀什、克州地区的教育经费投入总量方面可以发现，尽管和田地区每年的教育经费仅为新疆整体教育经费的 1/14，但是和田地区整体教育经费是不断增长的，因此增长速度都比较起伏、稳定性不高。说明和田地区教育投资规模较小，教育经费支出偏低，和田政府应加强对教育的投入；促使喀什地区的教育投资金额不断攀高，这是经济快速发展带来的好处。但同时也应该注意到教育支出所占比重却不断下滑，这表明喀什地区政府在经济发展中并没有将教育的发展放在优先位置。克州地区教育投资金额趋于稳定发展水平，近几年有所提高。

课题组对南疆三地州各级各类教育学校数、各类教育在校学生数、职业教育情况方面进行调查，可以看出南疆三地州政府对教育的重视程度不断加强，且对教育的投资有了一定的成效，学校数量在提高对教师的需求上也在不断增加，可见南疆三地州地区对教育的支持力度在逐年增大。但是南疆三地州高等教育教师人数却变化不明显，说明南疆三地州对人才的培养和重视程度还需要加强，加大对高等教育的关注和加大对高等教育的投资力度，从而使南疆三地州地区接受初等教育人口达到全国平均水平。然而受高等教育的人才却远远低于全国平均水平，要想快速发展经济，加速城镇化建设显然是不够的。因此，新疆集中连片特困区政府应该继续将教育发展放到优先位置，加大高等教育投资力度，进一步更好地培养高素质人才。

（2）在健康投资方面。南疆三地州的医疗卫生事业投资有了非常显著的提高，2000～2015 年南疆三地州的医疗机构、卫生人员、每万人口床位都不断增加，南疆三地州的卫生医疗保健投资力度不断加大，可以看出南疆三地州越来越重视医疗卫生，能够满足当地人民对健康水平的基本需求。但是在人均生活消费支出中，医疗支出占比相对较高，且逐年呈增长趋势，可见南疆三地州人口的就医费用问题并没有得到根本性的改善，南疆三地州政府应加大对贫困地区就医贵问题进行相应政策性补贴，保证贫困人口能看得起病。全疆的医疗卫生所呈现逐年递增的趋势，但喀什地区农村卫生所数量波动起伏不大。

（3）在迁移投资方面。在南疆三地州 2000～2014 年人均支出中的通信支出大致呈波动上升的趋势，且通信支出在人力资本投资各项中的比重远高于教育支出，但大多低于医疗支出，可见南疆三地州农村人口的迁移投资并不突出，劳动力的有效转移有利于缓解喀什地区农村经济贫困现状，增加农村人口收入，从而减少贫困人口数量。当地政府部门应当积极引导贫困人口走出去，同时为贫困人口脱贫提供相应通道。

第二节　人力资本与新疆集中连片特困区反贫困的关系研究

研究在第四部分运用灰色关联分析方法仅能证明人力资本投资在众多反贫困模式中，与脱贫致富的关系是最紧密的，却无法有效地解决农村人力资本投资对反贫困贡献的程度以及农村人力资本投资对反贫困的作用方式等课题。因此，本研究首先运用 VaR 的脉冲响应分析方法测度农村人力资本投资对当地反贫困成效的拉动贡献，然后从农村人力资本投资与反贫困关系内部探讨农村人力资源相关手段对贫困地区经济社会发展、提升农民生活质量以及贫困地区生态环境保护等方面的具体作用方式。在对农村人力资本投资和反贫困的具体关系进行探讨之前，应先对南疆三地州农村人力资本投资存量和当地的反贫困成效有一个清晰的认识和准确的把握。

一、新疆集中连片特困区人力资本投资和反贫困成效测评

（一）新疆集中连片特困区人力资本投资和反贫困成效指标体系构建

科学、合理地构建新疆集中连片特困区人力资本投资指标体系和反贫困成效指标体系，是认识和把握新疆集中连片特困区农村人力资源开发现状和反贫困现状的本质内涵。研究根据前人对农村人力资源开发水平和反贫困成效研究的相关成果和遵循科学性、合理性以及数据可得性等原则构建新疆集中连片特困区农村人力资本投资和反贫困成效指标体系。

（1）人力资本投资指标体系构建。农村人力资本投资一般是指根据农村人口、经济、资源和环境的特点，通过控制人口数量，提高人口健康存量，发展基础教育和职业技术教育以及推动农村劳动力合理配置等手段，实现农村人力资本体力、智力、知识和技能形成、发展和提升的过程。农村人力资源开发水平的评价主要从开发手段、开发过程和开发成效等几个方面展开，具体的评价指标则涉及教育、健康、职业培训、人口控制和人口迁移等多个方面。文章在农村人力资源开发成效研究成果基础上，结合新疆集中连片特困区农村人力资源开发的特点，从新疆集中连片特困区农村人力资源的规模与结构、文化素质和身体状况以及迁移与外出务工状况六个维度构建南疆三地州农村人力资本投资评价指标体系，具体的指标名称和预期的影响效果如表 5－12 所示。同时，由于医疗资源和教育资源无论是分布在城镇还是分布在乡村均对农村教育水平和医疗水平的提升发挥着重要作用，如农户到城镇医院接受治疗，农村子女进入城镇接受基础教育和职业技术教育等。很难将农村的医疗、教育资源与城镇医疗、教育资源进行严格的区分。因此，本书在评价农村医疗和教育发展水平上用南疆三地州的整体教育水平和医疗水平衡量；南疆三地州农村人口状况、外出务工状况等指标缺乏系统的记载，因此，在对南疆三地州农村人口规模、外出务工水平进行评价时，用南疆三地州整体的人口自然增长率代替南疆三地州农村人口规模的变化；用农民工资性收入占总收入的比重和外出务工收入占总收入的比重衡量南疆三地州农民非农就业情况和外出务工情况。

（2）新疆集中连片特困区反贫困成效指标体系构建。目前，国内外学者关于反贫困成效综合评价特别是民族地区反贫困成效综合评价的研究相对较少。刘林、付云宝（2013）认为，要想全面系统地认识贫困地区的反贫困成效，应充分关注反贫困参与主体的投入情况、对扶贫开发对象的瞄准与甄别情况、扶贫资金使用与效果以及对扶贫开发进程的监督与管理情况。王宝珍、龚新蜀（2013）指出，扶贫开发的成效，归根结底是贫困群体生活生产方式的转变、社会和经济的发展以及生态环境的保护。因此，民族集中连片贫困区反贫困成效评价指标体系

应涉及贫困群体的生产生活方式、社会发展状况、生态环境保护和区域经济发展等几个方面。

本研究在充分借鉴刘林、王宝珍等学者的研究成果基础上，结合南疆三地州边疆地区、民族聚居区、生态脆弱区、连片贫困区的特点，从农村农业生产与农村经济、农民生活与农村社会发展、农村生态环境保护与治理等角度构建南疆三地州农村反贫困成效指标体系，具体情况如表5－12所示。同时，为了保证与农村人力资源开发评价指标体系的一致性、农村人力资源开发对反贫困拉动贡献实证分析的科学性与合理性，农村人口规模、农村的医疗和教育水平等指标也沿用南疆三地州的整体水平进行衡量。

表5－12 农村人力资源开发水平和反贫困成效评价指标体系

系统层	目标层	指标层	指标属性
南疆三地州农村人力资源开发成效	人口规模与结构	人口自然增长率（X1）	逆向指标
		南疆三地州农村人口结构（农村非农从业人口比重）（X2）	正向指标
		农村女性从业人员比重（X3）	正向指标
		农村劳动力宗教信仰状况（宗教信仰状况占比）（X4）	逆向指标
	文化技能素质	学龄儿童入学率（X5）	正向指标
		万人大中专毕业生人数（X6）	正向指标
		每万人拥有教师数（X7）	正向指标
		每万人拥有职业学校教师人数（X8）	正向指标
		万人通识汉语人数（X9）	正向指标
	身体素质	农民年均医疗保健支出比例（医疗支出占生活消费比重）（X10）	正向指标
		南疆三地州每万人拥有床位数（X11）	正向指标
		南疆三地州每万人拥有卫生技术人员数（X12）	正向指标
	人力资源迁移与流动	农村劳动力非农就业情况（工资性收入占总收入比重）（X13）	正向指标
		农村劳动力外出务工状况（务工收入比重）（X14）	正向指标
南疆三地州农村反贫困成效	农业生产与农村经济	人均粮食产量（T1）	正向指标
		人均肉类产量（T2）	正向指标
		单位耕地面积农业机械总动力（千瓦）（T3）	正向指标
		南疆三地州农村人口结构（农村非农从业人口比重）（T4）	正向指标
		乡镇企业发展（乡镇企业从业人员数）（T5）	正向指标

续表

系统层	目标层	指标层	指标属性
南疆三地州农村反贫困成效	农民生活与农村社会发展	农村人均纯收入（T6）	正向指标
		现金收入比重（T7）	正向指标
		恩格尔系数（T8）	逆向指标
		人口自然增长率（T9）	逆向指标
		小学学龄儿童入学率（T10）	正向指标
		万人拥有床位数（T11）	正向指标
		电视人口覆盖率（T12）	正向指标
		人均年末使用房屋面积（T13）	正向指标
		农村饮水安排达标人口比重（T14）	正向指标
		通公路自然村比重（T15）	正向指标
	农村生态环境保护与治理	有效灌溉面积比重（T16）	正向指标
		人均年造林面积（亩）（T17）	正向指标
		水土流失治理面积（千公顷）（T18）	正向指标

在南疆三地州农村人力资源开发水平和反贫困成效评价的具体操作中，采用时间序列数据，样本区间为1994～2013年，样本数据均来自1995～2014年《新疆统计年鉴》《新疆调查年鉴》《喀什年鉴》《克孜勒苏柯尔克孜自治州年鉴》《和田年鉴》以及1994～2013年喀什、克州和和田国民经济发展与社会统计公报整理所得。由于农村人力资源开发水平和反贫困成效的具体指标对农村人力资源开发水平和反贫困成效的影响方向及程度不尽相同，并且具体指标的计量单位和数量级差异悬殊，因此，在对南疆三地州农村人力资源开发水平和反贫困成效测度之前，应对具体指标的原始数据进行无量纲化处理。

（二）新疆集中连片特困区人力资本投资和反贫困成效指标权重设置

学者们关于人力资源开发水平和反贫困成效相关评价指标权重的设置一般采用德尔菲法和层次分析法等主观评价的方法，这些评价方法容易受到人为因素的限制，权重涉随意性较强，削弱了农村人力资源开发水平和反贫困成效评价的准确性和科学性。因此，本研究在对南疆三地州农村人力资源开发水平和反贫困成效测度的过程中，采用熵权法设置农村人力资源开发水平和反贫困成效相关指标的权重。熵权法根源于客观环境的原始数据信息，通过分析各指标之间的关联程度及各指标所提供的信息量来决定指标的权重。这一方面可以有效地消除一些主观因素对权重设置造成的偏差。采用熵权法设置指标权重的具体步骤如下：

设 X_{ij} 表示样本 i 的第 j 个指标（$i=1, 2, 3, 4, \cdots, n$；$j=1, 2, 3, \cdots, p$），其中 n 和 p 分别为样本个数与指标个数。

对指标做比重变换：$S_{ij}\frac{X_{ij}}{\sum\limits_{i=1}^{n}X_{ij}}$ （5－1）

计算指标的熵值：$h_j = -\sum\limits_{i=1}^{n}S_{ij}\ln S_{ij}$ （5－2）

将熵值标准化：$\sigma_j = \frac{\max\limits_{j} h_j}{h_j}$ （$\sigma_j \geqslant 1$），（$i=1, 2, 3, \cdots, p$） （5－3）

计算指标 X_j 的权重：$\omega_j = \frac{\sigma_j}{\sum\limits_{j=1}^{p}\sigma_j}$ （5－4）

运用熵权法设置南疆三地州农村人力资源开发水平和反贫困成效相关指标的权重如表 5－13 所示。通过计算可知，南疆三地州的高等教育水平、通用语言教育水平以及南疆三地州的外出务工和迁移在南疆三地州农村人力资源开发水平上有较大的贡献。而反贫困成效相关指标对南疆三地州反贫困成效的贡献则比较平均。

表 5－13 农村人力资源开发水平和反贫困成效指标权重设置

系统层	目标层	指标层	指标权重
南疆三地州农村人力资源开发成效	人口规模与结构	人口自然增长率（X1）	0.0694
		南疆三地州农村人口结构（农村非农从业人口比重）（X2）	0.0687
		农村女性从业人员比重（X3）	0.0684
		农村劳动力宗教信仰状况（宗教信仰状况占比）（X4）	0.0684
	文化技能素质	学龄儿童入学率（X5）	0.0684
		万人大中专毕业生人数（X6）	0.0706
		每万人拥有教师数（X7）	0.0687
		每万人拥有职业学校教师人数（X8）	0.0690
		万人通识汉语人数（X9）	0.0880
	身体素质	农民年均医疗保健支出比例（医疗支出占生活消费比重）（X10）	0.0687
		南疆三地州每万人拥有床位数（X11）	0.0690
		南疆三地州每万人拥有卫生技术人员数（X12）	0.0688
	人力资源迁移与流动	农村劳动力非农就业情况（工资性收入占总收入比重）（X13）	0.0732
		农村劳动力外出务工状况（务工收入比重）（X14）	0.0808

续表

系统层	目标层	指标层	指标权重
南疆三地州农村反贫困成效	农业生产与农村经济	人均粮食产量（T1）	0.0548
		人均肉类产量（T2）	0.0560
		单位耕地面积农业机械总动力（千瓦）（T3）	0.0557
		南疆三地州农村人口结构（农村非农从业人口比重）（T4）	0.0549
		乡镇企业发展（乡镇企业从业人员数）（T5）	0.0552
	农民生活与农村社会发展	农村人均纯收入（T6）	0.0581
		现金收入比重（T7）	0.0546
		恩格尔系数（T8）	0.0547
		人口自然增长率（T9）	0.0554
		小学学龄儿童入学率（T10）	0.0546
		万人拥有床位数（T11）	0.0551
		电视人口覆盖率（T12）	0.0546
		人均年末使用房屋面积（T13）	0.0547
		农村饮水安排达标人口比重（T14）	0.0548
		通公路自然村比重（T15）	0.0546
	农村生态环境保护与治理	有效灌溉面积比重（T16）	0.0546
		人均年造林面积（亩）（T17）	0.0581
		水土流失治理面积（千公顷）（T18）	0.0597

（三）新疆集中连片特困区人力资本投资与反贫困成效评价

研究运用线性加权法对南疆三地州人力资本投资和反贫困成效进行测度。线性加权法的具体计算公式如下：

$$F_i = \sum_{j=1}^{p} Z_{ij}\omega_j \qquad \sum_{j=1}^{p} \omega_j = 1 \tag{5-5}$$

式中，F_i 为南疆三地州第 i 年的综合评价指数，ω_j 为指标的权重。Z_{ij} 为第 i 年的第 j 个指标。

根据线性加权法计算南疆三地州农村人力资源开发水平和反贫困成效结果如图 5－2 所示。

由图 5－2 可知，南疆三地州农村人力资源开发水平和反贫困成效除了在个别年份出现小幅波动之外，整体上呈现出逐年上升的趋势。再进一步分析南疆三地州农村人力资源开发和反贫困成效综合评价指标可以发现，从 1995 年至今，南疆三地州农村的扶贫开发工作大致可以分为三个阶段。

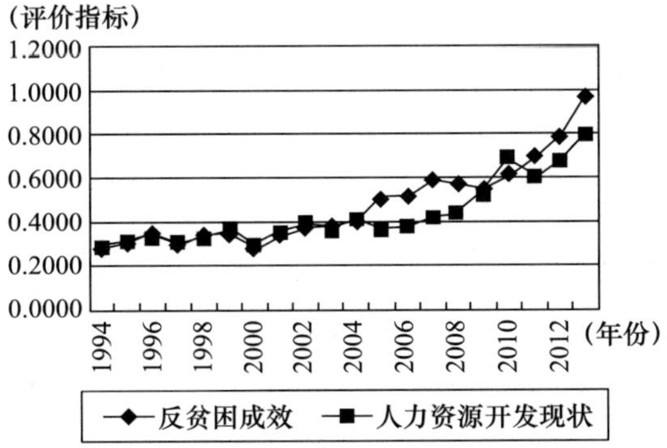

图5-2　南疆三地州农村人力资源开发水平和反贫困成效

第一阶段：1994～2000年。这一阶段南疆三地州各级政府的工作重点是全面贯彻落实《国家"八七"扶贫攻坚计划》，即集中区域内的所有人力、物力、财力，动员全社会的各界力量，大力发展有助于解决贫困农户温饱问题的民生工程。然而细究南疆三地州扶贫开发的类型，仍属于"给钱救济"的传统救济扶贫模式。通过对农村劳动力进行有效开发，提升农村劳动力的人力资本存量和工作技能，引导农村劳动力进城务工，拓宽其收入渠道的开发式扶贫模式并未受到当地政府的足够重视。此外，由于此阶段我国实行严格的户籍制度，城乡之间的自由流动被严格限制，农村富余劳动力被束缚在贫瘠的土地之上，很难通过向城镇转移等形式增加家庭的收入水平，因此，在这一阶段，尽管南疆三地州的扶贫开发部门做了大量的工作，但是反贫困成效甚微。农村人力资源开发水平与反贫困成效呈现同步缓慢增长的特点。

第二阶段：2000～2009年。自20世纪以来，随着西部大开发的全面展开和逐步深入，南疆三地州的扶贫开发模式较以前发生了巨大变化。南疆三地州各级政府根据自身自然环境和经济环境特点，在所在辖区逐步形成了"收缩战线，突出重点；进村入户，整村推进"的扶贫开发战略。扶贫开发手段由传统的单纯的"救济式"发展为"整村推进""以工代赈"等救济式和"产业化扶贫开发"以及"异地搬迁"等新型开发式扶贫模式共存的局面。然而，此阶段无论是救济扶贫的救济资金还是开发扶贫的开发资金，均将投资的重点放在农村农田水利、乡村道路、人畜饮水、沙漠化治理、草场建设、抗震安居工程等基础设施建设项目上，而农村基础教育、医疗卫生、文化、广播、电视事业等提升农民人力资本存量和转变农民传统观念的人力资源开发工作仅仅作为辅助性扶贫手段运用到南疆三地州扶贫开发中。但是即便是以"替补"的身份出现，农村人力资源开发对南疆三地州反贫困的成效仍然不容忽视。2001年之后，南疆三地州反贫困成效伴随着农村人力资源开发水平，均出现大幅度增长。然而，我们也必须正视以“辅助身份”参与南疆三地州反贫困的人力资源开发模式在地域外界突发事件干扰时，往往表现出严重的脆弱性。在这两年，南疆三地州反贫困成效综合评价指数出现大幅度下降。

第三阶段：2009 年至今。此阶段最为突出的事件是在 2009 年新疆工作座谈会议召开之后，新一轮对口援疆计划的全面落实。2010 年 3 月，中共中央召开全国对口支援新疆工作会议，确立了北京、广东、江苏等 19 个省市在更深层次和更广泛领域开展对口援疆工作。此次对口援疆工作与以往的社会帮扶扶贫模式存在明显的差异性，援疆手段从单一的资金投入扩展为人才、资金、技术和管理相结合的综合型援疆机制。并且将大力发展南疆三地州贫困地区民生工程，提升贫困群体综合素质和务工技能以及推动农村富余劳动力向城镇转移就业作为本次对口援疆工作的重点。如江苏省在对口支援的阿图什、阿合奇、乌恰等县市修建多所双语学校和职业技术学校，以期通过增加贫困群体的人力资本存量和务工技能等形式，来提升贫困群体增加收入和脱贫致富的能力。因此，自 2009 年以后，南疆三地州农村人力资源开发水平取得了显著的提升，贫困地区的扶贫开发成效较以前也更加凸显。

通过对南疆三地州农村人力资源开发水平和反贫困成效综合评价指数的系统分析可以发现，南疆三地州农村人力资源开发与当地的反贫困成效存在明显的正相关关系。农村人力资源开发是贫困地区反贫困工作成功与否的关键所在。然而，农村人力资源开发对扶贫开发的作用程度有多大呢？农村人力资源开发在反贫困工作中的作用机理又如何呢？因此，本书运用 VaR 模型脉冲响应分析和方差分解模型剖析农村人力资源开发对反贫困成效的影响程度，并从农村人力资源开发手段的内部，深入探究农村人力资源开发对农村反贫困工作的作用机理。

二、新疆集中连片特困区人力资本投资对反贫困成效影响的实证分析

（一）新疆集中连片特困区人力资本投资与反贫困成效指标选取

农村人力资源开发水平和反贫困成效都是综合性的概念，如农村人力资源开发不仅包括农村基础教育和职业技术教育，还涉及农村人口规模控制与结构调整、身体素质提升、传统观念转变以及劳动力资源优化配置等。而反贫困的内涵也逐步发展为农民生产条件和生活水平的提升、农村经济的发展以及农村社会的发展等多方面的内容。此外，随着近年来环境保护和可持续发展的呼声越来越高，对当地环境的保护和治理也逐步演变为位于干旱、半干旱区域的南疆三地州反贫困的一项重要举措。

基于此，本书认为对南疆三地州农村人力资源开发水平和反贫困成效的评价

很难用一个单一指标准确衡量。采用上文测算出来的南疆三地州农村人力资源开发水平综合评价指数和反贫困成效综合评价指数可以准确把握南疆三地州农村人力资源开发水平和反贫困成效，具有显著的科学性和合理性。南疆三地州农村人力资源开发水平综合评价指数和南疆三地州反贫困成效综合评价指数如表5－14所示。南疆三地州农村人力资源开发水平和反贫困成效除了在个别年份出现小幅度波动之外，整体上呈现逐年上升的趋势。

表5－14 南疆三地州农村人力资源开发水平和反贫困成效

年份	人力资源开发综合评价指数	排名	扶贫开发综合评价指数	排名
1994	0.2879	20	0.2744	19
1995	0.3141	18	0.2887	18
1996	0.3317	15	0.3559	13
1997	0.3141	17	0.2900	17
1998	0.3260	16	0.3438	14
1999	0.3603	11	0.3383	15
2000	0.2959	19	0.2698	20
2001	0.3457	14	0.3319	16
2002	0.3988	9	0.3651	12
2003	0.3571	13	0.3827	11
2004	0.4062	8	0.3976	10
2005	0.3583	12	0.5069	9
2006	0.3770	10	0.5121	8
2007	0.4209	7	0.5919	5
2008	0.4417	6	0.5781	6
2009	0.5328	5	0.5525	7
2010	0.6989	2	0.6184	4
2011	0.6079	4	0.6990	3
2012	0.6799	3	0.7871	2
2013	0.7982	1	0.9666	1

（二）模型的选择

研究不仅要测度南疆三地州农村人力资源开发对反贫困的影响方向，而且还要准确把握农村人力资源开发对反贫困成效的影响程度。因此，VaR模型的脉冲响应分析和方差分解分析是一个相对合理的选择。VaR模型最早由西姆斯

(C. A. Sims) 提出，主要运用于预测时间序列系统之间的相互联系以及分析随机扰动对变量的动态影响。VaR 模型与其他模型相比，具有不需要事先区分内生变量和外生变量的优势，可以比较合理、准确地描述变量之间的互动关系。VaR 模型的数学表达式如下：

$$y_t = A_1 y_{t-1} + \cdots + A_p y_{t-p} + Bx_t + \varepsilon_t \quad t = 1,\ 2,\ \cdots,\ T$$

式中，y_t 是 k 维内生变量，x_t 为 d 维外生变量，p 为滞后阶数，T 是样本个数，$k \times k$ 维矩阵 A_t，…，A_p 和 $k \times d$ 维矩阵，B 是待估系数矩阵，t 是 k 维扰动向量，它们之间可以同期相关，但不与自己的滞后值相关。

（三）时间序列数据的前期处理

VaR 模型的平稳性是运用 VaR 模型处理具体事物的前提，因此，在运用 VaR 模型的脉冲响应和方差分解分析剖析南疆三地州农村人力资源开发水平对反贫困成效的拉动贡献之间，须对南疆三地州农村人力资源开发水平综合评价指数和反贫困成效综合评价指数进行平稳性检验和协整检验。

1. 南疆三地州农村人力资源开发水平和反贫困成效综合评价指数平稳性检验

在现实生活中，时间序列数据往往表现为非平稳性，这就导致在运用计量经济模型处理变量回归过程中出现虚假回归的现象，导致标准的 t 检验和 F 检验无效。因此，为了避免“伪回归”现象的出现，在对数据建模之间，应对时间序列数据进行平稳性研究，即单位根检验。文章运用 ADF 方法对南疆三地州农村人力资源开发水平综合评价指数和反贫困成效综合评价指数进行单位根检验。结果表明：在保留常数项和消除趋势项的前提下，南疆三地州农村人力资源开发水平综合评价指数和反贫困成效综合评价指数在一定的显著性水平下，满足一阶平稳的条件。南疆三地州农村人力资源开发水平和反贫困成效综合评价指数平稳性检验结果如表 5－15 所示。

表 5－15　农村人力资源开发和反贫困成效单位根检验

变量	ADF 统计量	临界值	检验形式（C、T、K）	结论
人力资源开发指数 F	－0.065894	－2.660551 *	（C、0、2）	非平稳
人力资源开发指数 ΔF	－5.339908	－3.886751 ***	（C、0、2）	平稳
扶贫开发指数 Z	0.785855	－3.857386 *	（C、0、2）	非平稳
扶贫开发指数 ΔZ	－4.524576	－3.886751 ***	（C、0、2）	平稳

注：检验形式（C、T、K）中的 C 表示 ADF 检验时的常数项（C＝0 表示不含常数项），T 表示趋势向（T＝0 表示不含趋势向），K 表示滞后阶数；Δ 表示一阶差分算子，*、**、*** 分别表示在 10%、5% 和 1% 的显著性水平上显著。

2. 南疆三地州农村人力资源开发水平和反贫困成效协整性检验

运用非平稳时间序列数据建立回归模型时，会出现一定的伪回归现象，而如果若干个相同阶数单整序列的某种线性组合则可能是平稳的，即时间序列数据之间存在一种长期均衡的协整关系。本书运用 E－G 两步法对南疆三地州农村人力资源开发水平综合评价指数和反贫困成效综合评价指数时间序列数据进行协整性检验。E－G 两步法是由 Engel 和 Granger（1987）提出的运用于分析非平稳时间序列数据协整关系的研究方法。该方法主要根据 AIC 信息准则和 SC 准则判断时间序列数据之间是否存在协整关系。结果表明：在消除变量截距项和趋势项，变量滞后期数选为三期的前提下，南疆三地州农村人力资源开发水平综合评价指数和反贫困成效综合评价指数时间序列组合在 5% 的显著性水平下，通过了显著性检验，存在一个协整关系，即南疆三地州农村人力资源开发水平综合评价指数和反贫困成效综合评价指数之间存在唯一的协整关系，两者具有长期均衡的稳定关系。南疆三地州农村人力资源开发水平综合评价指数（F）和反贫困成效综合评价指数（Z）组合的协整关系如表 5－16 所示。

表 5－16　农村人力资源开发水平和反贫困成效协整检验

变量组	ADF 统计量	临界值	协整个数
F 与 Z	－2.492682	－1.961409**	1

注：** 表示在 5% 的显著性水平下显著。

（四）南疆三地州反贫困成效对农村人力资源开发水平的脉冲响应分析

南疆三地州农村人力资源开发水平和反贫困成效时间序列的协整检验在一定程度上说明了两者之间存在长期稳定的互动关系，然而要想进一步获取两者之间更多和更明确的动态特征信息，则需要引入 VaR 模型的脉冲响应函数分析法进行评价。脉冲响应分析主要运用于描述内生变量对外生变量误差变化大小的响应，即用于衡量来自随机扰动项的一个标准信息的冲击对内生变量当期值和未来值的影响。本书运用 VaR 模型的脉冲响应分析剖析南疆三地州反贫困成效对农村人力资源开发水平的冲击响应，实证结果如图 4－2 所示。根据样本容量，将冲击响应的期数设置为十期，每一期的长度为一年。

由图 5－3 可知，在脉冲影响的当期，南疆三地州反贫困成效对农村人力资源开发水平的冲击响应值为 0.0000。在农村人力资源开发的初期，对当地扶贫开发的作用并不显著。从第二期开始，南疆三地州农村人力资源开发对当地反贫困的作用日渐凸显，反贫困成效对农村人力资源开发的脉冲响应值迅速提升，到第三期即达到 0.023452。从脉冲响应的前三期结果可知，农村人力资源开发对当地扶贫开发的作用具有一定的滞后性。因此，通过提升贫困群体增收能力的人力资源开发反贫困模式长期得不到政府的重视和采纳。从第四期之后，农村人力资源开发水平对反贫困的影响程度出现小幅度的下降，但是反贫困成效对农村人力资源开发的脉冲响应值依然以超过13%的增长率近似线性增长。即使到了第十期，反贫困成效对农村人力资源开发水平的冲击响应值仍没有出现明显的缩减现象，增长速度反而有逐年增加的趋势。由反贫困成效对农村人力资源开发水平的脉冲影响结果可知，虽然农村人力资源开发反贫困在消除反贫困的过程中具有一定的滞后性，但是最长效和最可持续发展的。因此，通过大力发展农村人力资源开发事业，要千方百计地提高农村劳动力人力资本存量，进一步丰富农民增加收入和脱贫致富相关手段是南疆三地州扶贫开发部门高度重视和长期执行的一项重要的反贫困模式。

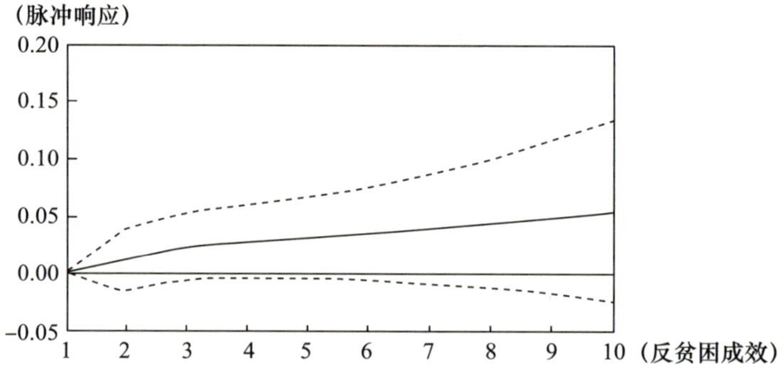

图5-3　反贫困成效对农村人力资源开发的脉冲响应分析

（五）农村人力资源开发对反贫困成效的方差分解分析

脉冲响应函数描述了VaR模型中一个变量的冲击给其他变量造成的影响，而VaR模型的方差分解分析则可以将系统中每一个内生变量的波动按照其成因分解为与各方向信息相关联的组成部分，可以进一步评价不同的变量对内生变量冲击的重要性。方差分解分析给出了对VaR模型中的变量产生影响的每一个随机扰动的相对重要性信息，从而了解不同的信息对内生变量的相对重要程度。本书根据VaR模型方差分解分析的相关理论，分析南疆三地州农村人力资源开发水平对反贫困成效的影响效应，响应期数与上文脉冲响应期数保持一致，也为十期。南疆三地州农村人力资源开发对反贫困成效的方差分解分析如表4-5所示。

由表5-17可知，在农村人力资源开发的初期，虽然农村人力资源开发对当地的反贫困的成效影响不显著，但是随着农村人力资源开发的全面展开和逐步深入，农村劳动力的人力资本存量和创收能力得到显著增加，农村劳动力的思想观念得到有效转变，农村人力资源开发消除贫困的作用则会逐年显现出来。在方差分解的第十期，南疆三地州反贫困成效中高达34.89821的部分都可以通过农村人力资源开发来解释。计算南疆三地州农村人力资源开发对反贫困成效的总体贡献可知，在十年内，南疆三地州农村人力资源开发水平每增加一个单位，可使南疆三地州反贫困成效提升217.067%。因此，农村人力资源开发对当地扶贫开发事业的作用是非常显著的。

表5－17　农村人力资源开发对反贫困成效贡献值

期数	S. E.	农村人力资源开发对反贫困的贡献值
1	0.052233	0.000000
2	0.062362	3.145988
3	0.074772	12.02567
4	0.086043	18.99811
5	0.099182	24.08296
6	0.113335	27.65962
7	0.129244	30.27202
8	0.146884	32.24210
9	0.166625	33.74250
10	0.188690	34.89821

三、南疆三地州农村人力资源开发对反贫困的作用机制梳理

西奥多·W. 舒尔茨人力资本投资理论和阿马蒂亚·森基本能力开发反贫困理论普遍认为贫困的实质不仅是人们收入水平的低下，更多的是身体素质较差、文化水平偏低、工作技能不足，即人力资本存量匮乏的原因。对于扶贫开发工作，也不能仅依靠简单的、消极的“输血”方式来实现，而应该将扶贫开发工作的重点放在解放劳动力、提高其综合素质和促进其如前所述的政策措施发展上。因此，对于南疆三地州扶贫开发工作，应通过加大农村地区教育和医疗投入，全面发展农村基础教育和职业技术教育以及对农村人力资源合理配置等手段，增加农村劳动力的身体素质存量和人力资本存量，转变农村劳动力陈旧的思想观念，引导其在城乡之间合理流动和外出务工等来实现南疆三地州广大贫困地区农民提升生活质量，转变生产方式和经济、社会健康快速发展和生态环境改善

的扶贫开发目标。因此，南疆三地州农村人力资源开发反贫困的作用机理可以通过图 5 –4 表示。

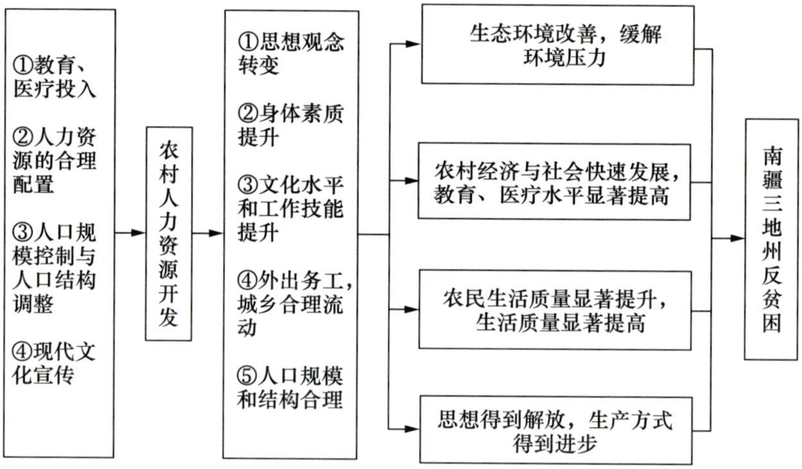

图 5 –4　农村人力资源开发反贫困作用机理

1. 基础教育、职业技术教育与反贫困

通过发展基础教育和职业技术教育增加贫困群体的人力资本存量是贫困人口脱贫致富的根本动力。世界银行《1985 年世界报告》指出，劳动力平均每多接受一年教育，收入至少可以增加 2.4%，而当地的 GDP 至少提升 9%。这是因为通过加大基础教育和职业技术教育等人力资源开发投资力度，可以有效地提升贫困群体的人力资本存量和创收增收能力，农村劳动力通过非农就业和创业等形式一方面增加了家庭的收入水平，另一方面也带动了当地经济的健康发展。因此，加大南疆三地州贫困地区基础教育和职业技术教育投资力度，丰富南疆三地州贫困群体职业技能培训形式，对南疆三地州贫困群体因地制宜地开展厨师、瓦工、司机等实用技能培训，可以有效地提升贫困群体的增收能力和拓宽贫困群体的收入渠道。同时，通过基础教育和职业技术教育，提升广大农民的科技知识水平和现代文化素养，可有效转变南疆三地州农村科技、教育、文化落后的局面，实现南疆三地州农业生产产业化、集约化以及农副产品深加工等第三产业的快速发展，提升南疆三地州的农业竞争力。

2. 健康存量与反贫困

健康存量是人力资本存量的重要组成部分，主要是指人的身体状况和身体素质。健康存量直接决定着人们的体力和智力水平，健康存量的增加可以有效地提升贫困群体的可教育性和生产效率，它既能赋予劳动者脱离贫困所需要的资产，又能赋予他们免受身体之苦的直接福利收益。与其他地区相比，南疆三地州农村地区医疗设施匮乏，社会保障制度严重欠缺致使农村劳动力身体素质普遍较差，抵御疾病风险的能力也严重不足，进而限制农民生产效率和增收能力的提升。因此，加大农村医疗投资力度，健全农村医疗保障制度可以有效地增加农民的健康存量，消除农民因病、因灾贫困和返贫的可能性，降低贫困群体家庭的脆弱性，提升农民的工作效率和劳动参与率，有力地推动当地经济的全面发展和农民生活质量的显著提高。

3. 转变农民传统观念与反贫困

对于南疆三地州的贫困来说更多的是一种文化的贫困。由于南疆三地州贫困群体长期生活在闭塞的生活环境中，通过落后的生产方式从大自然中攫取生产和生活资料，逐渐形成了一种安于现状、“等”“靠”“要”“破罐子破摔”的落后思想。这种思想在南疆三地州贫困地区根深蒂固，延续了区域性贫困，阻碍了当地经济的持续发展和农民收入水平的提升。因此，在对南疆三地州贫困群体开展基础教育和职业技术教育、增加农民知识水平和工作能力的同时，应充分发挥学校、广播、电视等宣传媒介，向贫困群体灌输先进的文化，转变农民的思想观念，拓宽农民的视野，提升贫困群体的商品意识和致富意识，在广大的贫困地区形成“依靠科学，勤劳致富”的新思想、新风尚。

4. 农村富余劳动力合理配置与反贫困

通过对农村富余劳动力合理配置，引导农村富余劳动力外出务工，实现农村劳动力在城乡之间合理流动，也是实现贫困群体脱贫致富的一项重要的人力资源开发手段。相关研究表明：农村劳动力合理流动对 GDP 增长率的贡献份额一般在16% ~20% 。从南疆三地州农村的具体情况来看，南疆三地州存在大量的具有一定外出务工意愿的富余劳动。而他们之所以没有选择外出务工，主要是因为对城镇就业风险的恐惧和对子女上学和父母养老的担忧。这就要求当地政府一方面应加大农村富余劳动力职业技能和通用语言的培训，增强农民在外出务工过程中抵御风险的能力；另一方面，应有计划、有针对性地引导和组织农村富余劳动力外出务工，并对外出务工群体实现“本土化”管理，如喀什地区疏附县、疏勒县，在本县务工人员达100 人的集中区派管理干部一名，带本民族师傅开办特色清真餐饮，让外出务工者在他乡也能感受到“家”的温暖。此外，政府也应该积极解决外出务工子女的入托、入学和父母的养老问题，最大限度地消除外出务工群体的后顾之忧。

本书着重探讨了新疆集中连片特困区人力资本与反贫困之间的关系。首先，运用综合评价法对新疆集中连片特困区人力资本和反贫困成效进行测度，新疆集中连片特困区人力资本与反贫困成效呈现一定的正相关关系；其次，运用 VaR 模型的脉冲响应分析和方差分解分析剖析新疆集中连片特困区反贫困成效对农村人力资本投资的脉冲响应，结果表明农村人力资本投资在新疆集中连片特困区反贫困进程中发挥着长期、显著的推动作用。最后，研究对农村人力资本反贫困的作用机制进行梳理，通过教育、医疗、人口控制、人口迁移等人力资本投资手段，提升农村劳动力的文化和身体素质、务工技能，转变劳动力的思想观念，推动农村劳动力在城乡之间合理流动，实现农村人力资本的优化配置是完善新疆集中连片特困区经济和社会健康发展机制，从而提高农民生活质量，是进一步改善农村生态环境的必经之路。

第六章 新疆集中连片特困区农村人力资本投资影响因素

本研究在上一部分内容探讨了新疆集中连片特困区农村人力资源开发与反贫困之间的关系。首先，运用综合评价法对新疆集中连片特困区农村人力资源开发水平和反贫困成效进行测度，结果是新疆集中连片特困区农村人力资源开发水平与反贫困成效呈现一定的正相关关系；其次，运用 VaR 模型的脉冲响应分析和方差分解分析剖析新疆集中连片特困区反贫困成效对农村人力资源开发的脉冲响应，结果表明农村人力资源开发在新疆集中连片特困区反贫困进程中发挥着长期、显著的推动作用，同时也在扶贫开发工作中发挥着举足轻重的作用，对提升贫困群体收入水平和生活质量具有重要意义。然而，当前新疆集中连片特困区贫困地区的人力资本现状却不容乐观，与新疆农村、全国农村人力资本存量相比存在较大的差距。那么造成新疆集中连片特困区农村人力资源开发水平长期滞后的原因是什么呢？在考察影响贫困人口人力资本投资的因素时，可以从贫困人口的自身因素、农村发展和社会制度和社会保障因素和贫困文化因素等方面进行研究。通过本章的研究，有利于下一章有针对性地提出人力资本投资的政策建议。

本部分的研究将深刻剖析新疆集中连片特困区农村人力资本投资的相关障碍因素，对推动农村资本反贫困进程的顺利进行有着巨大的作用。

第一节 个人及家庭特征、农村发展和社会制度及社会保障与贫困人口人力资本投资

本部分研究借助课题《新疆少数民族农村富余劳动力异地就业问题研究》中关于新疆集中连片特困区农村人力资源开发部分的调查数据，运用有序 Probit

模型探究影响新疆集中连片特困区农村人力资本投资的个人及家庭特征因素、农村发展、社会制度及社会保障等因素。

一、研究设计

（一）调研设计

石河子大学“新疆少数民族农村富余劳动力异地就业问题研究”课题组对新疆维吾尔自治区6个地州市、12个县、44个村进行了关于“少数民族农村劳动力外出务工就业活动”的问卷调查。调查以6个少数民族集中地区为主，以每个县抽取2个乡，每个乡抽取2个村，每个村随机抽取20户，每户调查1位户主的形式展开。调研任务由石河子大学人资2008级、审计2009级民班、统计2010级研究生三个不同年级经过严格挑选的32名学生和课题组6名成员承担。共发放问卷880份，回收问卷857份，剔除无效问卷后，获得有效问卷802份。而本书的研究内容涉及南疆三地州农村人力资源开发部分，因此，为了保证研究的科学性和合理性。本书只选用南疆三地州农村人力资源开发部分的调研数据。在排除阿克苏、吐鲁番、伊犁州等5个县市385份调查问卷，共获取南疆三地州6个县市422份调查问卷数据。南疆三地州调查样本地区分布情况如表6－1所示。

表6－1　调查样本的地区分布情况

地州	县（市）	样本乡	样本村	发放问卷	有效问卷
和田	和田县、墨玉县	4	8	160	126
喀什	疏附县、疏勒县、巴楚县	8	16	240	229
克州	阿图什	2	4	80	67
合计	6	14	28	480	802

（二）调查样本基本情况

（1）从表6－2的统计结果来看，男性的比例为59.3%，女性的比例为40.7%；有64%的被调查农民处于已婚状态，婚姻状况为未婚占21.2%，离异、丧偶的农民合计占14.8%，这与新疆维族集中区婚姻状况的现实相符。

（2）从被调查对象的文化程度来看，被调查对象的84%以上为初中及以下水平，高中以上文化程度的只有15.9%，这与农民文化程度普遍不高的现实相符。

（3）从被调查对象的年龄构成来看，30岁以下的被调查农民所占比例接近74.8%，30~40岁的农民占17.5%，这与“六普”数据显示新疆少数民族青壮年农民处于生育高峰期的结果相符。

（4）从农民的健康状况自评来看，62.5%的被调查农民健康状况良好，9%的农民健康状况不好，28.5%的农民健康状况一般。

上述信息，特别是性别、年龄、文化程度、婚姻状况、身体素质五个方面的基本分布情况表明，本次调查数据符合新疆维族集中连片区农民分布的基本情况，调查数据质量较高。

表6-2　被调查对象的个体特征分布情况

项目	类别	样本频数	比例（100%）	项目	类别	样本频数	比例（100%）
性别	男	250	59.3	文化程度	文盲	8	1.9
	女	172	40.7		小学	136	32.3
年龄	20岁及以下	79	18.8		初中	211	49.9
	21~30岁	237	56.0		高中或中专	30	7.2
	31~40岁	74	17.5		大专及以上	37	8.7
	41~50岁	24	5.8	身体素质	非常好	119	28.3
	50岁以上	8	1.9		良好	145	34.2
婚否	已婚	271	64		一般	120	28.5
	未婚	89	21.2		较差	35	8.4
	再婚	62	14.8		非常差	3	0.6

二、变量设置

（一）因变量设置

南疆三地州农村人力资源开发影响因素的被解释变量选取南疆三地州农民非农创收、增收能力，农村人力资源的开发水平可以通过农村劳动力的非农创收、增收能力得以反映。在具体的操作中，根据人力资本投资的收入效应理论，农村劳动力的非农创收、增收能力用农村劳动力的非农收入水平表示。在调查问卷设计中，如南疆三地州农村劳动力上个月的非农收入划分为五个等级，依次是500元及以下、501~1000元、1001~1500元、1501~2000元和2000元以上，并赋值为“1”“2”“3”“4”“5”，表示农村劳动力的非农创收增收能力依次增强。农村劳动力可以根据上一个月的非农收入水平对自己的“非农创收、增收能力”进行评价，结果如表6-3所示，可知，南疆三地州农村劳动力的非农收入水平普遍在1500元及以下，农村劳动力的非农、创收能力有待进一步提升。

表 6-3　南疆三地州农村劳动力上一月非农收入水平

非农收入水平	样本频数（人）	百分比（%）	累积百分比（%）
500 元及以下	87	20.6	20.6
501～1000	124	29.4	50.0
1001～1500	101	23.9	73.9
1501～2000	56	13.3	87.2
2000 元以上	54	12.8	100.0

（二）自变量选择

农村人力资源开发是一个系统的工程，不仅包括基础教育、职业技术教育、医疗保障等，还涉及农村人口控制、人力资源优化配置等方面的内容。基于农村人力资源开发机制的复杂性，学者先后从城乡社会制度、农村经济和社会发展以及农村劳动力个人与家庭特征等多个方面对农村人力资源开发的影响因素进行了广泛和深入的探讨。

就农村的社会制度而言，一方面，我国长期实行的城乡二元经济制度造成教育、医疗等资源在城乡之间分配不均匀，农村与城镇相比，医疗水平和教育水平严重滞后，限制了农村劳动力文化知识和身体素质的提升（窦鹏辉，2005；张晓梅，2005）；另一方面，户籍制度的僵化、农村土地流转制度的缺失以及城乡之间社会保障制度衔接不顺畅等遏制了农民进入城市学习先进文化的机会，农村劳动力被迫在贫瘠的土地上，过着"面朝黄土背朝天"的生活（陈洛，2004）。除此之外，农村的基层管理制度在农村人力资源开发的事业中也发挥着越来越重要的作用，特别是在南疆三地州这样一个民族问题和宗教问题交织的地区，为农村劳动力提供一个安全稳定、法律健全和和谐共处的生活环境，不仅有利于农村人力资源开发工作的顺利展开，对从外界吸引优秀人才也有极大的作用（胡平波，2009）。因此，本书在探讨农村的社会制度与社会保障对农村人力资源开发的影响时，选取户籍制度是否影响农村劳动力外出务工和求学（Reg）、对农村的社会保障制度是否满意（Sec）、在求学、务工的过程中有没有遇到过被歧视现象（Law）、农村法律的普及情况（对合同法等相关法律是否了解，Law）以及对农村社会安全秩序的评价（Saf）五个指标进行衡量。并预期户籍制度和社会歧视对农村人力资源开发有负面的影响，而社会保障、农村法律普及情况以及农村社会安全秩序在农村人力资源开发中有正向的推动作用。

就农村发展而言，农村经济和社会的健康稳定发展是农村人力资源开发的"硬性"条件，为农村人力资源开发提供了坚实的后盾。首先，农村教育水平的逐步提升是南疆三地州农村人力资源开发的基础。基础教育为农村劳动力提供系统的专业文化知识，开阔农民的视野，为农民树立市场经济意识（沈鸿、赵永乐，2011）；职业技术教育提升了农民务工技能，增强农民非农就业能力，拓宽了农民增收渠道（裴鸿卫、胡平波，2007）；通用语言培训有效提升少数民族群体的沟通能力，消除了少数民族群体在沟通上的语言障碍，丰富了农民非农就业机会（李光明、潘明明，2013）。其次，农村的医疗资源的投入在农村人力资源开发事业中的作用也是无可替代的。加大农村地区医疗卫生保健投入，改善医疗卫生保健硬件设施，提高医疗卫生保健人员素质，强化农村医疗卫生保健观念的宣传力度对消除农村劳动力的疾病困扰，增强农村劳动力的健康存量具有重要意义。最后，政府加大农村人力资源开发力度，丰富农村劳动力非农就业及外出务工机会以及改善农村的交通状况和文化生活状况对提升农村人力资源开发水平也具有极强的推动作用。因此，本书通过用农村的交通是否便利（Tra）、政府是否支持农村人力资源开发工作（Sup）、农村基础教育开展情况（Edu）、农村职业技术培训情况（Cul）、农村医疗水平（Med）、农村通用语言培训成效（Chi）、农村文化环境评价（Civ）以及农民非农就业与外出务工机会（农民非农就业与外出务工门槛限制，Emp）八个指标来对南疆三地州农村的发展情况进行评价，并预期这八个指标对南疆三地州农村人力资源开发均具有积极的推动作用。

就农村劳动力的个人及家庭特征而言，农民的个人特征和家庭特征对农村人力资源开发也有一定的影响。首先，南疆三地州农村地区受农耕文化和儒家文化的影响，形成早婚早育、男尊女卑、传宗接代、养儿防老和多子多福等生育观念，而较多的子女迫使农村劳动力不得不待在家中照顾孩子，分散了农村劳动力参与技术培训和非农就业的精力和时间（毛德志，2006）；其次，南疆三地州地处内陆腹地、闭塞偏远，文化落后，受传统文化、宗教文化和生活习俗等的影响，该地区人们形成了安于现状的价值取向（温铁军，2006）；最后，南疆三地州农村人力资源开发也受到农村家庭收入水平的影响，富裕家庭的收入来源主要是通过外出务工等非农就业形式取得，由于他们尝到了人力资源开发给他们带来的好处，因此他们更倾向于通过人力资源开发的相关手段来提升他们创收、增收的能力。本书通过用农村劳动力家庭收入水平（农村劳动力年人均纯收入，Inc）、农村家庭人口结构（家庭子女数，Kid）以及农村家庭传统文化、宗教习俗和生活习惯反映南疆三地州农民的个人及家庭特征。在具体的操作中，农村传统文化、宗教习俗和生活习惯是否赞成女性上学或外出务工（Fem）、农民是否具有自我开发的意识（农村劳动力是否愿意外出务工或接受培训，Dev）、农民是否具有墨守成规、安于现状的特征（每年是否外出务工或接受培训，Fog）以及对当前生活是否满意（Liv）四个指标替代，并预期家庭收入水平高、开发意识强的农民人力资源开发水平较高，而对女性有偏见、墨守成规、子女较多和对当前生活较慢的家庭等方面，人力资源开发水平相对较差。

个人及家庭特征、农村发展和社会制度与社会保障等南疆三地州农村人力资源开发影响因素变量的具体名称、相关解释、均值、方差和预期的影响方向如表6－4所示。

表6－4 南疆三地州农村人力资源开发影响因素变量

变量		变量解释	均值	方差	预期
个人及家庭特征（微观）	家庭收入水平（家庭人均纯收入）（Inc）	1＝2000元及以下，2＝2001～4000元，3＝4001～6000元，4＝6001～8000元，5＝8000元以上	2.68	1.291	＋
	家庭人口结构（子女数）（Kid）	家庭中未成年的子女个数，未婚农民的子女数为0个，子女个数区间为0～8个	1.41	1.434	－
	是否赞成女性务工或上学（Fem）	1＝赞成女性上学或外出务工，0＝不赞成女性上学或外出务工	0.46	0.499	＋
	自我开发意识（Dev）	非常不愿意外出务工或接受培训1－2－3－4－5非常愿意务工或接受培训	3.81	1.006	＋
	墨守成规，安于现状特征（Fog）	1＝每年接受培训或外出务工，0＝不接受培训或外出务工	0.76	0.427	＋
	农村劳动力对当前生活现状满意度（Liv）	非常不满意1－2－3－4－5非常满意	3.69	0.756	－
乡镇发展条件（中观）	农村交通便利情况（Tra）	1＝便利，0＝不便利	0.61	0.853	＋
	政府支持人力资源开发工作态度（Sup）	1＝支持，0＝不支持	0.82	0.385	＋
	农村的基础教育水平（Edu）	非常差1－2－3－4－5非常好	2.91	0.813	＋
	农村职业技术培训现状水平（Cul）	非常差1－2－3－4－5非常好	3.12	0.784	＋
	农村医疗开展状况（Med）	非常差1－2－3－4－5非常好	3.85	0.988	＋
	通用语言培训成效（Chi）	非常差1－2－3－4－5非常好	2.78	0.813	＋
	农村文化环境（Civ）	非常差1－2－3－4－5非常好	2.86	0.902	＋
	农村就业及外出务工机会（Emp）	非常少1－2－3－4－5非常多	2.50	1.033	＋
制度与社会保障（宏观）	户籍制度（Reg）	1＝影响，0＝不影响	0.53	0.500	－
	社会保障制度（Sec）	1＝满意，0＝不满意	0.90	0.306	＋
	社会歧视（Dis）	1＝遇到过，0＝没遇到过	0.62	0.485	－
	农村法律开展情况（Law）	1＝愿意用法律维权，0＝不愿意用法律维权	0.67	0.471	＋
	农村社会安全秩序（Saf）	非常差1－2－3－4－5非常好	3.47	0.681	＋

三、模型设定——有序 Probit 模型

根据调查问卷的设计，南疆三地州农村劳动力非农增收、创收能力（上一个月的非农收入水平）为顺序关系，wag_i 为有序变量，非常适合运用有序 Probit 模型进行分析。有序 Probit 模型（Ordered Probit Model）是一种受限因变量模型（Limited Dependentvariable Model），它运用可观测的有序反映数据建立模型来研究不可观测的潜变量（Latentvariable）变化规律。如本书中的被解释变量"南疆三地州农村劳动力非农创收、增收能力"即为一种潜变量，其结构线性形式如下：

$$wag^* = X'_i\beta + \varepsilon_i \quad i=1,\ 2,\ 3,\ 4,\ \cdots,\ N \tag{6-1}$$

式（6-1）中 i 为样本序号，β 为参数向量，是待求的一组参数，X_i 是自变量矢量，表示可能影响南疆三地州农村劳动力非农创收、增收能力的一组解释变量的观测值，ε_i 为随机误差项。Y^* 表示农村劳动力非农创收、增收能力的潜变量，是一个不可观测的变量，通过可观测的 Y_i 与 Y^* 之间的关系来代表。可观测变量 Y_i 与被解释变量 Y^* 存在的关系如下：

$$wag^* < \alpha_1$$

$$wag = \begin{cases} 1(500\text{ 元及以下}) & \\ 2(501\sim1000\text{ 元}) & \alpha_1 \leqslant wag^* < \alpha_2 \\ 3(1001\sim1500\text{ 元}) & \alpha_2 \leqslant wag^* < \alpha_3 \\ 4(1501\sim2000\text{ 元}) & \alpha_3 \leqslant wag^* < \alpha_4 \\ 5(2000\text{ 元以上})\, wag^* \geqslant \alpha_4 & \end{cases} \tag{6-2}$$

式（6-2）中 wag_i 是离散变量，且取值为（1，2，3，4，5），表示第 i 个样本非农创收、增收能力。α_i 是一组新参数，是决定样本组别的分界线，有$\alpha_1 < \alpha_2 < \alpha_3 < \alpha_4$。$wag^*$ 就被划分为五个互不重叠的区间，wag_i 表示某个具体的观察值落到了哪个区间，wag_i 取到一特定值 j 的概率为：

$$P(wag_i = j) = P(\alpha_{j-1} \leqslant wag^* < \alpha_j) = P(\alpha_{j-1} - X'_j \leqslant \varepsilon_i < \alpha_i - X'_i\beta)$$

$$= F(\alpha_j - X'_i\beta) - F(\alpha_{j-1} - X'_i\beta) \tag{6-3}$$

式(6-3)中 F 为 ε_i 的累积分布函数，其中 $1 \leqslant j \leqslant 5$。现假设误差项 ε_i 服从标准正态分布，则 F 满足标准正态分布累积函数的条件，有：

$$\varepsilon_i / X_i \sim (0,\ \delta^2) \tag{6-4}$$

如此把南疆三地州农村人力资源开发观察值 wag_i 作为被解释变量，建立标准有序 Probit 模型，其对数似然函数为：

$$\ln L = \sum_{i=1}^{n} \sum_{j-1}^{j} Y_{ij} \ln[\phi(\alpha_j - X'_i\beta) - \phi(\alpha_{j-1} - X'_i\beta)] \tag{6-5}$$

式（6－5）中，ϕ 为标准正态分布的累积函数。通过最大化对数似然函数式，即可估计出有序 Probit 模型中的系数 β 和参数 α_i。估计所得的 β 值就是本书“南疆三地州农村人力资源开发”影响因素系数。

四、实证过程及实证结果分析

文章运用 Eviews 软件对回归模型进行估计，模型 1 从微观、中观和宏观三个维度探讨了个人及家庭特征、农村发展和农村制度与社会保障相关变量对南疆三地农民创收、增收能力的影响。结果表明：在模型 1 中，存在部分变量不显著的现象。因此，在模型 1 回归结果的基础上，剔除不显著的解释变量，进行二次回归估计，得到优化模型 2。模型 1 和模型 2 的具体回归结果如表 6－5 所示。

表 6－5　南疆三地州农村人力资源开发影响因素回归结果

类别	变量	系数	P 值	系数	P 值
个人及家庭特征	家庭收入水平（家庭人均纯收入）（Inc）	0.534838***	0.0000	0.533529***	0.0000
	家庭人口结构（子女数）（Kid）	－0.162068***	0.0001	－0.149860***	0.0003
	是否赞成女性务工或上学（Fem）	0.616739***	0.0000	0.639830***	0.0000
	自我开发意识（Dev）	0.086086	0.2247		
	墨守成规，安于现状特征（Fog）	0.461362***	0.0044	0.504314***	0.0012
	农村劳动力对当前生活现状满意度（Liv）	－0.077631	0.3281		
农村发展条件	农村交通便利情况（Tra）	0.106636	0.1542		
	政府支持人力资源开发工作态度（Sup）	0.143459*	0.0931	0.117931*	0.0523
	农村的基础教育水平（Edu）	0.104691***	0.0043	0.108935*	0.0516
	农村职业技术培训现状水平（Cul）	0.077209**	0.0323	0.050682**	0.0437
	农村医疗开展状况（Med）	0.037526	0.5803		
	通用语言培训成效（Chi）	0.296419***	0.0001	0.288888***	0.0001
	农村文化环境（Civ）	0.259589***	0.0002	0.273195***	0.0000
	农村就业及外出务工机会（Emp）	0.190286***	0.0038	0.122010**	0.0355
制度与社会保障	户籍制度（Reg）	0.056949	0.6499		
	社会保障制度（Sec）	0.196525	0.3112		
	社会歧视（Dis）	－0.530134***	0.0001	－0.541124***	0.0000
	农村法律开展情况（Law）	0.580028***	0.0000	0.529764***	0.0000
	农村社会安全秩序（Saf）	0.234318***	0.0081	0.210475**	0.0150
	Log likelihood	－458.1943		－461.4425	
	Pseudo R－squared	0.239570		0.234179	

注：* 表示 10% 水平上显著；** 表示 5% 水平上显著；*** 表示 1% 水平上显著。

表6-5的回归结果显示，模型1和模型2均比较好地通过了异方差、方程显著性等基本的计量经济学检验，进一步分析表6-5可以得到以下结论。

（一）个人及家庭特征

（1）农村劳动力家庭收入水平（农民家庭人均纯收入，Inc）在1%的显著性水平下，对农村劳动力的创收、增收能力有正向影响。与贫困家庭相比，富裕家庭收入有相当一部分比例是通过外出务工等非农就业形式取得的，他们最早意识到通过基础教育和职业技能培训来提升自身的人力资本存量；通过外出务工拓宽家庭收入渠道来提升生活质量是脱贫致富的根本途径。因此，他们倾向于通过基础教育和职业技能培训等形式来提升自身的增收、创收能力。与此同时，富裕家庭收入水平相对较高，医疗、教育等支出在其生活总支出的比重较小，对其造成的生活成本压力也相对较小，他们也更加有能力承担基础教育、职业技能培训带来的费用支出。家庭人口结构（家庭子女数，Kid）在1%的显著性水平下，逆向影响农村劳动力创收、增收能力。农村家庭子女数与农民创收、增收能力呈现一定的负相关关系。这主要是因为对于子女较多的家庭，其父母在照顾子女和抚养子女方面不得不投入更多的时间、精力和财力；也很难再腾出足够的时间参与职业技术培训和外出务工等活动，更没有足够的财力用于自身的技能和身体素质的投资。南疆三地州农村地区受传统生育观念和计划生育政策落实不到位的影响，近年来新生儿童增长率居高不下，成为农村劳动力文化素质水平和职业技能提升的一个重要瓶颈。

（2）是否赞成女性外出务工或上学（Fem）、农村劳动力自我开发意识（Dev）、农村劳动力安于现状、墨守成规特征（Fog）和农村劳动力对当前生活的满意度（Liv）在一定程度上代表了南疆三地州农村家庭宗教信仰和传统文化特质。是否赞成女性外出务工或上学（Fem）对农村劳动力创收、增收能力有正向影响，说明对子女务工或就学持开明态度，一部分赞成家庭成员接受职业技能培训或外出务工的家庭，其家庭成员的整体创收、增收能力较强；另一部分安于现状、墨守成规特征（Fog）对农村劳动力创收、增收能力有逆向影响作用，说明对于安于现状、不思进取、甘于贫困的家庭来说，其一般会拒绝通过职业技能培训来提升自身人力资本存量和通过外出务工丰富收入来源的机会，因此，这部分群体的创收、增收能力相对较差。整体剖析南疆三地州农村家庭特征可知，由于地处偏远，交通闭塞，加之宗教信仰和传统文化习俗的影响，南疆三地州农村家庭长期存在安于现状、甘于贫困、依赖政府、“等”“靠”“要”等落后价值取向，这严重制约了农村家庭创收、增收能力的提升。

（二）农村发展条件

南疆三地州农村基础教育发展水平（Edu）在模型1和模型2中均通过显著

性检验，正向影响农村劳动力创收、增收能力。基础教育是农村劳动力提升文化素质和工作技能的一个重要平台，是南疆三地州农村人力资源开发的一个不可或缺的组成部分。基础教育可以给予农村劳动力系统的基础知识和社会知识，有效弥补二元经济制度诱发农民知识局限性，拓宽农民的视野，在农村群体中树立自我开发和自我提升意识。南疆三地州农村通用语言培训成效（Chi）在模型1和模型2也都通过显著性检验。语言沟通能力是农村劳动力获取知识和寻找就业岗位的前提。对于南疆三地州农民来说，通用语言水平较差，与其他民族同胞交流沟通困难成为限制农村劳动力外出务工和接受技能培训的一项重要因素。因此，在南疆三地州农村地区大力开展国语教育和成人语言教育可以有效提升农村劳动力语言沟通能力，消除农民外出务工和接受培训的语言障碍；农村劳动力职业技能培训开展情况（Cul）对南疆三地州农民创收、增收能力虽然也有显著的正向影响，但影响系数则较小。这可能是因为当前针对农民开展的职业技能培训内容与社会需求相脱节，培训形式过于单一和培训时间设计不合理等原因造成的。在实地调查中，我们也发现，政府为农民提供培训课程普遍存在培训内容与企业的需求相背离，培训时间与农忙季节相冲突的现象，这在一定程度上降低了农村劳动力的培训兴趣和热情，也削弱了通过职业技能培训提升农村劳动力创收、增收能力的作用。

政府对农村人力资源开发的态度（Sup）在10%的显著性水平下，推动农村人力资源开发水平的提升。对于农村基层政府来说，其乡村制度和相关政策决定着农村各类资源的具体分配和走向。政府支持农村人力资源开发工作，则会加大农村地区教育、医疗和职业技能培训等投资力度，改善农村教育和医疗设施条件，引导农民外出务工，通过各种途径来提升农民的人力资本存量和拓宽农民的增收渠道。农村劳动力外出务工或就业机会（Emp）在1%的显著性水平下，影响农村劳动力的创收、增收能力。对于南疆三地州农村农民来说，无论是通过基础教育、职业技能培训和医疗卫生服务提升其务工技能和健康存量，还是通过引导农民外出务工实现农村人力资源的优化配置，归根结底是让农村劳动力顺利就业，增加其收入水平，实现其自身的价值。然而由于南疆三地州农村自然环境恶劣，耕地稀少，土地吸纳劳动力的能力有效。因此，当地政府一方面应与用工单位积极沟通，实现本地区农村富余劳动力的规模转移；另一方面应大力发展县域经济和特色民族产业，为农村劳动力创造更多的就业岗位。农村的文化环境（Civ）对南疆三地州农村人力资源开发也有显著的影响。电视、电话、广播、网络等传播媒介在打破农村地区的封闭性，推动城乡之间文化和思想的互动交流中发挥着重要的作用。因此，加大南疆三地州农村地区文化环境建设力度，对提升农村人力资源开发水平也有着积极的推动作用。

农村交通便利情况（Tra）对南疆三地州农村人力资源开发不显著。此结论与陈洛（2004）等的研究结论不一致。这可能是因为南疆三地州“村村通”工程的全面开展和落实，南疆三地州农村地区基本实现了公路和汽车的全覆盖，因交通不便而存在城乡信息隔离被有效打破，所以实现了城乡之间信息和文化的自由流动和碰撞。农村医疗开展状况（Med）对南疆三地州农村人力资源开发水平的影响也不显著。这可能与本次的调研对象有关，本次调查的主要是20~40岁的青壮年劳动力，他们的身体素质相对较好，对医疗服务的依赖程度普遍不高，农村的医疗水平对其外出务工和职业技能培训的影响尚不明显。但是可以预见，随着农村劳动力年龄的增大和疾病的增加，农村医疗卫生服务严重欠缺的弊端则会逐步凸显。

（三）农村制度与社会保障

农村劳动力外出务工或接受培训中遇到的歧视现象（Dis）和农村法律开展情况（Law）在模型1和模型2中均通过显著性检验，并且影响系数分别达到-0.530134和0.580028。农村劳动力在外出务工或接受培训过程中遇到的歧视行为会在一定程度上打击农民的积极性，削弱其自我开发的自信心，迫使农村劳动力放弃职业技能培训和外出务工的机会；在南疆三地州农村地区逐步完善法律法规制度，简化法律操作流程，加大农村地区法律宣传力度，在农民中形成通过法律武器保护自己合法权益的观念，在农村地区真正实现“有法可依”的愿景，可以最大限度地消除农村劳动力在外出务工或接受培训中遇到歧视和伤害的后顾之忧，推动农村劳动力通过职业技能培训和外出务工等人力资源开发手段来提升务工人员的技能和收入水平。

农村的社会安全秩序（Saf）在模型1和模型2中也都通过显著性检验。安全稳定的社会秩序是农村人力资源开发工作顺利开展的基础，在农村人力资源开发中发挥着重要的保障作用。近年来，南疆三地州一些极端事件的发生，不仅破坏了民族团结，也阻碍了民族地区农民人力资源开发工作的顺利进行和农民生活质量的提升。因此，当地政府加大反恐力度，维护社会安全稳定，也是农村人力资源开发顺利进行的关键。

户籍制度对农村人力资源开发影响不显著，主要是因为近年来户籍制度改革的深入以及城乡户籍限制的逐步放开，户籍对农村劳动力是在自由流动的影响力显著下降造成的；社会保障制度对农村劳动力人力资源开发水平的影响也不显著，主要是针对农村地区的新型农村养老制度和医疗制度对农村劳动力的保障只是最低级别的保障，对解决农村劳动力进城务工中面临的父母养老、子女就学和自己治病等问题的作用非常有限。

本部分在422份南疆三地州农村劳动力调查问卷数据的基础上，运用有序

Probit 模型从农村劳动力个人及家庭特征、农村社会发展条件以及农村制度和社会保障三个维度对南疆三地州农村人力资源开发的影响因素进行剖析。结果表明，宗教、民族文化和传统生活习惯诱发的农民安于现状、不思进取以及多子多福的价值取向，阻碍了农村劳动力人力资本存量的提升和人口资源的优化配置，而通过基础教育、职业技能培训、通用语言培训以及文化宣传等方式可以有效打破农村劳动力的传统观念，激发农村劳动力的培训热情和兴趣，实现农村劳动力人力资本的积累和农民城乡之间的合理流动。此外，研究也发现，制度和社会保障因素对农村人力资源开发工作的顺利进行也发挥着潜移默化的作用，自治区应在未来进一步深化户籍制度改革，健全农村社会保障机制，加大农村文化、医疗设施投资力度以及维护农村社会安全稳定对推动农村人力资源开发工作的顺利进行具有重要意义。

第二节　贫困文化与贫困人口人力资本投资

长期以来，人们总是习惯于将贫困问题看作是自然环境的产物，政府和非政府组织也常常将扶贫当作具体的经济问题进行考察。如果我们从文化形态上加以关注，就不难发现，文化与贫困、发展之间有着内在的、本质的联系，甚至可以在很大程度上这样认为，贫困是源自于贫困文化。

一、贫困文化的内涵及特征

贫困文化的概念最早是由美国社会学和人类学家奥斯卡·刘易斯（Oscar Lewis，1914～1970）提出的。按照他的解释，贫困文化是一种与主流文化不相容而处于边缘状态的特有文化。处于贫困文化当中的人们有一种强烈的宿命感、无助感和自卑感，不能在广泛的社会文化背景中去认识自己的困难，由此也就在比较中处于“贫困”了。刘易斯独特的研究视角、分析方法引起了人们对贫困问题的审视与思考。贫困文化，作为现代社会中的一种“亚文化”现象一旦形成，它会影响到整个贫困区域的人，并能一代一代地传递下去。在这种“亚文化”的保护下，贫困被维持，并且还会导致新的贫困。

本书所借鉴的贫困文化的概念主要是从文化的角度关注少数民族地区农村贫困人口提出来的。本研究认为，所谓贫困文化就是指长期生活在贫困之中的一群人的行为方式、习惯、风俗、心理定式、生活态度和价值观等非物质形式。贫困文化是一种适应性生活方式。贫困文化作为一种亚文化，会通过各种途径潜移默化地作用于人们的生活中，使其思维方式、心理、行为、价值观念等都打上特有的标记。当这种状态变为一种习惯，人就会常常表现出消极行为。根据美国心理学家亚伯拉罕·马斯洛（Abraham Harold Maslow，1908 - 1970）的需要层次理论，首先是吃、穿、住、行等生存需要是最基本的，然后是尊重、社会交往和自我价值实现等高级的心理需要。基本的生存需要是根本，从这个意义上来说，贫困文化反映了贫苦群体中的人们在无法摆脱贫困的情况下维护自我的一种适应性生活方式。

二、贫困文化理论述评

智利知识界的领袖萨拉扎·班迪博士曾经说过这样一句含义深刻的话：落后和不发达不仅仅是一堆能勾勒出社会经济图画的统计指数，也是一种心理状态。他认为，这种社会的、文化的或心理的因素长期积淀后，就会形成落后的心态和一成不变的思维定式、价值取向，进而形成顽固的文化习俗（或生活习惯）、意识形态（或理念），即贫困文化（Cultrue of Poverty）。这种文化实际上是对贫困的一种适应，使“浸淫”于这种文化的人无法察觉到它的影响作用，以致在外人看来，他们是安贫乐贫、自甘堕落、没有进取精神的不可救药的一群人。这也就是S. 沃尔曼（S. Wallman）所指的“甘于贫困”的人，对于任何促使他们发展（如教育）和增加财富的事物都不感兴趣，以至许多贫困者从贫困的泥淖之中爬起，旋即又陷入贫困的沼泽里。

20世纪60年代初，一批经典理论及有关贫困文化的书籍相继问世。其中，刘易斯的《五个家庭：贫困文化的墨西哥个案研究》、班费尔德（Edward - C. Banfield）的《一个落后社会的伦理基础》、哈瑞顿（Michael Harrington）的《另类美国》，通过来自墨西哥、意大利和美国等不同社会学者的经验资料来共同构筑起贫困文化的概念架构。

最早将贫困视作一种文化现象进行专门研究的，是美国人类学家刘易斯。1959年，他在其《五个家庭：贫困文化的墨西哥个案研究》（*Five Families - Mexican Case Studies in the Culture of Poverty*）一书中首次提出贫困文化（Culture of Poverty）这一概念。他认为，穷人之所以贫困和其所拥有的贫困文化有关。这种贫困文化的表现是人们有一种强烈的宿命感、无助感和自卑感；他们视野狭窄、目光短浅、没有远见卓识；他们不能在广泛的社会文化背景中去认识他们的困难。刘易斯的理论在西方社会经久不衰，至今仍有一些学者被其所吸引，因为许多下层社会的状况的确如他所描述的那样具有自身独特的文化特性。

弗里德里希·包尔生（1988）在其《伦理学体系》一书中认为：贫困文化是贫困阶层所具有的一种独特生活方式，是长期生活在贫困之中的一群人的经济状况的反映。如果穷人的愿望或目标超出了他们生活现实的范围，得到的往往是失望和无奈，极少会满足他们不切实际的要求。因而在极其贫困的家庭里长大的孩子不会具有获得和占有的欲望。他们的愿望超不出日常需要的范围或者即使表现出了某种超出常需的愿望，这种愿望也不过是一种痴想，永远不会发展成为强烈的意志力量。当这种状态变成了一种习惯的时候，人就会变得没有远见、满不在乎、苟且度日。

一般认为，20 世纪 60 年代美国的“反贫困之战”，是随着约翰逊总统的就职和哈瑞顿的著作《另类美国》的问世真正开始的。哈瑞顿的这本书取材于整个美国社会。哈瑞顿在书中，也像刘易斯、班费尔德一样，描述了美国当时的贫困状况，并对贫困现象的解决抱以极度悲观的态度。所不同的是，他强调贫困文化的永久性格，似乎比前两者更胜一筹。他说：“存在着两种说法：‘穷人沦陷在一个堕落的怪圈中’或‘穷人生活在贫困文化中’，不管是哪类说法，他们都是一个稳定的不思变迁也不可能变迁的群体。他们中的绝大多数从此再没有机会走出这个美国的另类群体。”很明显，在哈瑞顿的话语里含有严重的“贫困代际传递”之观念。尽管 20 世纪 60 年代的许多研究支持这一较为悲观的观点，但他过于绝对了。

虽然，“贫困文化”的观点长期以来受到的评价褒贬不一，但是它确实是第一个突破了从表层因素来解释贫困的问题，从而看到了产生贫困的深层机制。无论如何刘易斯这一观点是受到认同的，即“减少物质贫困本质上不可能减少贫困文化，它是一个完整的生活方式”。

三、贫困文化在民族地区的表现

在我国少数民族贫困地区，很多人生活在贫困的山区、农区、牧区，那里生态环境恶劣，地势崎岖，交通不便，信息闭塞，居住比较分散，加之地理位置上的隔断以及小农习性、民族习性、血缘性、地缘性使该地区的人们处于自我封闭和孤立的境地。他们远离国家政治生活、经济生活和文化生活的中心，虽然人们勤劳、淳朴、厚道，但他们长期地努力与拼搏却依然无法改变现状，这就容易形成一种随遇而安、唯命是从、与世无争的贫困文化。贫困文化通过无所不在的各种各样的途径潜移默化地作用于生活于其中的人们思想，从更深层次上决定着人们是否贫困的命运，使其思维、心理、行为、价值观等受其影响，而生活于其中的人们深受其影响却感觉不到。结合本研究所做的新疆少数民族特困区贫困文化调查结果显示，多年来贫困文化在不同层次上影响着新疆少数民族特困区的反贫困路程。

（一）贫困文化决定和影响着贫困个体的现实生活状况

由于少数民族贫困地区的人们长期处于较为封闭、单一、人际关系简单、社会资本低下的环境之中，物质的匮乏和精神的贫困造成沉重的心理负担，在提高社会地位无望、内心极度失意的情况下，为排解心理压力，只好发展出贫困文化以寻求心理的解脱和生活的安宁。贫困者把贫困文化作为一种自我保护的心理平衡机制，是穷人在“分散化”“原子化”“边缘化”处境下对自己低下社会地位的本能反应，也是穷人解决自身贫困问题的无奈选择，这种选择在特定的环境下是符合穷人“理性”的，理性的选择从长远来看却会产生非理性的结果。诸如为了眼前的生计而不顾资源的有限承载能力过度汲取行为，在投资有限的情况下首先放弃无法取得近期回报的教育投资行为等。穷人在自己的生活经历中，经过多次“博弈”产生了适应自己生活范围的价值判断和评判标准，并使自身的心理需求和做人的尊严也得到了所谓的满足。美国社会学家赫兹拉（Hertzler）也认为，文化（或制度）起源于个人与社会生活的迫切需要的满足。贫困文化也是贫困群体（或社会）生活经验的统合，满足他们生存或生活的基本需要，然而这种“满足”也使他们深陷其中，成为他们进一步发展的障碍。

（二）贫困文化造成了贫困主体同现代社会的隔离

长期恶劣封闭的环境造就了穷人特殊的生产生活方式，在许多贫困地区，小农经济观念根深蒂固，自给自足仍然是他们经济活动的规范。几千年来，小农经济文明的积淀、严酷的环境和长期贫困的折磨，使生活于其中的人们产生强烈的宿命感，并对传统的地域文化和生活方式有着执着的偏爱和迷恋，却本能地隔离和排斥外部文化，有时甚至为了维持目前的生活状态而饿死不离乡。这样的生活方式看似安全，却使他们同现代生活的距离越来越远。

（三）贫困文化使贫困主体无法实现对自身的超越

贫困文化抑制了人们求知的欲望，减少了人们获取知识的途径，扼杀了他们行动的欲望和潜能。

四、贫困文化对反贫困制度和政策的影响

（1）贫困文化抑制贫困主体参与的积极性，导致扶贫制度和政策效率低。以往的扶贫实践表明，贫困者几乎完全处于一种被动的境地，主体地位被忽略。一方面，贫困人口无法参与到与自身发展有关的种种决策的制定过程，许多决策在制定过程中完全体现着少数远离贫困的决策人的意志，因而就难免在利益均衡方面有所偏颇，对贫困人口的一些政策倾斜也往往是在决策层利益不受侵害的范围内倾斜，很难使贫困人口摆脱不平等的劣势状态；另一方面，贫困人口也不愿主动参与到反贫困的实施过程中，许多反贫困项目脱离贫困者的现实情况远在他们的理解力和认可的范围之外，而且行动的最终结果及由此带来的风险损失依然要由贫困人口来承担。现实的种种不确定性和无保障性抑制了贫困人口的参与热

情。有些看来有利于少数民族地区贫困人口的政策，由于贫困主体受自身能力的限制无力实施，无法从中受益；有些制度和政策贫困人口可能参与的层面仍非常有限，加之在实施过程中种种人为的错位，使得需要多方力量共同推动的反贫困工作就会偏离最初的目标，很难收到良好的效果。

（2）贫困文化会导致制度、政策创新失败。文化是一种生存模式，“文化所代表的生存方式总是特定时代、特定民族、特定地区中占主导地位的生存模式”。贫困文化是处于农业文明下的文化模式，主要是在自给自足的小农经济条件下，人们在适应自然的过程中，按照农令时节的要求，长期从事重复的、技能相对简单的体力劳动，对人们合作的要求不高，人际关系比较简单，强调天人合一，重视日常人伦，社会关系内部相对稳定、和谐，外部的社会变迁对这种文化模式的冲击力不大。对现代社会的发展来说，它具有较大的惰性和惯力，会把适应现代社会发展的制度、观念、行为用既定的文化模式加以矫正。贫困文化模式的排外性使得外部“嵌入”的制度无法同这种文化模式内部的某些要素结合且很难发挥作用，也无法为促进民族贫困地区发展而创新制度、政策，如果按照贫困文化思维方式去解读和运作，变形或失败的命运就在所难免。

五、贫困文化对民族地区社会发展的现实影响

（1）影响民族地区全面建设小康社会的进程。全面小康社会要求在经济、政治民主、社会、文化、环境等方面达到一定的指标。民族贫困地区囿于贫困文化的自我循环，在发展的各个方面与内地发达地区有较大的差距，这种“固化”排外的文化模式就是民族地区走向全面小康的现实文化基础，如果利用得好，民族地区就会快速摆脱贫困，走上良性循环发展的轨道；如果利用得不好，势必影响全面建设小康社会的进程。

（2）影响民族地区可持续发展战略的实施。在贫困文化制约下，贫困主体在行为上表现出只顾眼前利益，忽略长远发展，不能正确处理自身与生存环境的关系，生活在比较恶劣环境的地区贫困人口，对于开发和利用自然环境生态系统本来就相当脆弱且在缺乏科学技术的指导下，大多采用粗放式经营模式，从而对生态环境造成了严重破坏。而且，他们的生存模式在很大程度上又通过代际传递而在其子孙一代重复上演，人地关系严重恶化，可持续发展的链条被人为地阻隔，陷入灾害—贫困—更大灾害—更加贫困的恶性循环中。

贫困文化作为社会的产物在现代化的发展中缺乏活力和创造力，作为贫困地区人们的生存方式，他们固守的一种生存模式已经成为阻碍民族地区发展和反贫困的力量。

第三节　社会资本与贫困人口人力资本投资

社会资本是相对于经济资本和人力资本的概念，是指社会主体（包括个人、群体、社会甚至国家）间紧密联系的状态及其特征，其表现形式有社会网络、规范、信任、权威、行动的共识以及社会道德等方面。社会资本存在于社会结构之中，是无形的，是通过人与人之间的合作进而提高社会效率和社会整合度。

社会资本在社会生活中的分布是不均等的，即社会资本具有非均衡性特征。这是因为“社会群体由于其或优势或劣势的结构性位置与社会网络，而对社会资本有不同的获取能力”。所谓社会资本分布的非均衡性，主要指的是“社会资本在不同时间、空间、位置上的存量不同，使得处于不同社会位置的人的社会资本拥有量有着显著的差异性，从而使其社会行动所受到的制约不同”。社会资本的非均衡性特征是因社会群体对其获取能力不同造成的，这一结果又必然导致社会群体的社会行动能力出现差距。

社会资本在有利于一部分群体的行动时，也排斥了另一部分群体的行动机会。当社会资本（社会网络）成为社会资源的基本配置方式时，这种配置方式不仅难以调和因其他配置方式而产生的贫富差距，反而有加剧这一差距的趋势。有学者研究表明：“个人资源决定了一个人在因社会交往而发生的社会交换中给他人提供回报的能力，这就意味着个人拥有的资源越多，就越有能力为他人提供回报，因此他通过社会网络摄取他人资源的能力也就越强。”

贫困人口人力资本投资，是扶持贫困地区发展的普遍经验之一。人力资本一旦形成并有效利用，就会对经济发展产生直接乃至决定性作用。从而有助于减少贫困人口的发生率，重视贫困人口的人力资本投资，从长远来看是减轻农村贫困的根本性措施。人力资本投资主导的政策体系能够预防物质贫困和缓解精神贫困，而预防和解决精神贫困需要社会资本投资主导的政策体系。

社会资本是嵌入在社会结构之中使社会行动得以实现的资源。社会资本的分布具有不平衡性特征，一些贫困群体因在社会结构中占有较少的社会资源而陷入关系贫困的境况。关系贫困是在社会资本理论基础上形成的一种贫困分析范式。从关系贫困的视角，政府反贫困治理要由目前的物质资本范式和人力资本范式转向社会资本范式，其具体策略应包括提高贫困者的社会地位，构建贫困者的社会支持网络，以及增加贫困群体的社会资本存量。

社会资本已成为贫困研究的一个重要分析范式，以社会资本为导向的反贫困治理策略也开始出现。但是，这些研究都是基于社会资本在发展中的作用而展开的，有关社会资本对贫困机理的阐释，即从贫困发生学的视角研究社会资本对贫困的阐释以及相关的反贫困治理策略选择，都是有待于进一步研究的问题。社会资本是通过投资社会关系得到回报的资源。贫困者处于社会结构中的不利地位，与其他社会群体相比，他们的社会资本存量较少，进而缺少社会行动的能力，这影响和制约着他们的持续发展。所以，政府在反贫困治理的过程中，除了应重视对贫困群体物质资本和人力资本的投资之外，还应积极投资于社会资本，努力增加这部分群体的社会资本存量。

第七章　国内外人力资本反贫困实践经验及对新疆的借鉴

各国的人力资本反贫困实践模式是伴随着反贫困综合措施来进行的，结合研究的人力资本视角的反贫困，本书试图采各国反贫困措施中的人力资本反贫困措施，为新疆集中连片特困区的人力资本反贫困的对策建议提供经验借鉴。

第一节　国外人力资本反贫困实践经验

一、发达国家中人力资本反贫困实践经验

贫困不仅是困扰发展中国家的一大难题，也是发达国家挥之不去的隐痛。为此，发达国家也一直在同贫困做斗争。鉴于发达国家在反贫困过程中所遇到的挑战可能是我们未来要面对的现实，探寻和总结这些国家在反贫困发展中的经验教训，为我们今后的反贫困工作提供参照，不仅是一种必然，而且也是一种合理可行的选择。

（一）英国的人力资本反贫困实践

英国实行的以社会保障为主的反贫困制度安排，在维护穷人权利、保障基本生活方面发挥了重要的作用，体现了社会的文明和进步。

英国政府重视反贫困的立法，保障受助者的权利。在英国反贫困发展过程中，政府历来十分重视立法和制度化建设，其反贫困历史也可以说是一部立法保障的历史。从济贫法到社会保险法再到第二次世界大战后的社会福利法，每一次的重大突破都在严明的法律体系保障下，逐步建立和完善社会保障体系，并在严格的法律范围内保证反贫困措施的顺利实施。1933 年、1934 年、1936 年英国先后颁布了《国家政府法》《失业法令》《农业失业法令》《国民健康保险法》四

部法令。1945 年工党上台后开始推行“贝弗里奇计划”，先后制定和颁布了《社会保险》《国民工伤保险》《国民救济》《家庭补助》《社会保健》《国民保险步法》六部法案，至此英国形成了一整套由国家统一管理的社会保险和社会福利制度。1948 年，英国成为拥有最完备社会保障法典的福利国家。福利社会的建立对贫民多有裨益，但是却给国家财政造成了沉重的负担。直到 1998 年，新工党赢得大选后发布了《一种新的福利契约：我国的新抱负》，强化社会保障在反贫困中的分类实施。政府对贫困人口的救济思路，由寻求收入分配平等转变为致力于机会平等，包括接受教育、参加工作等方面的机会。救济思路的转变实际上反映了社会公正原则的要求。给予有劳动能力者和无劳动能力者同样的救助对两者和其他纳税人都是不公平的，从而影响救助的效率。

英国作为第一个宣布成立福利国家的老牌资本主义国家，其在扶贫历程中有许多借鉴之处。对于新疆少数民族贫困地区人力资本反贫困而言，最为重要的是以法律制度的形式建立社会保障制度。如《国民健康保险法》《社会保健》，这样能保证所有贫困群体人力资本投资中的健康投资，这也是最基本的投资。扶贫开发，法律先行。无论是新疆还是整个中国在这个方面都存在着巨大的真空。与其他国家相比，在扶贫开发的手段、措施等方面并不存在太多不同和差距，但在相关法律制定和配套制度设置上却存在很大的漏洞。如果没有强有力的法律保障，很难确保扶贫开发既定目标的实现。同时，应该学习英国政府强化社会保障在反贫困中的分类实施的做法，实际上这也是反贫困理念不断创新。在第一个阶段，通过立法，扶贫的对象是所有的贫困人口。但是这样给国家带来了巨大的压力。而在 20 世纪 90 年代后采取社会保障分类实施的做法，根据扶贫对象有无劳动能力分别采取不同的措施的做法是更加科学合理的。有劳动能力者注重通过接受教育、培训增强其自我发展能力，提供更多的工作机会。无劳动能力者通过社会保障立法保障健康医疗投资。

（二）美国的人力资本反贫困实践

由于受特殊历史和政治文化等因素的影响，美国社会和政府历来在反贫困方面都要滞后于其他西方发达国家。所以在第二次世界大战后，尽管其迅速发展成为世界上头号经济强国，并步入了“丰裕社会”，但按照美国官方的贫困线标准，在 1964 年美国仍有 3610 万人生活在贫困线以下，贫困率高达 19%，此后经政府的反贫困努力，虽然贫困发生率有所减少，但依然保持两位数的比例。目前新疆的贫困现象与美国贫困状况极为相似。首先是表现为地域上的集中，美国的贫困人口高度集中于某些中心城市和旧领区及相领街区，这与新疆贫困人口高度集中于南疆三地州和高寒地区极为相似；其次是种族上的集中，美国贫困人口多为少数族裔，这与新疆贫困人口多为少数民族极为相似。基于这样的贫困特点，美国所采取的诸多人力资本反贫困的主要措施与内容非常值得新疆贫困地区学习和借鉴。

（1）建立比较完善的社会保障制度。美国在借鉴德国社会保障制度的基础上，于1953年颁布了世界上第一部完整的社会保障法律法规——《社会保障法》，建立了以社会救济为核心和以职业福利为主要内容的社会保障制度，为美国贫困人口获得必要的生存发展权利提供了法律保障。之后，经美国历届政府的不断补充，逐渐覆盖了劳动、失业、疾病、生育、住房、养老、死亡等方面，基本建立了比较完整的“社会安全网”，在美国反贫困斗争中发挥了重要的作用。

（2）强化发展人力资本。在美国的反贫困历史上，政府一直都十分重视落后地区的经济开发和发展。在20世纪60年代，美国政府相继通过了《阿巴拉契亚地区发展法》和《公共工程经济开发法案》，旨在强调同国内政府投资强化基础设施建设和发展人力资本，发展落后地区经济，进而创造更多的就业机会。同时重视教育和职业培训，第二次世界大战后，随着新科技革命的兴起和发展，对社会劳动力的素质要求越来越高。面对大量的结构性失业，在约翰逊政府的反贫困计划中，一个重要的方面就是强调人力资本，重视教育和职业训练，以提高穷人的技能。

美国作为一个超级大国却出人意料的有很多贫困特点与新疆相似。因此，采取的很多措施也非常值得新疆研究和借鉴。如美国在扶贫初期，虽将投入重点集中于基础设施建设，但最根本的是要增强贫困人口的自我发展能力，转而将重点转向教育技术培训等项目，并且通过立法，保障贫困人口疾病、养老等必要的生存发展权利。

二、发展中国家人力资本反贫困实践经验

当今世界上除了少数发达国家之外，绝大多数属于发展中国家，即工业化和城镇化还没有完成，经济、社会正处于发展之中的一类国家。他们集中分布在亚、非、拉美国家，拥有世界上90%的贫困人口，因此反贫困任务十分艰巨。由于发展中国家在很多方面与我国的国情相似，贫困状况也有诸多相似之处，所以有很多针对贫困问题的措施和方法可以值得我们直接借鉴。其中，印度、巴西、加纳、南非的很多反贫困经验尤其值得新疆学习。

（一）印度的人力资本反贫困实践模式

印度人口接近10.5亿人，是仅次于中国的第二大农业人口大国，也是目前世界上贫困人口最多的国家。印度贫困人口也多集中于农村。自独立以来印度就十分重视反贫困，几十年来采取了许多旨在缓解和消除贫困的措施，但目前贫困问题依然比较严重。贫困一直是印度社会历史发展中长期存在的问题。经过半个

多世纪的努力，虽然曾经的许多高度贫困现象已大为减轻，但所取得的整体成就还相当有限，生活在贫困线以下的人口占全印度人口的比例仍然很高。2005 年，印度日均消费 1 美元以下的极端贫困人口所占比重仍达 34.3%（中国 2004 年为 9.9%），日均消费 2 美元以下的贫困人口所占比重达 80.4%（中国 2004 年为 34.9%）。

印度自成立以来，为了应对贫困挑战，历届政府在反贫困方面进行了种种努力和探索，所采取的人力资本反贫困措施有以下四个方面：

（1）农村扶贫计划。农村综合发展计划始于 1979 年，随后在全国范围内迅速扩大，并成为印度政府“六五”计划直至“八五”计划中扶贫部分中的中心内容。这个计划的目的是改善农村贫民的生产条件，主要通过发展种植业、畜牧业、农村工业、商业和服务业，为农村贫民提供更多的就业机会，通过扩大收入来源来促使他们的生活水平提高到贫困线以上。2007 年 2 月 2 日，印度正式实施《全国农村就业保障法案》。该法案规定，政府每年要为农村每个家庭提供 100 天的就业机会，工作是非技术性手工劳动，如修路、架桥、平整土地、开凿运河、兴修水利等，工资每天不低于 60 卢比。

（2）自营职业培训项目。印度政府于 1979 年开始实施农村青年自营职业培训项目。这个项目是农村综合发展项目的有机组成部分。目的是以必要的技能和改良的传统技术武装农村青年，使他们能在农业、工业、商业和服务业方面从事自营职业。这个项目只有属于农村综合发展项目中 18～35 岁的青年才有资格参加，并且每户只能参加一人。选择的重点是种姓和部落民、退役军人，并规定至少有 1/3 的受训人是农村女青年。培训的技术多种多样，培训的时间半年到一年不等。每期培训根据技术类别分成若干班，每班 10～25 人，每个受训人每月发给 250 卢比的奖学金，教师的工资由政府负担。

农村青年自营职业培训项目在“六五”计划期间培训了 94 万人，其中 46.4 万人从事了自营职业，种姓和部落青年占受训人员总数的 32%，青年妇女占受训人员总数的 35%。这个项目在“七五”计划期间培训了 100 万人，其中 47% 的人从事了自营职业，12% 的人获得了工资机会，其余 41% 的人仍没找到工作。到 1977 年 6 月，该项目共培训青年 413.1 万人。

（3）加大对农村贫困者自主力的开发扶贫。印度非常重视教育、培训和就业服务在提高劳动力的质量和就业能力中的作用。早在 20 世纪 50 年代，印度首任总理贾瓦哈拉尔·尼赫鲁就将科技和教育列为首要任务。1958 年印度国会通过了《科学政策决议案》，在这一政策的指导下，印度建立了一大批大专院校。印度尤其重视数学和科学技能在教育中的作用，拥有数百万所实力不俗的工程院校，如今名闻遐迩的印度科技学院就是由当年从各个大学挑选的精英代表组建而成的，这些院校培养了一大批优秀学生。正是印度拥有这样一批非常便宜的知识密集型劳动力，成就了印度的软件产业。印度政府还非常重视对劳动力的培训工作。以计算机软件开发的技术培训为例，印度政府对26所高等院校的计算机教育培训计划提供了资金支持，确定将有条件的培训机构转为高级软件培训中心，建立了软件技术园区，在信息及相关产业创造了90万个就业岗位。

（4）对农业工人的保障措施。印度的农业工人大部分由经济和社会落后阶层组成，是农村中最贫弱的一部分人。鉴于印度的社会保险措施并不包括这部分最困难的人群，印度政府采取了一些专门针对农业工人的保障性措施，这些措施也应视为印度社会保障体系的一个组成部分。自印度独立以来，印度中央政府和邦政府都采取了保障性措施来改良农业工人的经济地位，这些措施主要有：①最低工资法；②鼓励在农村建立农业合作社组织。由该组织在农闲季节向农业工人提供就业。此外，印度政府的经济政策中通常已包括有改善农业工人的政策及措施。总的来看，为保护这一社会贫弱阶层农业工人的保障措施提供了法律和政策基础，其积极意义是不容抹杀的，但存在的主要问题是这些保障措施的实际执行情况相当差。

印度的很多人力资本反贫困方面的措施与我国非常相似，如针对农村青年的职业培训项目，该项措施尤其注重农村女性贫困人口的参与，这对于新疆南疆扶贫工作有重要借鉴。新疆集中连片特困区若能以制度规定受训群体中女性所占的比例，将对农村女性人力资源的开发有很大的促进作用。印度政府采取的增加贫困人口的非农收入的做法也值得借鉴。通过贫困人口的在职培训，增强就业能力，进而通过就业机会的提供增加贫困人口的收入。

（二）巴西的人力资本反贫困实践模式

巴西土地850多万平方千米，面积占整个拉美国家的47%，人口约1.7亿人。其土地面积、人口、经济实力和经济发展水平居拉美首位，是西半球最大的发展中国家，也是世界上发展最快和贫富差距最大的国家之一。与中国相比，虽然同属于发展中国家，但从人均GDP和城镇化水平来比较，巴西是一个先进的发展中国家。纵观巴西的反贫困发展历程，其中的人力资本反贫困措施有：实施“家庭资助计划”，向贫困家庭实行有条件的现金转移支付，巴西的儿童失学率和留级率很高，为了提高儿童受教育水平，巴西政府推行的一个重大举措就是实行家庭资助计划。为让发放给贫困学生的助学金真正用于教育，政府把助学金的发放与家庭补助金计划捆绑在一起；推行“零饥饿”计划，保证贫困人群的食品和营养权；开展“扫盲计划”，提高贫困人口的受教育水平；制定和实施多项促进就业的计划，重点解决因失业导致的贫困问题；实施家庭医疗保健计划。

事实证明，虽然巴西在反贫困方面取得了一定的成绩，但纵观几十年的反贫困历史，巴西留给我们更多的则是惨痛的经验和教训。其中，一方面，忽视对贫困家庭孩子的人力资本教育投入，更加剧了贫困的恶性循环。无知和贫困就像一对孪生兄弟，巴西教育发展落后由来已久，直到20世纪90年代中期，巴西公共教育体系仍是精英型，主要精力放在建立只针对少数人的高质量公共教育体系上。该教育体系以牺牲绝大多数人受教育的机会为代价，不断凝固和扩大机会不平等，是巴西书数十年教育水平低下的症结所在。

巴西人力资本反贫困的有些措施是值得新疆借鉴的，如政府将助学金的发放和家庭补助金计划捆绑在一起。对于新疆南疆少数民族贫困地区也可将培训补助和家庭生活补助金捆绑发放，用外在力量强制贫困人口接受职业能力培训。授人以鱼不如授人以渔，获取生活补助只能救一时之需，但获取知识、技能将会增加贫困人口持续的就业能力。所以巴西精英型的公共教育系的措施是不值得我们借鉴的，这样只会加剧拉大贫富差距。

（三）墨西哥的人力资本反贫困实践

墨西哥作为率先进入中等收入国家行列的发展中大国之一，其社会发展极不平衡，大量人口的生活状况甚至远低于最不发达国家的平均水平，社会发展的不平衡严重影响到人力资本的均衡发展。20世纪末期，墨西哥赤贫人口高达2800万人，占当时总人口的29.3%。贫困人口的经济收入不足以满足基本的食品需求，长期处于营养严重不足的生活状况之中，健康状况、学习能力及工作能力都受到了极大影响和限制，营养不良成为儿童死亡的第三大原因，全国近1000万人口缺乏进行基本的健康检查的条件，150多万6~14岁的儿童无法上学，偏远落后地区的文盲率、辍学率以及留级率均为全国平均水平的3倍。面对严峻的社会贫困和地区发展不均衡问题，墨西哥政府出台了“教育、卫生和食品计划”，2001年12月更名为“机会计划”，旨在通过为贫困群体提供带有附加条件的现金补贴来促进其人力资本水平的提高，从而逐步达到减少贫困的目的。

墨西哥从教育、卫生和食品保障入手，综合解决贫困化的扶贫项目。墨西哥政府力图集中人力和物力减少贫困人口营养不良、儿童的高死亡率以及高辍学率等严重的人力资本发展缺陷问题。计划以教育、健康和食品三大方面为重点：为各级儿童学龄提供助学金，保证他们顺利完成小学、初中及高中教育，提高入学率，鼓励学生接受正规的学校教育，督促父母积极参与子女教育；关注贫困家庭成员的健康状况，提高卫生、健康服务的使用率，增强贫困人口的疾病预防观念，传播健康保健的相关知识；改善贫困家庭的饮食结构和营养水平。

墨西哥的人力资本反贫困的有些措施所体现出来的颠覆传统的设计理念、创新的“有条件性”以及实施严格的惩处措施等特点值得中国借鉴。如通过从教育、卫生和食品保障入手，综合解决新疆南疆贫困化的扶贫项目。从而增加新疆贫困地区儿童入学率，降低辍学率，提高儿童的营养状况和身体素质，增强成年人的卫生保健意识，改善新疆贫困人口的收入及消费模式，从而让新疆达到自助脱贫的效果。

（四）加纳的人力资本反贫困实践

大多数非洲国家独立以来，摆脱国家贫困、落后、不发达状态成为它们的共同诉求。在不同历史时期，根据国家形式和不同国情，非洲国家制定了经济社会发展战略。但严格来说，多数非洲国家在20世纪90年代以前，并没有明确制定或实施比较完整系统的国际减贫战略，具有针对性的真正意义上的减贫战略则形成于20世纪90年代，政府把减贫提高到国家发展战略的高度来对待，把减贫作为社会经济发展的目标之一。加纳具有撒哈拉以南非洲典型的资源外向型经济特征，被国际组织视为非洲经济发展的“样板”。加纳的自然地理环境的特征与新疆集中连片特困区的地域特征非常相似。加纳在减贫成效方面也走在了非洲国家的前列，其做法和经验值得新疆南疆地区借鉴。

《加纳减贫战略（2003～2005年）》分析了该国贫穷的表现及原因，提出总的战略目标是确保可持续公平的发展，持续减少贫困，保护弱者，创造民主环境。其具体目标包括：到2005年，加纳贫困（上限）发生率从39%减少到32%；极度贫困下限从27%减少到21%；小学入学率从77.65%提高到82%，其中女孩入学率从71%提高到80%；5岁以下儿童死亡率由110‰减少到95‰；孕妇生育死亡率从2‰减少到1.6‰。为此，政府在财政支出方面向减贫领域倾斜：通过改善各类基础设施服务，如学校、诊所、排水系统、住房等，帮助穷人增加生产和收入；采取间接的力贫措施，加大对贫困人口的教育与培训支出力度与相关科技的研究投入等。

具体做法，从解决未成年人贫困问题入手，预防贫困代际传递现象的发生。从国民人口年龄构成来看，加纳是一个年轻人的国家，年龄由低到高呈金字塔形特点。据统计，2000年加纳15岁以下人口占总人口的41.3%，18岁以下人口数量约占全国总人口的一半。由此，加纳政府清醒地认识到，加纳若要实现大规模减贫，把减贫的目标瞄准成人是不够的，况且，“千年发展目标”中也有数项涉及儿童群体；儿童的持续贫困会使国家长期的发展利益受到损害，因为他们是未来家庭、社区、社会发展的支柱。有鉴于此，《加纳减贫战略》中明确提出“将确保儿童的权益与福祉”。加纳政府的具体做法是：

（1）通过政府宏观政策导向增加家庭收入，从而满足儿童的食物、教育、健康支出等需求。

（2）通过社会政策干预，聚焦提高儿童健康、教育水平，从而提升未来的劳动力素质。如加纳2004年实施了《学校供餐计划》，为在校学生提供餐食补贴；2005 年政府根据《教育补助计划》，宣布对国内部分地区的中小学实行免费入学举措，2006 年该举措扩展至全国范围；2008 年 3 月，政府又出台了《反贫困民生促进计划》，包括对孤儿、贫苦儿童给予现金资助。

（3）维护儿童的权益，加强对儿童的保护。1998 年和 2002 年，加纳政府分别颁布了《儿童法》和《儿童权利法案》，将保护儿童权益置于国家法律的高度，足以显示政府对儿童发展权的重视高度。2007 年 4 月，加纳政府相关部门草拟了《国民社会保护战略》。

在加纳反贫困措施中最为突出的方面是精准识别贫困人口的特征，从年龄上把握贫困人口的特征，进而采取相对应的扶贫措施。该国精准识别贫困人口中 15 岁以下人口占总人口的 41.3%，进而针对重要群体通过社会政策干预，聚焦提高儿童健康补助、教育补助，预防贫困代际传递现象的发生。对于新疆南疆集中连片特困区也应该从年龄、性别、民族等方面把握贫困人口的人口结构特点及对应的反贫困措施。

（五）南非的人力资本反贫困实践

南非是撒哈拉以南非洲发达程度最高的国家。尽管如此，如何使更多的南非人民摆脱贫困始终是新南非历届政府面临的关键问题。

2008 年 3 月，南非发布以减贫为主旨的国家战略文件（草案）《南非迈向反贫困战略》。内容中关于反贫困战略的重点之一是投资人力资源，为贫困群体提供保健、教育、培训、安全饮用水、电力、卫生设施等服务。具体有以下三项措施：

（1）教育部通过扩大教育与培训对象，确保居民拥有基本教育权。政府把提高教育水平视作贫困人口实现自我积累、自我发展能力的关键。15 年间，南非出台了 13 个有关教育的法案，如《高等教育法案》《教育法修正案》等，其中包括对特困中、小学生学杂费实行减免、在高等教育实施“公平矫正”政策，以改变黑人在受教育中的弱势地位。2007/2008 财年南非用于教育减贫的专项支出达民主南非建立以来的最高值，为 1055 亿兰特，占当年国内生产总值的 5%，且教育经费向弱校倾斜。

（2）卫生部需逐渐满足贫困人口的保健服务，并确保工人工作环境的健康与安全。自 1994 年南非颁布《国民健康法》至今，该国已出台了 12 部相关的法律法规，为政府提供的初级保健、生殖保健、预防传染病等服务提供制度保证。2007/2008 财年，南非政府财政拨款 52 亿兰特用于预防艾滋病的支出。

（3）社会发展部承担着为社会脆弱群体构建社会安全网的任务，并提供各类扶贫济困的援助和福利服务。南非新政府自颁布《社会福利白皮书》以来，对贫困人口长期实施社会救援项目，尤其是政府对 15 岁以下贫困儿童的救助措施和无种族差别的养老金制度的实施，成为消除贫困最有效的措施。2004 年，政府又颁布了《社会保障法》，资助社会弱势群体，如政府对贫困儿童的补助金由 1997 年的 100 兰特/月提高到现在的 240 兰特/月。

通过以上措施，截至 2007 年，获得安全卫生设施的家庭比例也由 1994 年的 49.9% 上升至 2006 年的 70.7%。从穷人的人力资源水平上来看，南非获得疾病预防免疫接种的人口比例由 1998 年的 63% 上升至 2005 年的 90.2%，增速十分明显；成人识字率由 1995 年的 69.6% 上升至 2005 年的 74.2%，这表明南非人总体受教育水平有所提高。

虽然发展中国家反贫困的历史没有发达国家那么悠久，扶贫政策和相关制度也没有发达国家那么完善，但是由于在发展层面和扶贫所处阶段方面与我国新疆地区更为接近，我们认为仍然有很多好的人力资本反贫困的经验和做法有助于新疆地区借鉴：第一，重视农村贫困人口的技能培训和人力资本的投资；第二，明确扶贫对象的人口结构特征，精准发力；第三，加强养老、医疗等社会保障制度的建立与实施。

第二节　国内人力资本反贫困实践经验

一、发达省份人力资本反贫困实践经验——广东省教育扶贫经验

广东作为改革开放的前沿阵地，率先遇到区域发展差距较大、贫困差距较大的问题。首先，贫困面依然较大，全省农村仍有相对贫困人口 70.8 万户、176.5 万人。其次，是贫困程度相对较深。广东省委、省政府历来高度重视解决贫困难题，不断创新探索采取精准扶贫、精准脱贫的措施。主要有以下五个方面：

（1）改善教育基础设施建设。

①完善学前教育资源建设。着力解决贫困地区农村幼儿“无园上”的问题。进一步提升义务教育办学水平。

②进一步健全义务教育经费保障机制，全面推进实施“全面改薄”等项目建设，支持欠发达地区改善义务教育办学条件。

③加快推进标准化特殊教育学校建设。着力改善特殊教育学校办学条件，省财政安排新建标准化特殊教育学校建设资金和维护资金，对欠发达地区标准化特殊教育学校建设予以奖补。

④加快教育信息化进程。首先，加大农村教育信息化建设力度；其次，加快

推进优质数字教育教学资源建设；最后，加强教师信息技术应用能力培训，帮助基层学校教师会用、用好信息化资源。

⑤实施学生资助惠民政策。在义务教育阶段、高中教育阶段、高等教育阶段都采取了相应的学生资助政策。

（2）实施特殊困难儿童保障政策。推动实施残疾学生15年免费教育。残疾学生享受广东省学前教育、普通高中、中等职业学校和高等学校的助学政策。

（3）实施职业教育富民政策。稳定职业教育办学规模，推进职业教育资源进一步向贫困地区、贫困家庭倾斜，构建面向农村的职业教育体系。采取珠三角各市加强结对帮扶，建立与粤东西北地区职业教育合作办学机制，规范开展“1+1+1”“1+2”等多种形式的校校联合招生、合作办学的方式。发展面向农村的职业与成人教育。建设以县级职业教育中心（中等职业学校）和社区教育中心为龙头、乡镇成人文化技术学校（社区教育学校）为骨干、村民文化技术学校（学习站）为基础的职业教育和成人教育三级培训网络。发展农业职业教育，面向基层结合实际着力培育新型职业农民。

（4）加强贫困地区师资队伍建设。

①建立乡村教师荣誉制度，对在乡村学校从教20年以上的教师颁发荣誉证书。

②加大城乡教师交流培训：每年安排省级名校长、名教师和以“百千万人才培养工程”为省级培养对象、特级教师到欠发达地区农村学校巡回讲学和指导，提升农村教师教学能力和水平。实施“三区”（民族地区、革命老区、贫困地区）人才支持计划教师专项计划，每年从全省幼儿园、中小学和中等职业学校选派400名优秀教师到我省“三区”学校支教，切实提高“三区”教师队伍的整体素质和水平。

③继续实施“高校毕业生到农村从教上岗退费”政策。对自愿到欠发达地区农村中小学任教5年以上的高校毕业生每年给予6000元退费，本科生退4年，专科生退3年。

（5）在实施医疗保险和医疗救助保障扶贫工程上，该省构建全面覆盖贫困地区群众的基本医疗卫生制度，推进基本公共卫生服务逐步均等化。加大医疗救助帮扶力度，将贫困人口全部纳入重特大疾病救助范围，对各项医保政策报销后的合规医疗费用按照不低于70%的比例给予补助。

广东省采取的人力资本反贫困的许多做法是值得我们借鉴的。如实施的珠三角各市加强结对帮扶粤东西北地区职业教育合作办学机制职业教育合作学机制。新疆地区也可以采取北疆教育帮扶南疆少数民族贫困地区的措施。还有加强贫困地区师资队伍的“高校毕业生到农村从教上岗退费”政策，对于新疆农村师资队伍的建设也有借鉴意义。

二、欠发达省份人力资本反贫困实践经验

（一）湖南人力资本反贫困实践

湖南省2015年贫困人口达445万人，贫困人口规模位列全国第五位，贫困发生率7.84%；51个扶贫开发工作重点县人均GDP 21545元、人均地方财政收入为1014元，农民人均可支配收入达到7575元，比2010年的农民人均纯收入3289元有大幅提升。虽然湖南省的扶贫工作取得了一定的成效，但是在“十三五”时期扶贫任务仍然十分艰巨。教育扶贫是扶贫攻坚战略的重要内容，扶贫先扶智，治贫先治愚。自国家实施新一轮扶贫攻坚战略以来，湖南教育系统精准扶贫全覆盖行动也同步启动。

（1）一方面，湖南省实施了教育扶贫五大工程，即“校校结对帮扶工程”，派出学校选派政治素质好、业务能力强、教学经验丰富的干部教师到受援学校任职任教，受援学校选派教师到支援学校短期进修访学，实施“一对一传帮带”；实施“教育教学资源云覆盖工程”，其中，包括“农村中小学网络联校建设工程”，将城区优质学校与乡镇中心校、教学点构建一体化网络联合学校群，实现课堂教学同步实施、教师同步研修、教学资源同步共享。建设“湖南微课网”，每年定向安排一批教育信息化试点项目，支持教师开展信息化课堂教学改革；实施“教师队伍素质提升工程”，大力实施边远贫困地区、边疆民族地区、革命老区教师专项计划，选派城市优秀教师到怀化市“三区”县支教；实施“技能人才教育培训工程”，加强职业教育基础能力建设，统筹规划区域职业教育布局结构，提高职业教育尤其是中等职业教育促进脱贫致富的能力。加大国家、省级职业教育重点建设项目实施力度，鼓励支持区域内职业院校申报卓越职业院校、示范性特色专业群、校企合作生产性实习实训基地等重点建设项目。支持区域内中等职业学校办好一批对接现代农业、现代服务业、战略性新兴产业和传承民族文化、民族技艺的特色专业，在项目遴选和经费安排方面给予重点倾斜。整合职业院校和社会培训资源，鼓励引导有学习意愿的社会青年参加职业技能学历教育或各类中短期职业技能培训；实施“控辍保学工程”等五大工程，加强贫困地区教育扶“造血”功能。

（2）另一方面，大力推进职业技能培训，实施“一家一助学就业·同心温暖工程”，实施“一户一产业工人”培养培训计划，着力提高贫困人口就业创业能力。与此同时，该省还试点实施了县级农村教师定向公费培养扶贫计划，这种“教育—培训—就业”精准扶贫模式，实现了“培养一人、脱贫一户”的精准脱贫目标。

湖南采取以教育扶贫和现代信息技术相结合的方式非常值得新疆借鉴。如教育教学资源云覆盖工程、湖南微课堂等资源共享项目和教师培训项目。在新疆南疆地区，地理位置偏远，教育资源匮乏，借助于信息化可在较大程度上克服以上障碍，促进教育扶贫工作。

（二）甘肃省人力资本反贫困实践

甘肃现有贫困人口417万人，贫困发生率居全国第二，贫困县占比87%。甘肃省实施了一系列教育扶贫、健康扶贫措施。

甘肃省实施了一系列探索如何整合教育资源“拔穷根”。组织实施了“9 + 1”精准扶贫教育专项支持计划，即学前教育、义务教育、普通高中教育、职业教育、乡村教师队伍、民族教育、学生资助、高校招生、留守儿童等9个专项支持计划和《支持革命老区教育跨越式发展行动计划》，为促进贫困家庭在根本上脱贫致富，阻断贫困代际传递采取的措施。该省通过实施《甘肃省精准扶贫学前教育专项计划》，于2015年建成农村行政村幼儿园939所，实现集中连片贫困县2000人以上行政村幼儿园全覆盖。通过实施《甘肃省精准扶贫乡村教师队伍专项支持计划》《甘肃省加快发展民族教育专项规划》，重点支持甘肃省的民族教育优先跨越式发展，教育经费生均投入、高等教育招生、学生生活补助费用等均倾斜民族地区教育。通过实施《甘肃省教育厅支持革命老区教育跨越式发展行动计划》，从政策、项目、资金等方面倾斜支持革命老区教育事业发展。通过实施《甘肃省精准扶贫职业教育专项支持计划》促进职业教育资源向贫困地区、贫困家庭倾斜，建设职教园区，多种途径确保贫困家庭适龄学生进入职业学校学习，并加强专业技能学习和就业指导培训。即在每个县区重点建设1所各具特色的职业技术学校（职教中心）。同时，通过推进中高等职业教育一体化办学，打通职业院校学生升学通道，做好就业创业指导，使贫困家庭的学生升学有渠道，就业有保障。

着力加强乡村教师队伍建设。提高乡村教师待遇，把贫困县乡村幼儿园教师纳入乡村教师生活补助范围，乡村中小学、幼儿园教师每月享受不低于500元的生活补助；加大贫困地区师资补充力度，按需设岗、按岗招聘、精准补充；重点加强乡村教师培训，采取送培下乡、专家指导等形式，切实增强培训的针对性和实效性。

为帮助因病致贫、因病返贫的家庭走出贫困、提高贫困地区群众健康水平，该省出台了《甘肃省精准扶贫卫生扶贫支持计划实施方案》。该方案中以提高贫困人口新农合住院费用报销比例，降低贫困人口大病保险起付线。完善贫困地区基层医疗卫生体系建设，加强贫困县县级医院重点专科建设，以加强贫困地区乡村医生队伍建设为目标，不断提高甘肃待遇，强化培训。

甘肃省在人力资本反贫困方面的实践经验，是值得新疆学习和借鉴的，尤其是教育扶贫的系统部署与实施。

（三）宁夏人力资本反贫困措施

宁夏贫困地区主要集中在中部干旱带和南部山区，该地区有八个国家扶贫开发工作重点县，六个革命老区县，国土面积4.3万平方千米，占全区的65%；人口256.3万人，占全区总人口的41%，其中回族人口133万人，占全区回族人口的59.1%，是全国最大的回族聚居区和集中连片特殊困难地区。从1983年起，先后组织实施了“三西”农业开发专项建设（1983～1993年）、“八七”扶贫攻坚计划（1994～2000年）和《中国农村扶贫开发纲要（2001～2010年）》三个阶段。经过二十多年的不懈努力，宁夏贫困地区的发展条件得到明显改善，贫困人口的温饱问题基本解决，自我发展能力显著提高，扶贫开发取得较大成效。然而由于干旱缺水，自然条件恶劣，基础设施薄弱，土地人口容量严重超限，经济社会发展滞后等原因，中南部地区贫穷落后的面貌还没有根本改变，仍是全国扶贫开发的重点地区。“十一五”时期，全区还有105万贫困人口，主贫困地区主要分布在中部干旱带和南部山区八个县（区）的干旱半干旱山区、阴湿半阴湿山区和土石山区。该地区地理位置、自然条件和新疆南疆集中连片特困区非常类似。对于西海固这样的集中连片特困地区，宁夏在人力资本反贫困方面采取了以下两项新举措：

（1）加强教育科技事业建设，不断提高贫困人口自我发展能力。扩大贫困地区学前教育资源，提高学前教育的普及程度，基本实现乡（镇）中心幼儿园全覆盖；巩固提高“两基”成果，全面提升贫困地区中小学基础教育水平，全面消除中小学校舍安全隐患，有效解决“大通铺、大班额”问题，推进义务教育公共服务均等化；加快贫困地区优质教育建设步伐，完善以示范性高中为骨干的普通高中办学体系建设，每个县（市）建成1～2所标准化普通高中学校，争取新增劳动力普遍达到高中文化水平；扩大中等职业教育规模，积极探索建立普通高中与中职教育沟通对接机制，实现高中阶段教育协调发展。落实好中职学校农村家庭经济困难学生和涉农专业学生免学费工作，切实保障贫困家庭经济困难学生接受教育的权益，使更多贫困学生得到良好教育；继续深入实施“雨露计划”和“阳光工程”，积极开展贫困乡村农业技术培训、优良品种推广、科技信息发布和科技示范活动，大力推进良种良法和实用技术向贫困农户辐射扩散，不断提高科技对扶贫开发的贡献率。加强农村基层干部、党员和致富带头人的科技培训，使之真正成为带领群众脱贫致富的科技骨干力量。

（2）加强文化卫生等社会事业建设。加快贫困乡村的文化基础设施建设，深入实施广播电视村村通、农村电影放映、文化信息资源共享和农民文化家园等惠民工程；进一步健全贫困地区基层医疗卫生服务体系，推进城乡卫生服务机构标准化建设，提高乡（镇）卫生院技术水平和服务能力，改善医疗和康复服务设施条件，努力缩小中南部地区与川区基本医疗卫生服务差距。认真落实新型农村合作医疗各项政策，实施妇幼卫生“四免一救助”政策，提高新农合人均筹资水平，着力解决人们看病就医问题；不断完善农村社会养老保险等制度，抓好农民工参保工作，实施社会保障“一卡通”。完善大病救助和临时救助制度以及最低生活保障制度，对贫困地区农村低保人口进行动态管理，逐步提高保障水平，实现应保尽保。

以上仅是对宁夏所采取的措施进行了概括性的描述，每一条措施下面还有很多具体的实施细则，但就这些粗略的概括对新疆扶贫开发方向的确定以及突破口的选择也多有裨益。

由于西海固地区是宁夏集中连片特困区，类似于新疆的南疆地区。所以很多针对西海固地区的开发措施对新疆南疆地区具有较强的借鉴意义。如宁夏在该地区通过劳动力技能培训、完善新农合和新型农村养老保险的制度和优生优育的政策也是新疆南疆地区人力资本开发借鉴的重点内容。

第三节　国内外人力资本反贫困实践经验及对新疆集中连片特困区的借鉴

从发达国家扶贫历程来看，以下三点尤为值得借鉴：

（1）根据扶贫对象有无劳动能力分别采取不同的措施，有劳动能力者注重通过接受教育、培训增强其自我发展能力，提供更多的工作机会；无劳动能力者通过社会保障立法保障健康医疗投资。

（2）发展初期投入重点集中于基础设施建设，具备一定基础后，转而将重点转向教育技术培训等项目。

（3）通过立法，保障贫困人口疾病、养老等必要的生存发展权利。

虽然发展中国家反贫困的历史没有发达国家那么悠久，扶贫政策和相关制度也没有发达国家那么完善，但是由于其在发展层面和扶贫所处阶段方面与我国新疆地区更为接近，仍然有许多好的经验和方法有助于提高新疆南疆集中连片特困区的人力资本反贫困。

（1）针对农村青年尤其是农村女性的职业培训项目。

（2）通过贫困人口的在职培训，增强就业能力，进而通过就业机会的提供增加贫困人口的收入。

（3）将助学金的发放和家庭补助金计划捆绑在一起。

（4）精准把握贫困人口群体的特征，进而针对重要群体通过社会政策干预，聚焦提高儿童健康补助、教育补助，预防贫困代际传递现象的发生。

如果说对国外的经验借鉴具有前瞻性，那么国内的则更具有现实意义。无论是发达省份还是欠发达省份都是在同一扶贫体系下运作，不管是在政策层面还是技术层面各地方差距并不是很大，很多好的扶贫经验稍作修改就可以适用于新疆开展工作，为新疆提供了很好的借鉴范例。甘肃、宁夏与新疆的情况颇为相似，广东的人力资本反贫困经验也颇具启示作用。

有利于新疆人力资本反贫困的经验有以下三个方面：

（1）省区内经济发达地区帮扶经济欠发达地区进行职业教育合作办学机制，新疆也可以采取北疆帮扶南疆进行职业教育合作的措施。

（2）采取教育扶贫和现代信息技术相结合的方式，新疆教育扶贫中的职业教育、职业技能培训、高等教育和基础教育（简称基教）师资队伍建设等都可以采取这一措施提高效率。

（3）对贫困连片特困区采取针对性的措施，这适用于新疆的南疆地区。

第八章　基于人力资本视角的新疆集中连片特困区反贫困的对策

第一节　新疆集中连片特困区人力资本反贫困中存在的问题

基于人力资本反贫困，即从正规教育、职业教育、健康投资和劳动力迁移等方面采取反贫困的方式。在新疆集中连片特困区的反贫困战略实践中广泛实施了一系列旨在改善贫困地区人力资源基础的反贫困计划，大规模的贫困地区适用技术培训使贫困农民的资源开发与转换能力、生产方式的选择与调整能力、新技术的运用能力、经济机会的把握能力以及向其他产业的渗透转移能力在一定程度上得到了增强。但是，从总体来看，贫困地区通过以提高人力资本来扶贫的政策仍缺乏完整性、系统性和连贯性，不能合理配置人力资本的各个要素，还需要通过适时调整政策来协调各要素对经济增长的制约或促进作用。在具体实施政策时，一些贫困地区仅侧重政策的某些方面，而忽视全面的贯彻、实施政策，结果扶贫效果并不明显，或者效果仅是短暂的。况且贫困地区人力资本扶贫政策与其真正内涵还有很大差距，如忽视了人口迁移与流动、人们思想观念的改变等方面的作用。认识不到消除贫困的整个过程必须以“人为中心”这一准则，而只把这些政策看作扶贫的辅助政策。另外，这种扶贫模式还缺少具体的配套措施。例如，一些贫困地区在推广技术时，搞形式主义，没有根据当地的具体情况制定普及实用技术的发展目标和采取有力的措施等。

为真实地把握新疆集中连片特困区人力资本反贫困的效果，了解其存在的问题，进而为新时期人力资本反贫困的对策建议的提出提供依据，本课题组选取了喀什地区、疏勒县等地区采取实地调研、访谈的方式，对教育投资、健康投资等政策实施情况进行调研。具体来说，在教育投资中的师资队伍建设、职业教育和健康投资等方面存在的问题如下。

一、基础教育投资中存在的问题分析

从新疆集中连片特困区的各级学校数量、毕业生数量以及教师数量来看，从2000～2014年的数量逐年增加。这会在极大程度上促进该地区贫困人口的人力资本存量。但在教育扶贫过程中，还应注意各项措施在实施过程中存在的问题，否则会影响实施效果。为准确探测教育扶贫的问题，本课题组基于师资队伍建设的内容，于2014年9～10月对喀什地区师资队伍建设现状做了调查。

1. 调查对象基本情况

调查对象主要选取的是喀什地区喀什市、巴楚县、疏勒县及麦盖提县的中小学的基教教师。本次调研共发调查问卷300份，收回问卷300份，无效问卷5份，有效问卷295份，问卷有效率约为98.3%，因此本次调研数据真实可信，可以作为本书的支撑（如表8－1所示）。

表8－1　调查对象工作地点

工作地点	问卷数量（份）
喀什师范学院附属中学	30
喀什一中	30
喀什市第一小学	30
喀什市十九中学	30
巴楚实验小学	30
巴楚县三中	30
疏勒县雅曼乡中学	30
疏勒县八一中学	30
麦盖提县第一中学	30
麦盖提县刀郎中学	30

此次调研在喀什地区喀什市、巴楚县、疏勒县及麦盖提县的中小学发放问卷。其中喀什市选择的学校为喀什师范学院附属中学、喀什一中、喀什市第一小学及喀什市十九中学，巴楚县选择的学校为巴楚实验小学和巴楚县三中，疏勒县选择的学校为疏勒县雅曼乡中学和疏勒县八一中学，麦盖提县选择的学校为麦盖提县第一中学和刀郎中学，一共10所学校各发放了30份问卷。

在295份有效问卷中男性基教教师125人，占42.4%，女性基教教师170

人，占57.6%；年龄小于20岁的有22人，占7.5%，介于20～30岁的有161人，占54.6%，介于31～40岁的有50人，占16.9%，介于41～50岁的有42人，占14.2%，大于50岁的有20人，占6.8%；汉语HSK水平四级的有123人，占41.7%，五级的有80人，占27.1%，六级的有92人，占31.2%；工作“12年以上”的基教教师仅占9.2%，“2年及以下”的占21.7%，“3～5年”的占32.9%，“6～8年”的占24.4%，“9～11年”的占11.9%，从教龄上可以看出，基教师资队伍存在不稳定性，缺少长期从事双语事业的教师；调研中46.1%的基教教师职称为“中学三级教师”，33.9%的基教教师职称为“中学二级教师”，19.3%的基教教师职称为“中学一级教师”，仅有4.1%的基教教师职称为“中学特级教师”；在所有被调查的教师中只有47.5%的基教教师有编制，52.5%的基教教师没有编制；在基教教师中12.9%的学历为“高中”“中专”或“大专”学历的基教教师占55.9%，超过一半，而本科（及以上）学历的只有31.2%，由此可以看出基教师资队伍的学历结构不完善，缺少高学历的基教教师。

2. 南疆喀什地区师资队伍建设现状调查

课题组通过整理调查问卷第二部分，对喀什地区师资队伍建设的现状从领导基教师资情况、教师培训现状以及基教教师激励情况四个方面阐述。

（1）师资情况（如表8－2所示）。

表8－2　师资队伍建设

问题	选项	人数	百分比（%）
您所在学校基教师资的生成方式是	汉语基础好的少数民族学科教师经培训后上岗	291	36.5
	学科知识基本功较扎实的汉语教师经培训后上岗	271	34.0
	高校语言专业毕业生	236	29.5
在基教师资力量上，您学校的情况是	现有足够的基教教师	56	7.6
	缺少足够数量的基教教师	260	35.2
	基教教师质量有待提高	225	30.4
	基教师资结构不合理	198	26.8

通过表8－2知道，喀什地区中小学基教师资的来源为：①培训汉语基础好的少数民族学科教师、学科知识基本功较扎实的汉语教师经培训后上岗；②社会招聘，在毕业季招聘疆内外语言专业毕业生。在学校目前的师资力量上，35.2%的基教教师选择了“缺少足够数量的基教教师”，30.4%的基教教师选择了“基教教师质量有待提高”，26.8%的基教教师选择了“基教师资结构不合理”；就

目前基教师资队伍建设的情况来看，35.2%的基教教师选择了"缺少足够数量的基教教师"，从而可以看出喀什地区缺乏足够数量的基教教师，缺乏一支高质量、结构合理的基教师资队伍。

（2）基教教师培训现状（如图8－1、表8－3所示）。

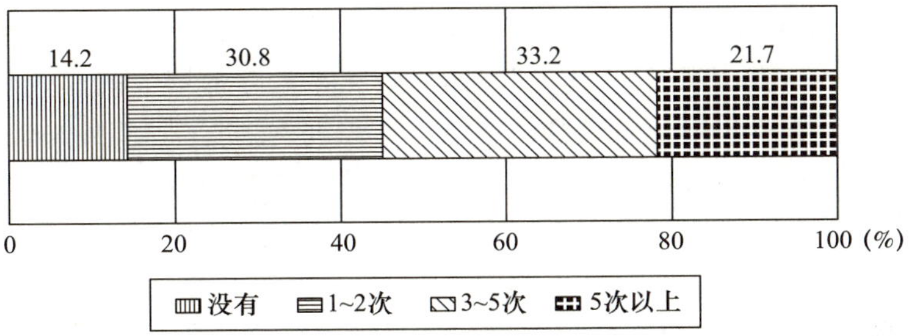

图8－1　参加基教教师培训的次数

表8－3　基教教师培训现状

问题	选项	人数	百分比（%）
您参加基教教师培训的原因	自身需要	166	56.3
	学校需要	113	38.3
	其他（请注明）	16	5.4
您所在学校组织基教教师培训的形式	国家培训	132	44.7
	"互派"	95	32.2
	专家讲座	47	15.9
	其他（请注明）	21	7.1
您参加基教教师培训的费用支付	学校支付	123	41.7
	自己支付	153	51.9
	其他（请注明）	19	6.4
参加培训后，学校对基教教师的评估机制合理吗	不合理	80	27.1
	不太合理	130	44.1
	基本合理	49	16.6
	合理	20	6.8
	非常合理	16	5.4

图8－1中，参加基教教师培训"5次以上"的占21.7%，"3～5次"的占33.2%，"1～2次"的占30.8%，"没有"的占14.2%，结合基本信息中教龄分

析得出，大部分基教教师基本上是一年参加一次培训，仅有一小部分基教教师能一年参加多次培训，但仍有少数教师没有参加过培训。

表 8－3 中，56.3% 的基教教师都认为参加基教教师培训是“自身需要”，38.3% 的认为是“学校需要”，这说明很多基教教师愿意为基础教育做出贡献，愿意提高自身能力加入到基教师资队伍中去；基教教师培训的形式中 44.7% 的基教教师选择了“国家培训”①，32.2% 的选择了“互派”，15.9% 的选择了“专家讲座”，还有 7.1% 的选择了“其他”，可以看出基教教师培训的形式很丰富，通过长短期培训全方位提高基教教师的能力；在培训费用支付上 51.9% 的基教教师选择了“自己支付”，41.7% 的基教教师选择了“学校支付”，不管是学校还是个人，都为基教教师的培训发展做了很大投入；培训后学校一般都会对基教教师进行评估，对于评估机制 44.1% 的基教教师选择了“不太合理”，27.1% 的选择了“不合理”，说明培训效果的评估机制缺乏一定的合理性。

综上所述，可以看出喀什地区学校仅仅是完成了培训的工作，而培训的质量却存在一定的问题。参加基教教师培训能够提高其能力，促使其不断进步，由于相关教育的特殊性，应提高基教教师参加培训的频率，避免其水平下降，并在培训费用上给予大力支持。

（3）基教教师激励情况（如图 8－2 所示）。

图 8－2 中 54.2% 的基教教师认为教师编制分布不合理，课题组在访谈中也了解到基教教师对于编制的分布存在很大的意见，①学校一些有编制的普通教师由于自身能力有限而做不出成绩；②特岗教师福利待遇低，导致一些基教教师根本不愿意长期留在该地区学校任职。

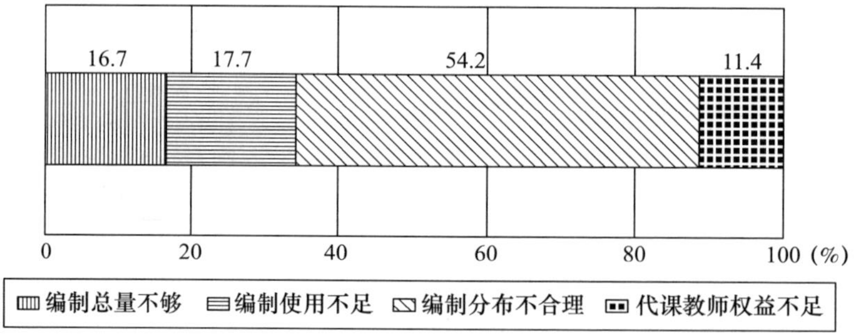

图 8－2　基教教师的编制管理

① “国家培训”是“中小学教师国家培训计划”的简称，由教育部、财政部于 2010 年开始全面实施，是提高中小学教师特别是农村教师队伍整体素质的重要举措。

表8－4中，①对于如何促进基教教师的发展，31.6%的基教教师选择了"增加对基教教师的激励"，31.7%的基教教师选择了"努力营造文化环境"，27.6%的基教教师选择了"提高基教教师参加培训的频率"；②在给予基教教师的激励中，30.1%的基教教师选择了"组织专业化培训"，25.9%的基教教师选择了"颁发精神奖励"，22.5%的基教教师选择了"提高基教教师工资水平"，21.5%的基教教师选择了"给予奖金和晋升激励"，基教教师认为学校应该从物质和精神两个层面给予基教教师很好的激励，从而减少基教教师的流失。

表8－4　基教教师的激励

问题	选项	人数	百分比（%）
您认为以下哪些措施能促进基教教师的发展（可多选）	增加对基教教师的激励	277	31.6
	建立适当的基教教师考核体系	80	9.1
	努力营造文化环境	278	31.7
	提高基教教师参加培训的频率	242	27.6
您认为以下哪些措施可以提高基教教师的积极性（可多选）	提高基教教师工资水平	200	22.5
	颁发精神奖励	230	25.9
	组织专业化培训	267	30.1
	给予奖金和晋升激励	191	21.5

（4）南疆喀什地区基教师资队伍建设效果调查（如表8－5所示）。

表8－5　师资队伍建设效果调查

问题	选项									
	不同意		不太同意		基本同意		同意		非常同意	
	个数	百分比（%）	个数	百分比（%）	个数	百分比（%）	个数	百分比（%）	个数	百分比（%）
您所在学校基教教师数量明显增加	102	34.6	146	49.5	20	6.8	16	5.4	11	3.7
您所在学校基教教师职称普遍提高	104	35.3	146	49.5	20	6.8	16	5.4	9	3.1
近年来学校基教师资队伍的学历结构得到完善	157	53.2	113	38.3	12	4.1	8	2.7	5	1.7
教师培训机制对师资队伍建设起到了重要作用	8	2.7	11	3.7	53	18.0	98	33.2	125	42.4

续表

问题	选项									
	不同意		不太同意		基本同意		同意		非常同意	
	个数	百分比（%）	个数	百分比（%）	个数	百分比（%）	个数	百分比（%）	个数	百分比（%）
学校的福利待遇等政策吸引、保留、培养了许多基教教师	148	50. 2	105	35. 6	24	8. 1	11	3. 7	7	2. 4
您所在学校基教教师自身的水平提高	142	48. 1	106	35. 9	19	6. 4	15	5. 1	13	4. 4

表 8 –5 中，近几年来，喀什地区一直都在进行基教师资队伍的建设，①对于基教教师数量是否明显增加，49. 5% 的基教教师表示“不太同意”，34. 6% 的基教教师表示“不同意”；②对于培训是否对其起到了重要作用，42. 4% 的基教教师表示“非常同意”，33. 2% 的基教教师表示“同意”；③对于职称是否普遍提高，49. 5% 的基教教师表示“不太同意”，35. 3% 的基教教师表示“不同意”；④对于自身水平得到提高，48. 1% 的基教教师表示“不同意”，35. 9% 的基教教师表示“不太同意”；⑤对于学历结构得到完善，53. 2% 的基教教师表示“不同意”，38. 3% 的基教教师表示“不太同意”；⑥对于学校的福利待遇等政策对基教教师产生了很大的积极影响，50. 2% 的基教教师表示“不同意”，35. 6% 的基教教师表示“不太同意”。

从近几年的基教师资队伍建设中可以看出建设的成效并不是很大，虽然培训起到了重要作用，但没有惠及大部分的基教教师，仅仅是小部分的基教教师通过培训提高自身的能力、水平和职称，所以应完善基教教师培训机制，让广大基教教师都能从中受惠；在促进师资队伍建设方面所做的努力也不到位，结合基教教师自身的特殊性和喀什地区的生活环境，政府部门和学校应在物质上给予大力支持，争取留住每一位基教教师，以充实基教师资队伍。

3. 南疆喀什地区基教师资队伍建设满意度调查

表 8 –6 中，①基教教师对编制管理的满意度“不满意”和“不太满意”共占 87. 2%，结合图 8 –2 的分析，喀什地区教师编制管理存在一定问题；②对学校贯彻执行基教教师培养政策的满意度“满意”和“非常满意”的共占 91. 2%；③学校领导对待基教教师态度的满意度“满意”和“非常满意”的共占 77%，说明为了喀什地区基础教育事业的发展，学校态度端正、很好地贯彻执行了基教教师培养政策；④基教教师长远发展一个关键的制约因素就是单语言环境的局限，基教教师对于学校目前营造的文化环境的满意度“不满意”和“不太满意”

的共占81.3%，课题组通过在访谈中了解到文化环境的建设需要大量经费，而很多学校在教育经费中的花费是比较少的，这说明学校没有意识到文化环境所带来的影响，如果没有环境的熏陶，即使参加了教师培训，时间一长能力也会有所下降，这就降低了培训的效果；⑤对于基教教师的发展，学校提供的支持与监督“满意”和“非常满意”的共占86.7%；⑥对于发展空间“满意”和“非常满意”的共占78%，基教教师对于学校提供的支持与帮助的形式从总体上来说还是挺满意的；⑦基教教师对于学校的考核体系“满意”和“非常满意”的共占87.1%，他们虽然对考核满意，但却对考核后发放的薪酬福利不满意；⑧对收入水平“不满意”和“不太满意”的共占85.4%；⑨对奖金制度“不满意”和“不太满意”的共占84.8%；⑩对福利政策“不满意”和“不太满意”的共占85.7%，这说明基教教师的薪资制度存在一定问题，政府部门和学校应给予相应的调整，以吸引和留住更多的基教教师；⑪对学校目前的培训现状“不满意”和“不太满意”的共占86.7%，结合表3－6的分析，基教教师培训的形式是很丰富，并起到了重要作用，但总体培训的现状不是很理想，课题组在访谈中了解到，并不是所有的基教教师都能拥有参加培训的机会，尤其是刚工作一两年的基教教师，他们仅仅参加过岗前培训，上岗后参加培训的机会很少，基本上是工作三四年的教师参加培训，这就反映了教师培训的力度不够，学校应拓宽范围，争取让更多的基教教师参加培训，提高能力。

表8－6　基教师资队伍建设满意度调查

问题	选项									
	不满意		不太满意		基本满意		满意		非常满意	
	个数	百分比（%）	个数	百分比（%）	个数	百分比（%）	个数	百分比（%）	个数	百分比（%）
您对教育部门基教教师编制管理的满意度	140	47.5	117	39.7	16	5.4	14	4.7	8	2.7
您对近年来学校贯彻执行基教教师培养政策的满意度	3	1.0	9	3.1	14	4.7	152	51.5	117	39.7
您对学校领导对待基教教师态度的满意度	10	3.4	12	4.1	46	15.6	135	45.8	92	31.2
您对学校目前营造的文化环境的满意度	142	48.1	98	33.2	26	8.8	19	6.4	10	3.4
您对学校提供的基教教师专业发展的支持与监督的满意度	9	3.1	13	4.4	17	5.8	119	40.3	137	46.4

续表

问题	选项									
	不满意		不太满意		基本满意		满意		非常满意	
	个数	百分比（%）	个数	百分比（%）	个数	百分比（%）	个数	百分比（%）	个数	百分比（%）
您对学校目前基教教师发展空间的满意度	16	5.4	12	4.1	37	12.5	104	35.3	126	42.7
您对学校基教教师考核体系的满意度	9	3.1	12	4.1	17	5.8	106	35.9	151	51.2
您对学校基教教师的收入水平的满意度	152	51.5	100	33.9	22	7.5	14	4.7	7	2.4
您对学校制定的基教教师奖金制度的满意度	143	48.5	107	36.3	20	6.8	14	4.7	11	3.7
您对学校针对基教教师制定的福利政策的满意度	142	48.1	111	37.6	19	6.4	13	4.4	10	3.4
您对学校目前的基教教师培训现状的满意度	165	55.9	91	30.8	17	5.8	13	4.4	9	3.1

二、南疆喀什地区基教师资队伍建设存在的问题

1. 政府角度

（1）领导层认识不到位，重视力度不够。从图 8－1 中得出，喀什地区的学校领导对于基教师资队伍建设的重视力度不够，我们知道一旦思想上不重视，就必然会导致在具体工作中工作做得不到位，如培训政策没有惠及大部分的基教教师，在薪酬福利中没有体现对基教教师的特殊关怀等。

课题组在访谈中得知喀什地区一些县，虽然县委县政府、教育工作领导小组对于每次双语教育工作会议精神都较为重视，也及时召开会议进行研究部署，但没有深入贯彻下去，落实力度不够、措施不到位、监管不全面，尤其是对相关教学的师资培训落实不到位。

（2）基础教育资金投入不到位。基础教学的经费一般是超过单语教学经费的。基础教育经费的投入涉及许多方面，如基教师资队伍的建设与管理队伍培训，校园环境的建设，以及基教教师的报酬与津贴等。在第三部分的分析中得知，喀什地区的基教教师对于校园文化环境建设的满意度不高，这反映了由于经费的限制，学校不能花费大量经费用于校园文化环境的建设。国家为了发展民族

教育事业，虽然会定期拨发一定量的办学经费，但这些有限的经费根本不足以解决基教教师少、经济落后的民族地区的基教师资队伍建设的问题。课题组在访谈中还了解到喀什地区基教教师的工资水平普遍偏低也反映了资金不足的问题，由于教育资金的有限，喀什地区的一些学校并不能够给教师提供丰厚的报酬，导致该地区无法吸引足够数量的基教教师，同时也对基教教师培训的组织工作产生影响，使得大多数的基教教师不能参加培训，甚至不能多次参加专业的培训，所以结果就是基教教师自身的能力没有得到很好的提高。

2. 学校角度

（1）基教师资队伍整体质量不高、数量不足、结构不合理。由第三部分的分析得知，喀什地区目前基教教师数量不足、质量不高、结构不合理。由于喀什地区少数民族学生学习知识的需求不断高涨，导致其与师资队伍数量严重不足、质量不高的矛盾突出。随着民族学生学习积极性的提高，学生人数在不断增加，但由于喀什地区特殊的环境，很多基教教师不愿意前往喀什地区从事教育事业，所以喀什地区不能招聘到足够数量的基教教师。

从表 8－7 中，可以看出基教教师对于当前喀什地区教师编制管理的满意程度不高，仅占 12.8%，结合基本情况的分析，教师编制存在分布不合理的现象，致使一些基教教师在享受不到编制所带来的优惠时而选择离开，同时也造成了培训资源的浪费。教师结构性超编与缺编的问题并存，导致基教教师严重不足。目前，南疆喀什地区基教师资队伍建设存在的突出问题是布局和结构不合理。一方面，一些基教教师培训转岗十分困难，占着人事编制和职称岗位，影响了年轻基教教师入编进岗评职称；另一方面，普通教师和基教教师的编制分布不合理，一些普通教师能力水平低、不出业绩，却占着编制，而表现好、不断进步的基教教师却一直都只能是特岗教师，最重要的是特岗教师福利待遇低、进编预期不明、生活条件艰苦。这些因素都影响了基教教师继续从事双语教育的积极性。

表 8－6 中，基教教师中本科（及以上）学历的只有 31.2%，而本科以下学历的基教教师占了 68.8%，说明喀什地区基教师资队伍学历结构不合理，缺乏高学历的基教教师。

（2）单语言环境的局限。表 8－7 中，基教教师对于学校目前营造的文化环境的满意程度并不高，仅占 18.6%，少数民族基教教师要想提高自身的能力那就必须长时间地接受相关文化环境的熏陶，让其在自然而然的语言环境中培养出相关习惯，从而不断地提高专业水平，在促进自身发展的同时也为基教师资队伍的建设作贡献。

在南疆喀什地区，少数民族聚居化程度高，基教教师除了在课堂上有实践的机会之外，几乎就封闭在本民族的语言环境里，接触汉语、实践汉语的机会非常少。课题组在调研中了解到，南疆喀什地区的一些学校，缺乏文化环境的建设，导致少数民族教师的交流仅停留在普通交流，知识水平迟迟得不到提高，不能深入学习专业知识。

3. 教师角度

（1）基教教师培训机制不健全，效果不理想。根据调查，基教教师对于目前的基教教师培训现状的满意程度不高，仅占13.3%，结合前面的分析，虽然学校领导端正了对待基教教师的态度，但却没有做出实质性的努力，对基教师资队伍建设的重视程度不够，导致培训工作做得不到位，课题组在访谈中也了解到经常接受专业培训的都是一些老教师和能力强的基教教师，对于一些刚参加工作、能力水平不高的基教教师而言受训的机会很少，仅限于岗前培训和一些专家讲座，因此自身能力发展的速度很慢。而且有一些基教教师虽然在参加培训后水平有了很大的提高，但过一段时间后受到周边封闭环境的影响，其知识水平又呈下降趋势。在调研中也了解到，一些基教教师由于培训时间短、基础弱等原因，交流能力与学科知识提升都较为缓慢，培训后不能成为基教师资的骨干力量，因而导致培训效果不理想。

表8－4中，71.2%的基教教师都认为在参加培训后学校对基教教师的评估机制不是很合理，通过访谈也了解到，主要是通过一些等级考试和试讲来衡量参加基教教师培训的效果，我们都知道现在有很多人只是擅长应试考试，而其本身有些并不是真正具备这方面的能力，而试讲也是如此，通过一段时间的紧张训练是完全可以完成任务的，因此通过它们来评估不具备客观性，应在原有的基础上进行完善。

（2）基教教师缺乏激励。一是物质激励。在表8－7中，基教教师对于自身的薪资福利满意程度不高，通过访谈了解到，喀什地区虽然地处南疆，地理位置偏远，但其消费水平却很高，教师目前的工资水平普遍偏低，不能够满足当前的消费水平，更不用说购买住房；在访谈中了解到教师的工资由固定工资、奖金和福利三部分组成，普通教师和基教教师没有区别，一些基教教师表示由于能力有限他们根本拿不到高额的奖金，而福利也仅限于一些节假日的补贴，形式单一，缺乏激励性，所以只有那些有突出业绩的教师的收入才会很高。二是精神激励。通过表8－5的分析可知，对于提高基教教师的积极性，教师们希望学校在精神层面能给予奖励，再结合表8－6的分析，基教教师的职称没有得到普遍提高，这也反映出了学校在精神层面的激励工作做得不到位。

三、职业教育存在的问题分析

虽然职业教育学校数量、职业教育招生人数和毕业人数整体呈增长态势，但是在职业教育实施过程中，实施的效果怎样，在实施过程中还存在着哪些问题，都会影响新疆集中连片特困区贫困人口人力资本的水平。为获取这一信息，课题组于2014年10~11月、2015年7~8月在喀什地区疏勒县分别就职业技能培训实施效果、农村剩余劳动力转移培训实施效果进行了调查。

（一）疏勒县农村职业技术培训实施效果调查

为提高劳动力技能水平，促进农业富余劳动力转移，推动农业产业结构调整，增加农民收入，疏勒县政府会同各乡镇、各成员单位组织开展丰富多样的职业技术培训活动。由县人社局和对口援疆省份带头组织，从“推”和“拉”两方面提高少数民族农村劳动力技能水平，促进当地经济发展。近几年，疏勒县政府加大资金投入，全面支持农村职业技术培训的发展。目前，该县建设有一所综合实训基地，它集教师进修、职业教育、劳动技能培训、岗前实习为一体，占地面积190亩，总投资7300万元；还在四个试点乡镇建设新农民学校。为充实专业教师队伍，从全县中小学教师队伍中选拔30余名专业相符教师，聘请10名社会工程技术人员、高技能人才到学校兼职专业课教师和实习指导教师。为结合农民需求，疏勒县农村技术职业培训项目的数量和种类不断丰富（如表3－1所示）。

县人社局组织的培训项目涉及行业广，主题培训多，开展周期长。包括农业、工业、服务业三大行业，有果树管理、农机维修、电焊技术、驾驶培训、手工艺品加工等十几个工种。近几年组织开展了抗震安居建设三定培训、今冬明春职业技能培训、冬春农闲农业富余劳动力职业技能培训、“送教下乡、智力进村”培训等主题培训。县政府充分利用冬季农闲时间和为农村家庭妇女闲置劳动力开展培训，结合各种技能比赛和资格鉴定考试，全面实施培训。

援疆培训项目主要是为山东省企业培训员工。它采用“定岗招聘—岗前培训—企业吸纳”的模式进行培训。将培训过程紧密地结合到生产实际当中，提高参训学员的动手能力和就业稳定性（如表8－7所示）。

表8－7　培训项目

富余劳动力转移就业技能培训	农村致富技能培训	手工制作技能培训	特殊工种的培训	园艺工技能培训
砌筑工 电焊工 工程机械驾驶 管工 架子工 钢筋工	农村致富技能培训 劳务经纪人 营销经纪人培训	木雕 民族绘画 刺绣 地毯编织 工艺品编结	建筑行业中高级技能人才培训 特种设备（塔吊、装载机、挖掘机）操作人才培训 工程机械驾驶员培训	枣树的繁殖 建园 土肥水管理 整形修剪 花果管理 主要病虫害和自然灾害的综合防治及采收、贮藏

为促进疏勒县农村职业技术培训更好地发展，使培训更能满足农民生产的需要，与产业调整紧密结合，有必要了解已有培训的实施情况和效果，所以进行疏勒县农村职业技术培训实施现状调查。

1. 调查对象基本情况

本次问卷（见附录）调查范围涉及疏勒县11个扶贫开发重点乡镇，共发放问卷220份，有效问卷200份，回收率为99%。

根据研究主题，本次调查选择了疏勒县11个扶贫开发重点乡镇。如牙甫泉镇、塔孜洪乡英尔力克乡、库木西力克乡、罕南力克镇、塔尕尔其乡、亚曼牙乡、阿拉甫乡、英阿瓦提乡、阿拉力乡、艾尔木冬乡。在每个乡镇的居民信息登记簿中随机抽取20户作为调查对象，主要调查了农民参加职业技术培训的现状、培训实施效果和培训满意度。

（1）调查样本的年龄结构及性别分布。年龄结构：在回收的有效问卷中，年龄在10~19岁的有20人，占被调查人数的10%；20~29岁的有112人，占被调查人数的56%；30~39岁的有48人，占被调查人数的24%；40~49岁的有14人，占被调查人数的7%；50~59岁的有6人，占被调查人数的3%（如图8-3所示）。

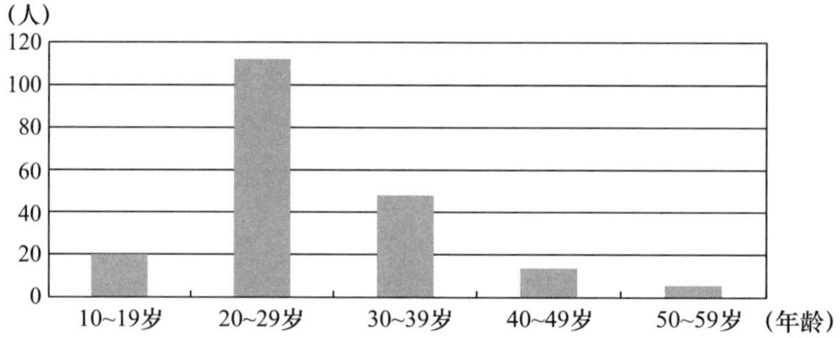

图8-3 样本的年龄结构

性别比例：在调查样本中，有男性70人，占被调查人数的35%；女性130人，占被调查人数的65%。

（2）调查样本的家庭状况。家庭人口数：在调查样本中，家庭人口数在1~3人的有2人，占被调查人数的1%；家庭人口数在4~6人的有126人，占被调查人数的63%；家庭人口数在7~9人的有60人，占被调查人数的30%；家庭人口数在10人及以上的有12人，占被调查人数的7%（如图8-4所示）。

家庭劳动力数：在调查样本中，家庭劳动力人口数在1~2人的有168人，占被调查人数的84%；家庭劳动力人口数在3~4人的有32人，占被调查人数的 16%。

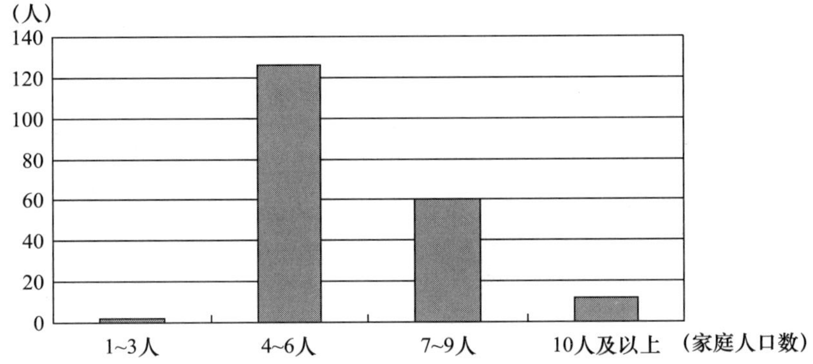

图 8-4　样本的家庭人口数

（3）调查样本的经济状况。主要收入来源：在调查样本中，主要收入来自务农的有 136 人，占被调查人数的 68%；主要收入来自外出务工的有 18 人，占被调查人数的 9%；主要收入来自政府补贴的有 46 人，占被调查人数的 23%。家庭月收入情况：在调查样本中，家庭月收入在 800 元及以下的有 4 人，占被调查总人数的 2%；家庭月收入在 801 ~ 1200 元的有 118 人，占被调查总人数的 59%；家庭月收入在 1201 ~ 1600 元的有 70 人，占被调查总人数的 35%；家庭月收入在 1601 ~ 2000 元的有 6 人，占被调查总人数的 3%；家庭月收入在 2000 元以上的有 2 人，占被调查总人数的 1%。

（4）调查样本的受教育状况。受教育程度：在调查样本中，受教育程度为文盲或半文盲的有 40 人，占被调查总人数的 20%；小学文化程度的有 84 人，占被调查总人数的 42%；初中文化程度的有 66 人，占被调查总人数的 33%；高中或中专文化程度的有 7 人，占被调查总人数的 3.5%；大专及以上文化程度的有 3 人，占被调查总人数的 1.5%。

通过问卷调查统计数据分析可知，疏勒县少数民族农村家庭中劳动力较少，存在大量富余劳动力；少数民族农村人口文化程度较低，主要集中在小学和初中；家庭收入以农业为主，外出劳动力较少，人均月平均收入不足 200 元，其余靠政府补贴。

2. 调查内容

（1）疏勒县农村职业技术培训实施现状。

①农民参加职业技术培训状况。在调查样本中，有 120 人参加过政府组织的职业技术培训，占被调查总人数的 60%；有 80 人没有参加过政府组织的职业技

术培训，占被调查总人数的40%。

②农民参加职业技术培训的类型。在调查样本中，有176人参加了劳动转移技术培训，占被调查总人数的88%；有24人参加了实用技术培训，占被调查总人数的12%。

③农民参加的培训课程：在调查样本中，有41人参加了语言培训，占被调查总人数的20.5%；有5人参加了创业培训，占被调查总人数的2.5%；有138人参加了砌筑工技术培训，占被调查总人数的69%；有186人参加了汽车驾驶培训，占被调查总人数的93%；有69人参加了油漆工技术培训，占被调查总人数的34.5%；有58人参加了果树管理技术培训，占被调查总人数的29%；有107人参加了木工装饰装修技术培训，占被调查总人数的53.5%；有19人参加了维修实用技术培训，占被调查总人数的9.5%（如图8-5所示）。

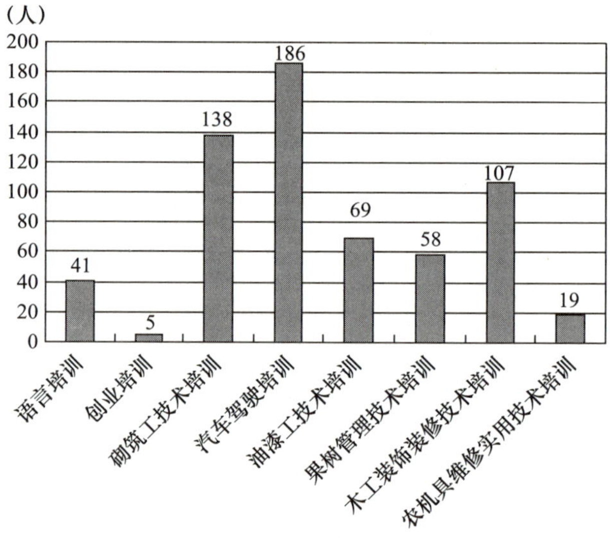

图8-5 农民参加的培训课程

④农民参加职业技术培训的形式。在调查样本中，有182人参加短期培训，占被调查总人数的91%；有18人参加长期培训，占被调查总人数的9%。

⑤农民每次接受培训的时间。在调查样本中，有2人每次接受培训的时间在1小时以下，占被调查总人数的1%；有12人每次接受培训的时间为1~2小时，占被调查总人数的6%；有99人每次接受培训的时间为半天，占被调查总人数的49.5%；有72人每次接受培训的时间为1天，占被调查总人数的36%；有9人每次接受培训的时间为2天，占被调查总人数的2%；有6人每次接受培训的时

间为 3 天以上，占被调查总人数的 3%（如图 8－6 所示）。

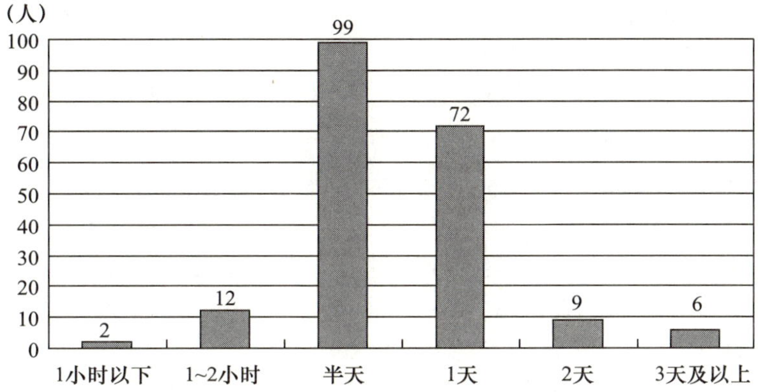

图 8－6　农民每次接受培训的时间

⑥农民接受培训的方式。在调查样本中，有 105 人接受过课堂讲授法，占被调查总人数的 52. 5%；有 73 人接受过多媒体教学，占被调查总人数的 36. 5%；有 10 人接受过师带徒教学法，占被调查总人数的 5%；有 2 人接受过远程教育，占被调查总人数的 1%；有 10 人接受过到生产基地培训的方式，占被调查总人数的 5%（如图 8－7 所示）。

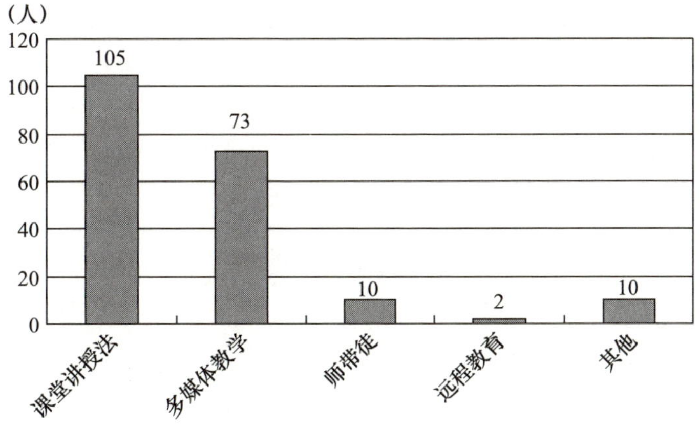

图 8－7　农民接受培训的方式

⑦农民培训的师资来源。在调查样本中，培训教师来自职业技术学校的老师的有 90 人，占被调查总人数的 45%；培训教师来自外聘专家的有 100 人，占被

调查总人数的50%；培训教师来自经验丰富的当地农民的有10人，占被调查总人数的5%。

⑧农民参加职业技术培训等级。在调查样本中，有96人参加了初级职业技术培训，占被调查总人数的48%；有102人参加了中级职业技术培训，占被调查总人数的51%；有2人参加了高级职业技术培训，占被调查总人数的1%。

⑨农民获得职业资格证书情况。在调查样本中，有186人获得从业资格证书，占被调查总人数的93%；有14人未获得职业资格证书，占被调查总人数的7%。

⑩农民接受培训的地点。在调查样本中，有35人在城市接受培训，占被调查总人数的17.5%；有153人在县城接受培训，占被调查总人数的76.5%；有12人在本村接受培训，占被调查总人数的6%。

通过以上分析可知，疏勒县农村职业技术培训未完全普及，还有约2/5的农民没有参加过职业技术培训。农民参加的培训类型多为劳动力转移技术培训，培训课程集中在建筑行业，围绕农业开展的实用技术培训参加的人数较少。大部分农民参加的是短期培训，每次授课时间集中在半天至一天。培训师资主要来自职业技术学校的教师和外聘专家。培训等级较低，多集中在初、中级培训，高级培训极少。大部分农民参加培训后获得从业资格证书。培训地点集中在县城，有农民在城市接受培训，在本村接受培训的人数非常少。

（2）实施效果。

①职业技术培训对农民经济收入的影响。在调查样本中，有20人非常不同意培训提高经济收入，占被调查总人数的10%；有34人不同意培训提高经济收入，占被调查总人数的17%；有44人比较同意培训提高经济收入，占被调查总人数的22%；有72人同意培训提高经济收入，占被调查总人数的36%；有30人非常同意培训提高经济收入，占被调查总人数的15%。

表8-8 职业技术培训对农民经济收入的影响

培训提高经济收入	人数	百分比（%）
非常不同意	20	10
不同意	34	17
比较同意	44	22
同意	72	36
非常同意	30	15

表 8-9　职业技术培训对农民现在工作的帮助

培训对现在的工作有帮助	人数	百分比（%）
非常不同意	10	5
不同意	42	21
比较同意	34	17
同意	80	40
非常同意	34	17

②职业技术培训对农民现在工作的帮助。由表 8-10 可知，在调查样本中，有 10 人非常不同意培训对现在的工作有帮助，占被调查总人数的 5%；有 42 人不同意培训对现在的工作有帮助，占被调查总人数的 21%；有 34 人比较同意培训对现在的工作有帮助，占被调查总人数的 17%；有 80 人同意培训对现在的工作有帮助，占被调查总人数的 40%；有 34 人非常同意培训对现在的工作有帮助，占被调查总人数的 17%。

表 8-10　职业技术培训运用广泛性

培训运用广泛	人数	百分比（%）
非常不同意	12	6
不同意	40	20
比较同意	32	16
同意	88	44
非常同意	28	14

③职业技术培训运用广泛性。由表 8-11 可知，在调查样本中，有 12 人非常不同意职业技术培训运用广泛，占被调查总人数的 6%；有 40 人不同意职业技术培训运用广泛，占被调查总人数的 20%；有 32 人比较同意职业技术培训运用广泛，占被调查总人数的 16%；有 88 人同意职业技术培训运用广泛，占被调查总人数的 44%；有 28 人非常同意职业技术培训运用广泛，占被调查总人数的 14%。

根据调查，有 27 人不愿意继续参加职业技术培训，占被调查总人数的 27.3%；有 72 人愿意继续参加职业技术培训，占被调查总人数的 72.7%。大部分农民愿意继续参加职业技术培训，培训实施取得良好效果。

职业技术培训对农民的经济收入有促进作用，这种促进作用需要用长远的眼光来看。疏勒县少数民族农民文化素质低，看待职业技术教育较肤浅。如短期内不能增加收入，就认为培训不能增加收入。职业技术培训对大部分农民现在的工作有帮助，说明培训与农民的需要结合紧密。大部分农民参加的是劳动力转移技术培训，培训内容集中在第二、第三产业，有一定的应用广泛性。职业技术培训取得良好效果，大部分农民愿意继续参加培训。

（3）实施满意度。

在调查样本中，疏勒县农民对职业技术培训满意度详细情况见表 8－11 和图 8－8、图 8－9。

表 8－11　培训满意度（1～5 代表：满意度从弱至强的程度）　　单位:%

满意度等级	培训数量	培训质量	培训时间安排	培训地点	培训师资	培训课程	培训方式	培训内容
1	4	4	3	38	5	6	41	8
2	19	21	39	41.5	18	21	24	18
3	23	40	21	10	17	15	17	15
4	40	20	23	7.5	46	43	12	45
5	13	14	14	3	13	14	5	13

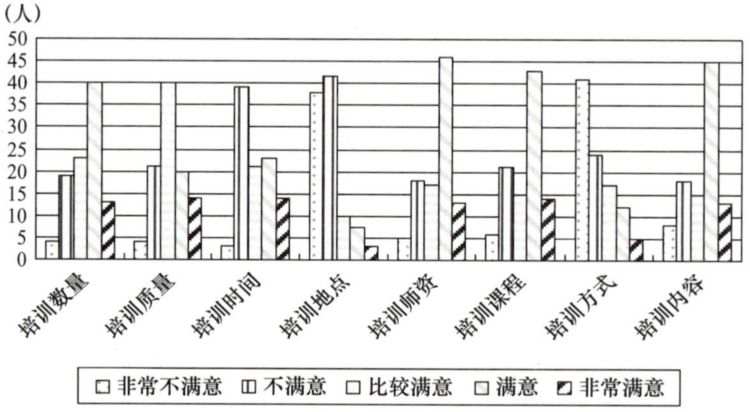

图 8－8　培训满意度

由图 8－9 可知，从整体上来看，疏勒县农民对职业技术培训不满意，比例为 63.45%。其中，农民对培训地点和培训方式最不满意。培训地点主要在县职业技术培训中心，农民需要乘车前往。往返的路途浪费了大量时间和金钱，较远的路途影响农民正常的生活生产。受培训师资的影响，培训方式单一，主要为课堂讲授。这种教学方式脱离了农民的生产环境，束缚了农民自由随意的生活。农民对培训的时间不太满意。主要表现在培训时间太集中，每次培训多占据半天至一天的整段时间。由于农民对培训的数量、师资、课程和内容很满意，因此满足了农民生产的需求。在培训质量方面，大多数农民持中立态度，主要表现在培训内容浅、等级低、周期短。对于简单易学的职业技能，如汽车驾驶、建筑砌筑等培训周期短，培训结束后可以立即取得职业技术资格证书，农民感到培训效果明显；对于难度较大、专业性较强的职业技能，如电工电焊等培训周期长，资格考试合格率低，需要农民重复培训，加强职业技能。

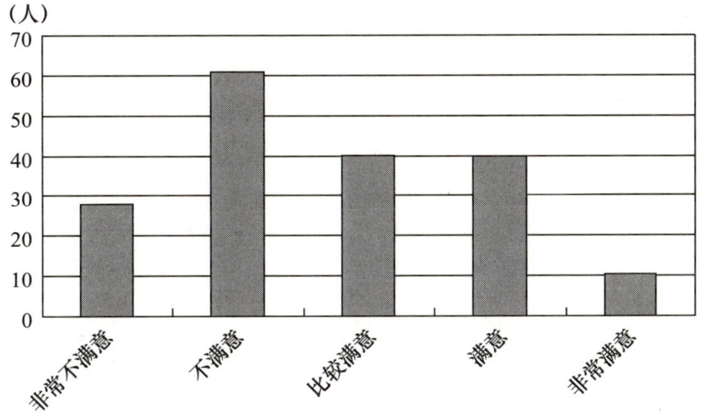

图 8－9　培训整体满意度

3. 存在的问题及原因

（1）农民对职业技术培训的认识存在偏差。

疏勒县农民受当地文化和封闭的地理环境的影响，语言不通，思想观念落后。农民对职业技术培训的认识不足，没有形成依靠科学技术脱贫致富的意识。长期贫困导致农民对职业技术培训的认识存在偏差，造成了当地农民急于摆脱贫困、急功近利的状态。因此职业技术培训致力于传授给农民自力更生、脱贫致富的生存技能，培训内容具有一定的专业性。有些培训课程培训时间较长，需要分阶段完成。对于文化素质较低，思想观念落后的少数民族农民，接受职业技术有困难，很容易放弃。对于长期培训，农民感觉没有因此增加收入，就认为参加培训浪费时间。所以半途而废的职业技术培训并不能使农民受益，这就加大了农民对职业技术培训认识上的偏差。

（2）农民严重的乡土情结阻碍劳动力转移培训的实施。

劳动力转移培训是疏勒县职业技术培训的重点。目前，疏勒县存在大量富余劳动力，严重影响着当地经济发展与社会稳定。开发这部分人力资源，有助于促进当地职业技术培训蓬勃发展。然而，由于当地农民长期受当地文化的影响，老一辈农民有着严重乡土情结，不愿离开熟悉的生活环境；当地少数民族青年劳动力在思想上相对开放，他们渴望学习新技术，渴望去外地寻求更大的发展空间，因此受家庭的影响，他们的劳动力转移之路并不顺利。许多农民接受劳动力转移技术培训后，并没有去外地就业。这就造成了培训资源的浪费，也阻碍了职业技术培训的后续发展。

（3）职业技术培训内容浅、等级低、周期短。

受农民自身条件、师资力量、硬件设施等方面的影响，疏勒县职业技术培训存在培训内容浅、培训等级低和培训周期短的问题。建筑行业职业技术培训、汽车驾驶培训操作简单，培训较多；具有少数民族特色的手工制作技术培训、先进的农业种植技术、畜牧养殖技术和果园管理技术开展数量少、次数少。由于疏勒县农民受当地文化的影响，语言不通，因此这对其接受培训内容造成了障碍。还有较低的文化素质水平也是阻碍当地农民理解培训内容，掌握技术要领的因素。疏勒县的技术培训师资主要来源于当地中小学和外聘专家。当地中小学教师自身专业技术水平较低，限制了他们向当地农民传授高级的职业技术。外聘专家有资深的专业水平，但每次为培训停留的时间较短，无法长期为当地农民指导专业技能。受培训资金的影响，疏勒县拥有先进生产设备和教学设施的培训基地较少，许多农民因为缺少培训设备而不能接受更高级的职业技术培训。

（4）职业技术培训多头管理，各自为政。

由于多个部门的介入和管理易导致职业技术培训的重叠和空缺。疏勒县职业技术培训的人事、劳动、教育、扶贫委及妇联等部门都在组织里，彼此之间存在争抢。这实际上也是部门间的利益之争。对于培训和认证这一块的利益，谁都不肯放手，多头管理，导致了职业技术培训的混乱。各种认证太多，有国家行业部门的认证、国家人事部门的认证、国家劳动部门的认证，还有国外机构的认证。不同行业中认证不能互相认可，为农民就业造成困难。疏勒县职业技术培训内容存在不同部门组织的培训活动重复，容易出现同一部门不同主题培训活动内容重复的现象。其中，疏勒县人社局与地区扶贫办在驾驶技能、汽车维修、砌筑工技术培训等项目中内容重复；疏勒县人社局与县妇联在手工刺绣、编织等专业技术培训中内容重复。疏勒县人社局在抗震安居建设三定培训和今冬明春技能培训中内容也重复。

出现以上问题的原因主要有以下几个方面：

（1）语言障碍因素。

农村少数民族人口汉语交际能力较为薄弱，大部分少数民族人口既不会讲汉语，也听不懂汉语。农业部在开展“百乡万户调查”活动中，新疆调查组在疏勒县调查了洋大曼乡、亚曼牙乡、巴仁三个乡镇的五个村庄，调查组所到村庄，几乎没有少数民族农民具备汉语交际能力。当地的民族语言与我国地方方言不同，其与汉语属于两种不同的语系。不同语系之间不但交流困难，而且思维模式、价值观念有很大差异。农村职业技术培训教材以汉语为主，在这种情况下，培训实施极为困难。语言不通成为少数民族农民学习新技术的最大难关。

农村少数民族人口家族观念深重，长期聚居的生活模式使他们对乡土观念根深蒂固。在熟悉的生活环境中从事简单的农业劳作比离开家乡去外地务工更有安全感。

（2）特殊生态环境因素。

疏勒县地处南疆，自然条件恶劣，生态环境脆弱。耕地资源和水资源不足，属于典型的绿洲经济。在沙漠和戈壁包围中的生态经济具有分散性和封闭性。这种封闭的自然环境是制约疏勒县经济长期发展的主要因素之一，它使自然经济处于一个不易跨越的栅栏里。

在封闭的环境中，交通运输和邮电通信极为不便利。交通上的不便阻碍了富余劳动力的转移，使劳动力转移技术培训失去意义；同时，也阻碍了外部人才的引进，不能为农村职业技术培训提供先进、优质的教学。在封闭局限的环境中，依靠当地现有资源，要实现与市场经济的对接，需要漫长的时间。

（3）特殊产业结构因素。

长期以来，疏勒县处在与外界联系很薄弱的闭关自守的小农经济中。被沙漠分割的土地面积制约了当地的生产规模。在小片绿洲上，农民种植着多种多样适合自己生活所需的作物：一小片棉花，一小片瓜菜，各种主粮——苞谷、高粱、小麦等。由于交通不发达，在边远地区的菜市上至今还保存着相当多的“易货贸易”现象。每一个集市及其周围的农村在经济上组成了一个自给自足的单元。市场经济在该地区十分微弱。

以农业为主的单一的生产模式，造成当地农民第二、第三产业职业技术缺乏。落后的农业生产已跟不上现代市场经济的快速发展。产业结构失衡，是造成当地经济发展缓慢的一个因素。疏勒县第二、第三产业落后，由于缺少生产环境，导致当地农民在职业技术培训中对培训内容理解较浅、较慢，甚至理解上有偏差。当地农民难以适应产业转移，因此他们需要从根本上改变生产生活方式，这就决定了疏勒县需要改变产业结构因素等问题。

（二）疏勒县农村剩余劳动力转移培训实施现状调查

疏勒县作为典型的农业大县，面临着人多地少的现状，因此农村剩余劳动力严重，亟须通过外出转移等途径加以解决。近年来，疏勒县当地政府也加强了本地区农村剩余劳动力转移的工作，2009～2013 年，疏勒县实现农村剩余劳动力转移人口累计达 33.63 万人次，实现劳务经济创收 9.22 亿元，仅 2013 年就转移农业人口 6.6 万人次，实现劳务创收 1.22 亿元。剩余劳动力转移人次和创收水平呈现逐年递增趋势。此外，当地政府在积极推动当地农村剩余劳动力转移的同时，还大力发展农村剩余劳动力转移培训事业，并在一定程度上降低了农村剩余劳动力外出的失业风险。2009～2013 年疏勒县农村剩余劳动力转移情况如表 8－12 所示。

表 8－12　2009～2013 年疏勒县农村剩余劳动力人口转移情况

年份	劳务经济收入（亿元）	劳务输出次数（万人次）	其中			
			疆外（万人次）	疆内（万人次）	常年工（万人次）	季节工（万人次）
2009	1.01	5.04	0.46	4.58	0.523	4.51
2010	1.26	5.6	0.51	5.09	1.82	3.78
2011	1.54	6.39	0.51	5.88	1.85	4.54
2012	2.5	8	0.55	7.45	2.36	5.64
2013	2.9	8.6	0.24	8.36	2.4	6.2

疏勒县始终坚持“先培训后输出”的劳动力转移原则，在推动当地劳动力外出务工的同时，加强辖区内农村剩余劳动力的转移培训工作。根据对疏勒县劳动力转移培训相关负责人进行访谈发现，疏勒县政府在劳动力转移培训基地建设、经费投入、师资队伍建设、培训内容和形式设计以及培训时间安排等方面做出大量的努力，并取得了一定的成效。主要体现在以下六个方面：

（1）在培训基地建设方面。一方面，疏勒县当地政府借助辖区内县级职业学校、成人教育机构、农业广播电视学校、技工学校和民办教育培训机构等现有教育资源；另一方面，疏勒县当地政府积极与喀什大学等高校合作，建设农村剩余劳动力转移培训基地。截至 2015 年底，疏勒县共建成劳动力转移培训基地 8 个，培训基地面积达到 45000 平方米，年教育培训能力达到 3 万人。

（2）在培训经费投入方面。2015 年喀什疏勒县共设立七个劳动力转移培训项目，项目资金达到 73 万元，其中，汽车培训资金 28 万元，砌筑工技术培训资金 11 万元，木工装饰装修技术培训资金 10 万元，油漆工技术培训资金 16 万元，拖拉机驾驶培训资金 8 万元，农机具维修技术培训资金 9 万元，果树管理技术培训资金 8 万元。

（3）在培训师资队伍建设方面。疏勒县政府坚持“培养与引进并举、专业和兼职并重”的方针，积极探索技能型教师培养新模式，推动“双师型”和“技能型”教师队伍建设。充实专任教师队伍，从全县选拔 30 余名与专业相符的教师。聘请 10 名社会工程技术人员、高技能人才到学校兼职专业课教师和实习指导教师。根据疏勒职教发展需要，山东省援疆指挥部积极争取山东省的支持，将职教教师列入援疆计划。从省内七地市九所高职院校选拔13名优秀教师组成首批职业教育援疆支教队，充实职业教育师资力量。与此同时，近年来，学校先后选派36名教师参加国家级、自治区级培训，其中，2名教师获得技师证书、7名教师获得高级证书，建立起了两支自治区级教学团队。

（4）在培训内容方面。目前疏勒县农村剩余劳动力转移培训内容主要以职业技能培训为主，培训的内容主要包括汽车驾驶培训、砌筑工技术培训、木工装饰装修技术培训、油漆工技术培训、拖拉机驾驶培训、农机具维修技术培训和果树管理技术培训班等方面的内容。

（5）在培训形式方面。疏勒县政府根据劳动力转移培训的内容，设置了多种多样的培训形式。对于专业理论知识方面培训，疏勒县主要邀请相关领域的专家和技术人员以集中授课的形式对农村剩余劳动力展开培训；对于操作方面的知识和技能，则主要通过实践学习的方式对农村剩余劳动力进行培训，即农村剩余劳动力在培训基地模拟操作以后需要从事的工作，并且在劳动力操作的过程中，专业人员给予劳动力面对面的讲解。

（6）培训时间安排方面。疏勒县政府每年会在3月和12月集中开展农村剩余劳动力转移培训班，培训班分为短期班、中期班和长期班，其中，短期班一般为15天，中期班一般为30天，而长期班一般为60天。

以上是疏勒县农村剩余劳动力转移培训的概况，本研究结合问卷调查结果和访谈的结果介绍疏勒县农村剩余劳动力转移培训实施现状。

1. 调查设计

虽然疏勒县针对本地区的农村剩余劳动力开展了丰富多彩的农村剩余劳动力转移培训，但是其实施现状、满意度和效果如何则很少受到人们的关注。因此，通过问卷调查的形式，重点剖析目前喀什疏勒县农村剩余劳动力转移培训实施的现状。

为了对喀什疏勒县农村剩余劳动力转移培训实施现状有一个全面系统的了解，2015年7～8月，课题组通过问卷调查和访谈的形式对疏勒县农村剩余劳动力转移培训实施现状进行调查。调查问卷目的主要是通过对疏勒县农村剩余劳动力的问卷调查，准确把握目前疏勒县农村剩余劳动力转移培训实施现状。由于洋大曼乡和亚买牙乡的农村剩余劳动力转移培训工作在整个疏勒县最具代表性。因此，调研确定以洋大曼乡和亚买牙乡作为本次调研的样本框，然后按照随机抽样的方式对洋大曼乡和亚买牙乡的四个村100位农村剩余劳动力展开调查。调查以每个乡抽取两个村，每个村随机抽取25户，每户调查1位劳动力的形式展开。调查内容主要涉及农村剩余劳动力的基本信息，农村剩余劳动力转移培训现状和农村剩余劳动力转移培训实施满意度等方面的内容。同时由于喀什疏勒县农村剩余劳动力主要以维吾尔族为主，因此为了调研方便和获取调查数据的准确性，在调研之前将调查问卷翻译成维吾尔族语问卷。本次调研共发放问卷100份，回收了100份，剔除其中2份无效问卷，得到了98份有效问卷，问卷有效回收率为98%。疏勒县农村剩余劳动力调查样本地区的分布情况如表3－2所示。课题组访谈的目的是梳理清楚目前疏勒县农村剩余劳动力转移培训供给状况和农民对相关部门组织的农村剩余劳动力转移培训工作的反映，包括对转移培训工作是否配合，参与培训意愿是否强烈等问题。

表8－13　调查对象地点

地点	地名	问卷份数（份）
洋大曼乡	巴扎村	25
	赛先拜巴扎村	25
亚曼牙乡	巴依托喀依村	25
	哈达提克村	25

调研样本的基本信息如表8－13所示。第一，从性别构成上来看，在98份有效问卷中，有男性63名，占64.28%，女性35名，占35.72%。第二，从年龄结构上来看，年龄小于等于20岁的有10人，占10.21%，介于21～30岁的有58人，占59.18%，介于31～40岁的有26人，占26.53%，介于41～50岁的有4人，占4.08%，50岁以上的有0人。第三，从劳动力文化结构上来看，被调查者中文化程度为初中以下的有14人，占14.29%，文化程度为初中的人有67人，占68.37%，文化程度为高中的人有16人，占16.32%，文化程度为大专的人仅有1人，占1.02%，被调查者中没有文化程度为大专以上的人，由此可见疏勒县农村剩余劳动力整体综合文化素质偏低，还有待提高。第四，从劳动力家庭收入上来看，被调查者中的家庭年收入整体偏低，其中：6000元及以下的有3人，占3.06%；6001～12000元的有57人，占58.16%；12001～18000元的有29人，占29.59%；18001～24000元的仅有6人，占6.12%，而家庭年收入在24000元以上的有3人，占3.06%。由此可见疏勒县农村剩余劳动力收入水平低下，而劳动力转移培训是提高其劳动技能、提升服务质量的必由之路。第五，从剩余劳动力家庭结构上来看，在被调查者中，大多数人家庭劳动力人数集中在1～2人，其中家庭劳动力人数为1人的占40.82%，家庭劳动力人数为2人的占50%，家庭劳动力人数为3人及以上的仅占9.18%，家庭劳动力人数为4人及以上的占2.04%。第六，从剩余劳动力耕地面积上来看，据疏勒县统计年鉴显示，疏勒县人均耕地面积仅为11.46亩，而在被调查者中，耕地面积在20亩及以下的占47.45%，耕地面积在21～40亩的占30.94%，耕地面积在41～60亩的占

14.47%，耕地面积为60亩以上的仅占7.14%，由此来看，疏勒县农村剩余劳动力的人均耕地面积远不能满足农民的劳动需求，这也是阻碍农民增收的重要因素，因此，剩余劳动力转移是农村剩余劳动力实现增收的重要途径，而农村剩余劳动力转移培训的效果是影响劳动力转移的直接因素。

表8-14 调查对象基本情况

样本信息	选项	人数	百分比（%）
性别	男	63	64.28
	女	35	35.72
年龄	20岁及以下	10	10.21
	21~30岁	58	59.18
	31~40岁	26	26.53
	41~50岁	4	4.08
	50岁以上	0	0.00
文化程度	初中以下	14	14.29
	初中	67	68.37
	高中	16	16.32
	大专	1	1.02
	大专以上	0	0.00
家庭年收入	6000元及以下	3	3.06
	6001~12000元	57	58.16
	12001~18000元	29	29.59
	18001~24000元	6	6.12
	24001元以上	3	3.06
家庭劳动力人数	0人	0	0
	1人	40	40.82
	2人	49	50
	3人	7	9.18
	4人及以上	2	2.04
耕地面积	20亩及以下	22	47.45
	21~40亩	46	30.94
	41~60亩	23	14.47
	60亩以上	7	7.14

2. 调查内容

（1）培训时间和地点。

首先，从疏勒县农村剩余劳动力转移培训的时间安排来看，目前，疏勒县农村剩余劳动力参加的转移培训多以15～30天的中短期培训为主。如在调查的98位农村剩余劳动力中，有1%的人表示，曾参加过5天以内的培训，有4%的人表示曾参加过5～10天的培训，有23%的人表示曾参加过10～15天的培训，有72%的人表示曾参加过15～30天的中期培训。而几乎没有劳动力参加过超过30天以上的长期培训。由此可见，疏勒县的农村剩余劳动力转移培训多以15天以上的中短期培训为主，受训者接受培训的时间相对较短。

其次，从疏勒县农村剩余劳动力转移培训的地点安排来看，目前，疏勒县的农村剩余劳动力转移培训地点安排划分为职业培训学校和各乡镇的实训中心培训。其中，在疏勒县的职业培训学校进行接受培训的人占24.49%，在各乡镇的实训中心接受培训的人占75.51%。通过调查发现，目前在农村剩余劳动力转移培训中发挥中坚力量的依然是乡镇的培训中心，而县城的职业技术培训机构在农村剩余劳动力转移培训中发挥的作用还有待进一步提升。

（2）培训内容和培训形式。

首先，就疏勒县农村剩余劳动力培训内容来看，对疏勒县98位农村剩余劳动力调查结果发现，目前农村剩余劳动力参加的技能培训较为丰富。在98位剩余劳动力中，有32%的人参加过机械加工技术培训，有25%的人参加过手工工艺技术培训，有23%的人参加过装修装饰技术培训，有21%的人参加过汽车运用与维修技术培训，有20%的人参加过机电技术培训，参加砌筑技术的人数最少，仅占13%，还有5%的人表示参加过其他技术培训。然而，课题组进一步调查可知，目前疏勒县农村剩余劳动力培训主要集中在工作技能方面的培训，对于剩余劳动力语言沟通能力，以后外出务工中可以遇到的权益保护、法律知识、城市生活常识、寻找就业岗位等方面知识的培训却严重欠缺。疏勒县农村剩余劳动力转移培训内容如图8－10所示。

其次，就疏勒县农村剩余劳动力培训形式来看，目前疏勒县农村剩余劳动力参加培训接受的培训方式主要有模拟演练、“面授＋实操”、实操培训三种。其中以“面授＋实操”的形式为主，如在98位被调查的农村剩余劳动力中，有44%的人表示曾参加过的培训方式为“面授＋实操”，有32%的人表示曾参加过的培训方式为实操培训，有15%的人表示曾参加过的培训方式为模拟演练，有9%的人选择了其他。总体来看，疏勒县农村剩余劳动力转移培训的方式较为单一，仍有待改进（见图8－11）。

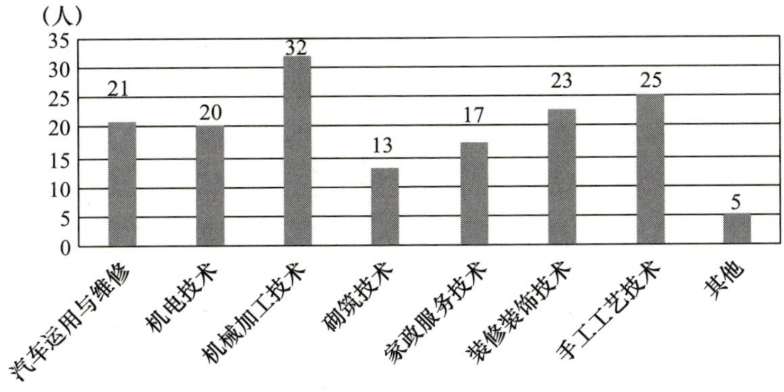

图8-10 培训内容

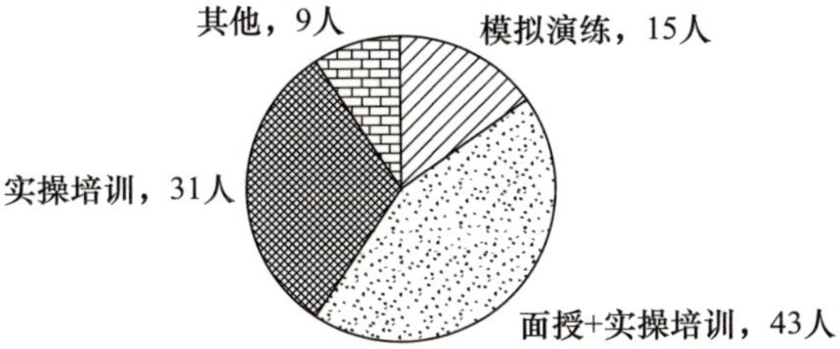

图8-11 培训方式

（3）培训师资情况。

近年来，虽然疏勒县借助19省市对口援疆工作，加大了本地区劳动力转移培训师资队伍建设，但是总体来看，疏勒县农村剩余劳动力转移培训的老师队伍主要有县优秀中小学教师代表、援疆支队教师以及社会工程技术人员、高级技工等几个方面人员构成。对疏勒县农村剩余劳动力进行调查也体现了这一点，在98位被调查的农村剩余劳动力当中，有49%的人表示曾参加培训的教师为社会工程技术人员、高级技工，有26%的人表示曾参加培训的教师为援疆支队教师，有19%的人表示曾参加培训的教师为疏勒县优秀中小学教师代表，还有6%的人选择了其他。总体来看，疏勒县农村剩余劳动力转移培训的师资队伍高层次人才和高级专业人才相对较少，这就在一定程度上造成剩余劳动力转移培训的成效相对较低。疏勒县农村剩余劳动力转移培训师资队伍情况如图8-12所示。

3. 实施满意度

疏勒县农村剩余劳动力转移培训满意度情况用培训时间分配的满意度情况、培训师资力量的满意度情况、培训基地和设施满意度情况、培训内容的满意度情况和培训形式满意度情况五个指标进行衡量（见表8-15）。通过对疏勒县98位农村剩余劳动力进行调查发现：

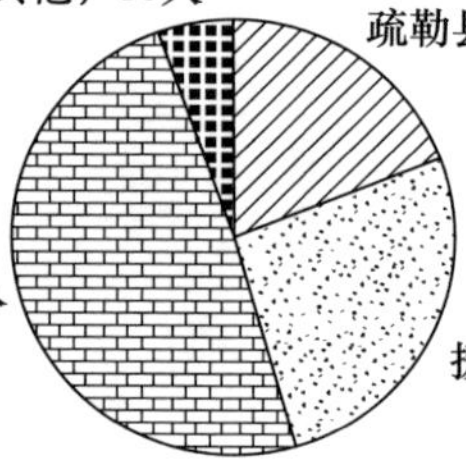

图 8－12　培训师资情况

表 8－15　劳动力转移培训满意度调查

问题	选项									
	不满意		不太满意		一般		满意		非常满意	
	个数	百分比（%）	个数	百分比（%）	个数	百分比（%）	个数	百分比（%）	个数	百分比（%）
您对培训时间分配的满意度	3	3.06	3	3.06	16	16.33	65	66.33	11	11.22
您对培训教师的满意度	5	5.10	3	3.06	59	60.2	26	26.53	5	5.10
您对培训基地的满意度	5	5.10	10	10.20	49	50	29	29.59	5	5.10
您对培训内容的满意度	14	14.28	16	16.32	50	51.02	14	14.28	4	4.08
您对培训形式的满意度	15	15.31	20	20.41	42	42.86	16	16.33	5	5.10

（1）在培训时间分配满意度方面，劳动力评价为不满意和不太满意的占6.12%，评价为满意和非常满意的占样本总量的77.55%，评价为一般的占样本总数的16.33%。由于农村剩余劳动力转移培训一般在农闲时间进行，并且培训周期一般为中短期培训，相对占用农村剩余劳动力时间较少，因此农村剩余劳动力对培训时间分配相对满意。

（2）在培训师资队伍满意度方面，在98位被调查的农村剩余劳动力中，有5.10%的人表示对培训教师不满意，有3.06%的人表示对培训教师不太满意，有60.2%的人表示对培训教师的满意度一般，有26.53%的人表示对培训教师满意。因此，总体来看，目前农村剩余劳动力对转移培训的师资队伍的满意度水平较低。

（3）在培训基地满意度方面，15.30%的受训者对培训基地不满意或不太满意，50%的受训者对培训基地满意度一般，有34.69%的受训者表示对培训基地满意或非常满意，有5.10%的人表示对培训教师非常满意。因此，农村剩余劳动力对目前疏勒县的培训基地的满意度也较低。

（4）在培训内容满意度方面，14.28%的受训者对培训内容不满意，16.32%的受训者对培训内容不太满意，51.02%的受训者对培训内容满意度一般，仅有18.36%的受训者对培训内容表示满意或非常满意。疏勒县农村剩余劳动力转移培训在课程设置上也存在一定的问题，需要当地相关部门进行相应的改进。

（5）在培训形式满意度方面，在98位被调查农村剩余劳动力中，将培训形式评价为不满意、不太满意、一般、满意和非常满意的农村剩余劳动力分别占样本总数的15.31%、20.41%、42.86%、16.33%和5.10%。即疏勒县农村剩余劳动力对转移培训的形式也不尽满意。

4. 效果调查分析

农村剩余劳动力转移培训实施效果用培训是否可以提升农村剩余劳动力的劳动技能、是否可以提升农村剩余劳动力语言沟通能力、是否可以掌握所学知识并将其应用到实际工作当中、是否有利于外出务工收入的增加等几个问题进行衡量。通过对疏勒县98位农村剩余劳动力进行调查分析发现：

（1）在是否可以提升农村剩余劳动力劳动技能上，有95.92%的人表示劳动力转移培训使其劳动技能有所提升，有4.08%的人表示劳动力转移培训对其劳动技能提升未起到任何作用。即总体上，疏勒县农村剩余劳动力普遍认为劳动力转移培训确实对劳动技能提升起到一定作用。但同时课题组在调查中也了解到，由于劳动力转移培训在培训时间、内容和形式等方面存在一定的不合理，也使得劳动力转移培训在提升劳动技能的实际作用与预期存在一定差距。

（2）在是否有利于改善农村剩余劳动力语言障碍上，由于目前政府针对农村剩余劳动力的工作技能方面进行培训，而通用语言方面的培训则严重不足。因此，在98位农村剩余劳动力中，仅有38位剩余劳动力表示劳动力转移培训可以有效解决劳动力的语言障碍，而有60位剩余劳动力则反映目前的劳动力转移培训在提升农村剩余劳动力语言沟通能力方面的作用并不明显。

（3）在培训的内容有多大程度可以掌握并运用到实际工作中上，有3.06%的人表示培训的内容有一半以下可以掌握并运用，有52.04%的人表示培训的内容有一半可以掌握并运用，有38.77%的人表示培训的内容有一半以上可以掌握并运用，有6.12%的人表示培训的内容绝大多数或全部可以掌握并运用。因此，可以发现农村剩余劳动力很难一次全部掌握劳动力转移培训的相关知识，并且将其应用到具体的工作当中。

（4）在通过培训提升劳动力外出务工收入这一问题上，有1.02%的劳动力表示其外出务工收入占其家庭年收入的比例与前些年相比无任何增加，有60.2%

的被调查者表示出务工收入占其家庭年收入的比例与前些年相比有部分增加，有38.78%的被调查者表示外出务工收入占其家庭年收入的比例与前些年相比有很大程度增加。可以发现劳动力转移培训在一定程度上增加了农村剩余劳动力外出务工收入，但是总体上增加的幅度并不如预期那么大。劳动力转移培训成效调查结果如表8－16所示。

表8－16　劳动力转移培训效果调查

<table>
<tr><td rowspan="2">问题</td><td colspan="8">选项</td></tr>
<tr><td>个数</td><td>百分比（%）</td><td>个数</td><td>百分比（%）</td><td>个数</td><td>百分比（%）</td><td>个数</td><td>百分比（%）</td></tr>
<tr><td rowspan="2">您认为劳动力转移培训是否提高了您的劳动技能</td><td colspan="2">是</td><td colspan="2">否</td><td colspan="2" rowspan="2">—</td><td colspan="2" rowspan="2">—</td></tr>
<tr><td>94</td><td>95.92</td><td>4</td><td>4.08</td></tr>
<tr><td rowspan="2">您认为劳动力转移培训是否提高了您的语言沟通能力</td><td colspan="2">是</td><td colspan="2">否</td><td colspan="2" rowspan="2">—</td><td colspan="2" rowspan="2">—</td></tr>
<tr><td>38</td><td>38.78</td><td>60</td><td>61.22</td></tr>
<tr><td rowspan="2">培训的内容在多大程度上可以掌握并运用到实际工作中</td><td colspan="2">一半以下</td><td colspan="2">一半</td><td colspan="2">一半以上</td><td colspan="2">绝大多数或全部</td></tr>
<tr><td>3</td><td>3.06</td><td>51</td><td>52.04</td><td>38</td><td>38.77</td><td>6</td><td>6.12</td></tr>
<tr><td rowspan="2">您的外出务工收入占您家庭年收入的比例与前些年相比是否在增加</td><td colspan="2">没有增加</td><td colspan="2">部分增加</td><td colspan="2">有很大程度增加</td><td colspan="2" rowspan="2">—</td></tr>
<tr><td>1</td><td>1.02</td><td>59</td><td>60.20</td><td>38</td><td>38.78</td></tr>
</table>

5. 存在的问题

（1）政府角度。

①劳动力转移培训资金投入不足。课题组通过访谈培训机构（疏勒县农村剩余劳动力转移职业技能培训中心）了解到，虽然近年来疏勒县政府加大了农村剩余劳动力转移培训的投入力度，但是与30余万农村剩余劳动力相比，每年不足100万的劳动力转移培训经费，在解决农村剩余劳动力转移培训问题上显得力不从心。劳动力转移职业技能培训中心负责人也不断强调，由于经费投入的不足，使得当地的劳动力转移培训的师资队伍很难进一步优化和升级，部分老师由于待遇较低的问题出现了离职和消极怠工的现象。除此之外，由于经费不到位，培训基地的基础设施年久失修，部分机器出现了损坏，也没有充足的钱进行维修和更新，这都在一定程度上制约了农村剩余劳动力转移培训成效的提升，农村剩余劳动力对转移培训基地，特别是对基地的培训设施的满意度较低也折射出资金投入不足的问题。

②劳动力转移培训基地覆盖率较低，且利用率不足。由于农村剩余劳动力转移培训经费投入的严重不足，还出现了农村剩余劳动力转移培训基地覆盖率较低

的问题。通过农村剩余劳动力转移职业技能培训中心负责人了解到，虽然当前辖区内建成了 8 个农村剩余劳动力转移培训基地，但是其很难完全覆盖到全县 15 个乡镇，这就造成一部分有意愿参加劳动力转移培训的农村，很难找到合适的培训机构。除了劳动力转移培训基地覆盖率低的问题之外，劳动力转移培训基地利用率较低也是目前劳动力转移培训在实施当中存在的一个突出问题，由于技校、成人培训机构和电大等多分布在县城内，而劳动力由于较高的差旅、食宿等培训成本，不愿意到县城接受培训，这就导致一方面农村剩余劳动力在乡镇找不到培训机构接受培训，另一方面县城的培训机构也招不到学生。

③培训师资队伍构建不尽合理。通过问卷调查发现，当前疏勒县农村剩余劳动力对转移培训的师资队伍的满意度水平均比较低，认为目前的师资队伍很难完全胜任农村剩余劳动力转移培训的相关工作。主要是因为农村剩余劳动力转移培训的老师主要由当地中小学优秀教师、社会工程技术人员、技工和援疆教师三部分构成。其中以社会工程技术人员和高级技工为主。由于教师队伍中的高层次管理人员和低层次技术人员以及通用语言培训教师的比例相对较少，这就使得对劳动力转移培训的内容仅仅局限于基础操作技术等方面，而对于剩余劳动力语言沟通能力、管理知识和社会维权意识等方面的培训则严重不足。因此，这会在一定程度上制约剩余劳动力的顺利转移，也极大地影响了劳动力从一般基础工人向高级管理人员的晋升。

（2）培训机构角度。

①培训内容不健全。通过问卷调查发现，目前疏勒县农村剩余劳动力转移培训的内容主要涉及汽车驾驶、砌筑技术、木工装饰装修、油漆技术、拖拉机驾驶、农机具维修以及果树管理七个方面。而与农村剩余劳动力外出务工密切相关的通用语言培训等却并没有得到应有的重视，这在一定程度上造成了农村剩余劳动力在外出务工时，空有一身技能，却因为语言沟通不畅而无法顺利找到工作的悲剧，因此农村剩余劳动力对培训课程设置的满意水平相对较低。除了政府对农村剩余劳动力通用语言培训不够重视之外，同时还与农村剩余劳动力外出务工利益密切相关的维权意识、懂法、守法和用法意识、管理知识和技能以及如何搜寻、甄选工作等方面的培训也严重不足有关。这也在为农村剩余劳动力未来顺利有序转移到城镇埋下一定的隐患。

②培训方式有待创新。通过问卷调查了解到，目前疏勒县开展农村剩余劳动力转移培训的方式主要以“面授 + 实操”的方式展开，并且在理论学习方面以集中授课的方式为主。因此，一大部分农村剩余劳动力表示目前农村剩余劳动力转移培训枯燥乏味，无法激起农村剩余劳动力学习的兴趣和热情，培训的成效也大打折扣。

③培训时间短，培训质量有待提高。通过问卷调查得知，目前疏勒县开展的农村剩余劳动力转移培训，主要以 15 ~ 30 天的中短期教育培训为主，缺乏一个月以上的长期教育培训。要在这样短的时间内真正学习到过硬的劳动技能是很困难的。由于教育培训后技能水平不高，教育培训后的学员难以进入较高层次的现代用工企业就业，这样不仅不能获得较高的收入，同时也加剧了低层次产业领域之间的就业竞争。

（3）农村剩余劳动力角度。

①文化素质低下，就业观念落后。通过访谈农村剩余劳动力转移职业技能培训中心得知，在实施劳动力转移培训过程中，在农村剩余劳动力思想观念落后、参训意愿不强。由于受到宗教信仰和生活习惯的各种矛盾影响，在农村剩余劳动力温饱问题解决后，相当一部分人思想观念陈旧，安于现状，小富即安，甚至未富即安的小农意识根深蒂固，缺乏投资意识和进取精神，缺乏适应市场竞争的胆识与谋略，祖辈延续下来的思想观念、生活方式、风俗习惯仍然具有一定影响，对新文化、新思想的承受力、接受度依然有限。据调查结果显示，有 82% 的人群的文化水平为初中及初中以下文化水平。参加培训的农村剩余劳动力文化素质普遍低下，这对培训效果产生了一定影响。同时，通过访谈培训学校工作人员了解到，部分受训者因就业观念不正确、就业技能不高等原因，无法适应就业市场需求，今天就业，明天失业，就业转失业比例高，就业稳定性差。

②汉语交际能力薄弱。据疏勒县统计局数据显示，2014 年底，疏勒县农业人口 32.53 万人，农业人口以少数民族为主，少数民族人口占农业人口的比重在 95% 以上。农业部开展“百乡万户调查”活动中，新疆调查组在疏勒县调查了洋大曼乡、亚曼牙乡、巴仁乡 3 个乡镇的 5 个村庄，调查组所到村庄，少数民族农民不太具备汉语交际能力。由于少数民族农村剩余劳动力语言沟通障碍，其很难全面、系统地理解和掌握培训的知识，极大地削弱了农村剩余劳动力转移培训的成效。

综上所述，从职业教育的学校数、招生数和就业人数等数量上分析，新疆集中连片特困区人力资本存量中的职业教育水平有所提高，但是就本课题组进行的职业教育实施效果的调查分析来看，在理念方面、体系构建和培训师资队伍等方面都还存在很多问题。

四、健康投资存在的问题分析

在我国农村目前执行的新型农村合作医疗制度是从制度层面提升人力资本水平的重要保证。该政策运行的效果也会极大程度影响健康投资。基于此，本研究于 2015 年 9 ~ 10 月进行选择焉耆县开展了南疆农村新型农村合作医疗实施现状的调查，以了解健康投资的具体政策的实施情况和效果。

（一）调查设计及数据收集

1. 问卷设计

本研究在构建新农合农民满意度模型时，主要综合参考学术界现有的研究结果，在新农合实施过程中，与农民密切联系的部门就是政府部门和医疗机构，同时学术界也证明农民自身因素和监督权利方面对新农合满意度影响显著，研究已经较为成熟，因此在本研究过程中问卷也主要从这四个方面来进行设计，并在此基础上添加了开放式问题。

问卷从对定点医疗机构的满意度情况、政府部门及经办机构的满意度情况、农民自身监督权利的发挥情况等方面展开。

2. 数据来源

本研究所使用的数据来源于2015年11月对新疆焉耆县八个乡镇的参合农户的实际调查。通过对焉耆县各乡镇自然以及经济情况的详细研究，按照经济发展水平的差异性进行随机抽样，采用问卷调查与访谈相结合的方法，对农民进行了随机抽样调查。在本次调查中共发放了问卷240份，收回236份，有效问卷为232份，有效问卷回收率达96.67%。被调查农民基本特征如表8－17所示。

表8－17 被调查农户基本特征 单位:%

类别	变量名称	比例	变量名称	比例
性别	男	69.4	女	30.6
年龄	20岁及以下	0.9	21～39岁	49.1
	40～59岁	46.6	60岁及以上	3.4
民族	汉族	46.7	少数民族	53.3
婚姻状况	未婚	12.9	已婚	82.3
	离异	3.4	丧偶	1.3
文化程度	小学及以下	35.3	初中	44
	高中	16.8	专科以上	3.9
人均年收入	5000元以下	17.2	5000～10000元	42.7
	10001～20000元	24.6	20000元以上	15.5
身体状况	良好	26.3	一般	50.4
	较差	23.3		

资料来源：通过对实际调研数据整理所得。

从表8－18可以看出，从性别的分布上来看，在受访的农户中，男性占到了被调查者的69.4%，女性占到了被调查者的30.6%，这主要是基于在农村家庭中，目前一般比较重要的事情还是由男性做主居多，因而在本研究中也选择了较多的男性。从年龄的分布上来看，20岁及以下的农民占了0.9%，21~39岁的农民占49.1%，40~59岁的农民占46.6%，60岁及以上的农民占3.4%，这主要是考虑20~60岁之间的农民是参与新农合并为家庭成员健康埋单的主要人群。从民族分布上来看，少数名族占比多于汉族，汉族占46.7%，少数民族占53.3%，这主要考虑焉耆县是少数民族自治县，对满意度研究更具有代表性。从农民婚姻情况上来看，已婚的占82.3%，未婚、离异和丧偶各占12.9%、3.4%、1.3%，主要考虑已婚人员对家庭具有更大的责任，感触也比较深。从文化程度方面来看，小学及以下和初中文化水平的比例比较大，分别为35.3%和44%，这说明这个县农民的整体文化水平保持在中小学的层次上，整体文化水平都不是很高。从农户的人均年收入水平方面来看，有17.2%的家庭人均年收入不足5000元，收入保持在5000~10000元的家庭占42.7%，收入在10001~20000元的家庭有24.6%，收入超过20000元的家庭有15.5%。总体来看，焉耆县的农户整体收入水平还是比较良好的。从身体状况方面来看，有50.4%的农户身体状况都不是很好，只能称得上一般，有26.3%的农户身体状况很好，还有23.3%的农户身体较差，这样的现状也是农户急需要一项医疗保障的原因之一。

3. 新疆焉耆县农户对新农合满意度现状

研究在分析农户对新型农村合作医疗制度满意度状况中，分别从农户对定点医疗机构的满意度、农户对政府部门及经办机构的满意度、农户对自身监督权利发挥状况满意度三方面进行描述性的分析。

（1）农户对定点医疗机构的满意度。

在新型农村合作医疗制度实施过程中，与农民看病最密切相关的便是定点医疗机构，定点医疗机构的服务质量、服务水平会在很大程度上影响农民在看病过程中权益的保障情况。因而分析农户对定点医疗机构的满意状况，对研究农户对整个新农合实施状况的满意度具有重要的意义。在本书中主要从农户对医院设施、医生技术水平、医疗费用、医务人员服务态度、就医便捷程度和医疗机构数量的评价六个方面来研究农户对定点医疗机构的满意度。具体调查结果如表8-18、图8-13所示。

从表8-18、图8-13可知，农民对医院设施农民对医院设施评价为很差和较差的为10.4%，一般的占45.3%，较好和很好的占44.3%。这说明从总体上来看，农民对医院设施评价为差的比例较低，但是有近一半的人持中立态度，焉耆县大多数农民认为医院设施有一定程度的配备，但是并没有达到让大多数人感觉很好的程度。

表 8-18 农户对定点医疗机构的满意度 单位:%

变量	很好=5	比较好=4	一般=3	比较差=2	很差=1
医院设施	12	32.3	45.3	8.2	2.2
医生技术水平	7.3	30.6	43.5	14.7	3.9
医疗费用	3.4	13.4	36.2	33.6	13.4
医务人员服务态度	6.9	22.1	44.5	19.8	6.7
就医便捷程度	9.9	35.8	39.4	13.2	1.7
医疗机构数量	11.6	38.4	37.1	12.1	0.9

资料来源：通过对实际调研数据整理所得。

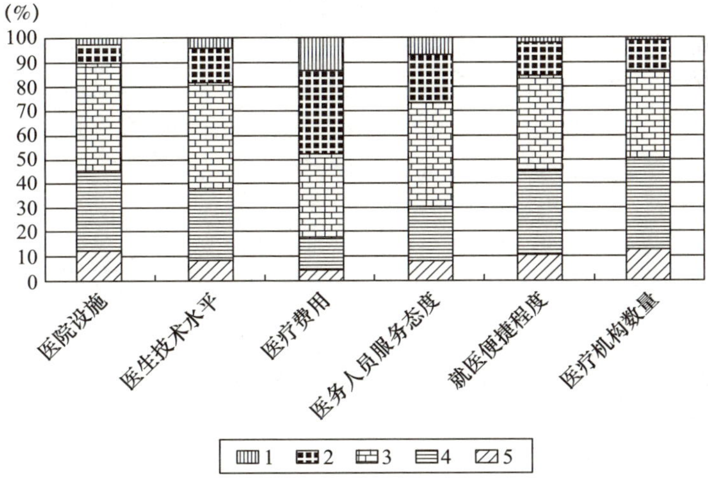

图 8-13 农户对定点医疗机构的满意度

农民对医生技术水平表示很差和较差的为 18.6%，评价为一般的占 43.5%，而较好和很好的为 37.9%。说明从总体上来看，焉耆县农民对医生技术水平的不满意程度还相对较高，其中近一半的人认为医生技术水平一般，还远远不能满足农民的需要，农民在要求定点医疗机构医生技术水平提高方面有着强烈的改善需求。

农民对医疗费用表示很高和较高的有 47%，一般的占 36.2%，较低和很低的占了 16.8%。从总体上来看，农民对医疗费用评价为高的比例较高，占近一半，说明焉耆县在新农合实施过程中各项费用报销和保障措施方面做的还不完善，没有达到农民的需求。政府在如何最大程度的降低农民看病医疗费用方面仍然需要做很大的努力。

农民对医务人员服务态度表示很好和较好的有29%，一般的占44.5%，较低和很低的占了26.5%。从总体上来看，农民对医务人员服务态度评价为一般和不好的比例高，超过一半，说明焉耆县定点医疗机构的医务人员在新农合实施过程中的态度不够好，没有达到农民的需求。

就医便捷程度和医疗机构数量相对比较满意，满意及较为满意占比均超过了40%；说明焉耆县在定点医疗机构设立上能比较符合大多数农民的需求。

（2）农户对政府部门及经办机构的满意度。

在新型农村合作医疗制度实施过程中，政府在各项政策制定、实施以及监管过程中起主导作用，同时也是农民参加新农合的组织者和支持者，在宏观方面直接影响着新型农村合作医疗制度的走向以及政策实施的可持续性。农民对政府部门的满意与否，直接决定着农民参与新农合的积极性与长期性。因而研究农民对政府部门的满意度也是评价农民对新农合满意度的一个重要指标。在本书中主要从政府政策制定能力、政府办事效率、政府监管能力、新农合报销比例、报销的方式及流程以及经办机构工作人员办事效率六个方面来研究农民对政府部门的满意度。具体调查结果如表8-19、图8-14所示。

表8-19　农户对政府及经办机构的满意度　　单位:%

变量	很好=5	比较好=4	一般=3	比较差=2	很差=1
政府政策制定能力	14.2	41.8	38.4	4.3	1.3
政府办事效率	7.5	20.4	43.1	20.1	8.9
政府监管能力	3.7	10.8	32.9	38.7	13.9
新农合报销比例	3.4	14.7	37.5	35.8	8.6
报销的方式及流程	3	17.3	38.8	33.6	7.3
经办机构工作人员的办事效率	5.2	27.9	44.1	19	3.8

资料来源：通过对实际调研数据整理所得。

从表8-19、图8-14中可知，焉耆县农民对政府政策制定能力评价为很好和较好的占56%，评价为一般的占38.4%，评价为很差和较差的占5.6%。说明焉耆县农民对政府有着比较充分的信任感，大多数人认为政府有能力制定出对农民医疗保障较为有利的政策，能够带领农民解决他们想要解决的实际问题。

农民对政府办事效率评价为很高和较高的占27.9%，评价为一般的占43.1%，评价为很低和较低的占29%。说明在焉耆县农民心目中目前政府部门的办事效率与他们所期待的有较大差距，做得还不够好，农民依然期待政府的办事效率能够进一步提高，以便更好地为农民服务。

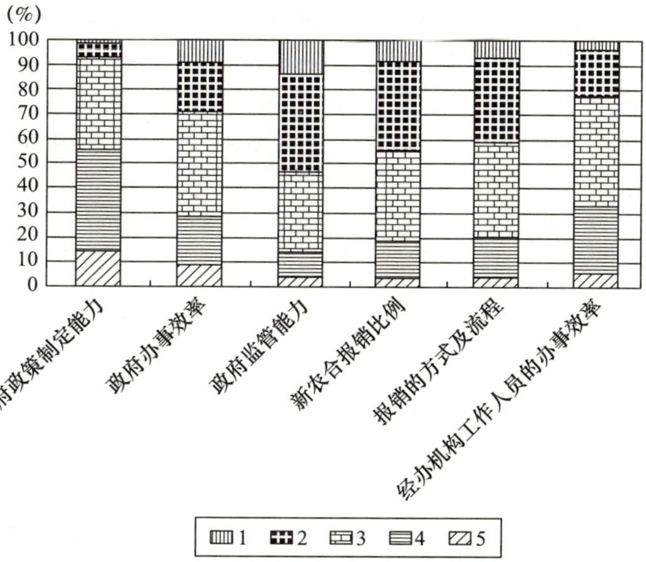

图 8－14　农户对政府部门及经办机构的满意度

农民对政府监管能力评价为很好和较好的占到 14.5%，评价为一般的占到 32.9%，评价为很差和较差的占到 52.6%。说明农民对政府的监管能力评价较差，焉耆县政府部门在对新农合制度的监管能力与监管力度上做得还不够好，还需要进行很好的加强，以便使新农合能够持久健康地运行下去。

农民对新农合报销比例评价为很低和较低的占到44.4%，评价为一般的占到 37.5%，评价为很高和较高的占到 18.1%。说明焉耆县农民认为新农合的报销比例不够高，不能完全满足农民的需求，农民依然希望提高新农合的报销比例。

农民对新农合报销的方式及流程评价为很好和较好的占到20.3%，评价为一般的占到38.8%，评价为很差和较差的占到 40.9%。说明焉耆县农民认为在新农合报销的方式上不够方便，流程太过烦琐，报销时间长，需要经办机构能够改进这些方面的问题。

农民对经办机构工作人员的办事效率评价为很高和较高的占到33.1%，评价为一般的占到44.1%，评价为很低和较低的占到 22.8%。说明在焉耆县农民心目中经办机构工作人员办事效率与他们所期待的还有一定的差距，做得还不够好，农民依然期待经办机构的办事效率能够进一步提高。

（3）农户对监督权利发挥状况的满意度。

农民对新型农村合作医疗满意度的评价，其中农民对自身监督权利的发挥状况的评价也是一个很重要的指标，在新型农村合作医疗实施过程中，如果农民认为自身权利没有得到很好的发挥，那么他们将很难给出较好的评价。在本书中，针对农民对监督权利发挥的满意度指标中，主要从农民认为的了解途径、宣传工作、基金管理透明度、投诉、提议以及解决问题渠道的畅通性和监督权利的发挥通过五个方面来进行研究，具体调研结果如表 8－20、图 8－15 所示。

表 8－20　农户对监督权利发挥的满意度　　单位:%

变量	很好＝5	比较好＝4	一般＝3	比较差＝2	很差＝1
了解途径	10.3	24.6	42.7	19.4	3
宣传工作	9.1	28.2	35.2	26.7	9
基金管理透明度	15.5	26.3	33.2	16.8	8.2
反馈渠道的畅通性	6.5	16.8	34.5	21.6	20.7
监督权利的发挥	9.1	15.5	35.8	22.4	17.2

资料来源：通过对实际调研数据整理所得。

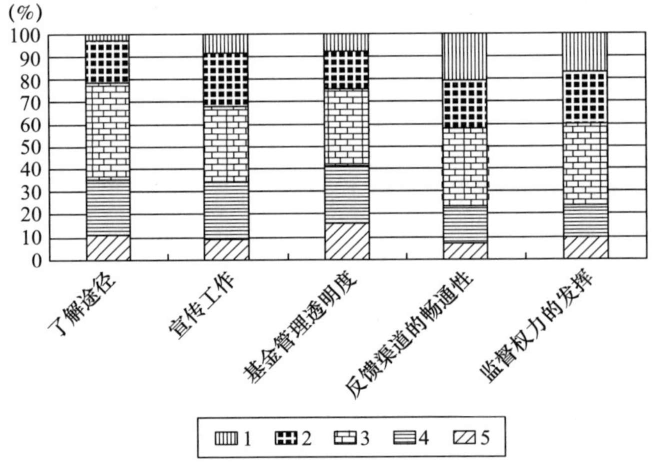

图 8－15　农户对监督权利发挥的满意度

从表 8－20、图 8－15 可知，农民对了解新农合的途径相对不是很满意，焉耆县农民对评价为很好和较好的为 34.9%，评价为一般的为 42.7%，评价为很差和较差的为 22.4%，说明在新农合实施过程中，农民了解新农合的途径不是很多，途径过于单一，使农民对新农合的了解不够具体。

农民对宣传工作评价为很好和较好的为 37.3%，评价为一般的为 35.2%，评价很差和较差的为 35.7%，说明在新农合实施过程中，宣传工作做得不到位，对具体政策条款的知晓程度还很低，政府在这方面做得还不是很好，依然需要做特别的加强。

农民对基金管理透明度评价为很好和较好的为41.8%，评价为一般的为33.2%，评价为很差和较差的为25%，从此结果可以看出，农民对基金管理透明度这一评价较为分散，但没有达到满意的人群依然为58.7%。焉耆县政府由于政府观念、操作方法等方面的原因，在基金公开方面做得还不够好，农民对提高基金管理透明度的要求较为强烈。

农民对投诉、提议以及解决问题渠道畅通性评价为很好和较好的为23.3%，评价为一般的为34.5%，评价很差和较差的为42.3%，说明焉耆县政府由于对此方面重视程度不够等方面的原因，在这方面做得还不是很好，并不能很好地满足农民的要求，还需要进一步加强。

农民对监督权利的发挥评价为很好和较好的为24.6%，评价为一般的为35.8%，评价很差和较差的为39.6%，说明焉耆县农民对自身的监督权利认识不清，不知道怎么发挥自身的监督权，认为自己在这方面做得还不是很好。

（二）新疆焉耆县新型农村合作医疗农户满意度影响因素实证分析

1. 多项 Logistic 模型的建立

本研究选择使用 SPSS 18.0 软件中多项 Logistic 回归模型进行影响农民参与新型农村合作医疗的因素分析，选择此模型主要是基于如下两方面的考虑：第一，Logistic 回归模型对自变量的概率分布没有具体要求，适用范围更广；第二，本研究过程中以农民对新型农村合作医疗的满意程度作为因变量，取值为1、2、3、4、5五个等级，分别代表“非常不满意”“不满意”“一般”“满意”“很满意”，具有多种分类，故适合采用多项 Logistic 回归模型，而不适用于因变量取值在［0，1］之间的二元 Logistic 回归模型。Logistic 回归模型的一般形式：

$$\text{Log}\left\{\frac{pi}{1-pi}\right\} = \alpha + \sum_{k-1}^{k} \beta kxki + \mu \tag{8-1}$$

其中，k 取1，2，3，…，k，α 代表截距项，βk 代表回归系数，$x_1ix_2i\cdots xki$ 代表自变量，μ 代表随机误差项。将满意度作为因变量，将农户的年龄、收入、医院设施、医生技术水平、政府办事效率、政府监管能力、监督权利的发挥等作为自变量进行多项 Logistic 回归模型分析。

2. 农户满意度影响因素的多项 Logistic 回归

（1）变量说明。本研究在文献复习的基础上，结合本次调查的定量、定性结果、模型选择等情况，综合考虑设置变量。由于较多的文献均认为性别对新农合满意度没有显著影响，而婚姻状况虽然在一些文献中认为具有一定的影响，但由于这些因素是不能通过政策的调整来改变的，因此，本书未将性别和婚姻状况放入变量中来研究。综合分析后，从农民自身特征、对定点医疗机构的认可度、对政府部门及经办机构的认可度、监督权利的发挥状况中选取了16个变量作为解释变量，如表8－21所示。

表8－21 Logistic 回归模型自变量定义

自变量名称	变量定义
农民自身特征	
年龄	≤20＝4，21～39＝3，40～59＝2，≥60＝1
民族	少数民族＝2；汉族＝1
文化程度	小学及以下＝4，初中＝3，高中/中专＝2，大专以及以上＝1
人均年收入	＜5000＝4，5000～10000＝3，10001～20000＝2，＞20000＝1
身体状况	良好＝3，一般＝2，较差＝1
定点医疗机构	
医院设施	很好＝5，比较好＝4，一般＝3，比较差＝2，很差＝1
医生技术水平	很好＝5，比较好＝4，一般＝3，比较差＝2，很差＝1
医疗费用	很高＝5，比较高＝4，一般＝3，比较低＝2，很低＝1
医务人员服务态度	很好＝5，比较好＝4，一般＝3，比较差＝2，很差＝1
政府部门及经办机构	
政府政策制定能力	很好＝5，比较好＝4，一般＝3，比较差＝2，很差＝1
政府办事效率	很好＝5，比较好＝4，一般＝3，比较差＝2，很差＝1
政府监管能力	很好＝5，比较好＝4，一般＝3，比较差＝2，很差＝1
报销比例	很满意＝5，满意＝4，一般＝3，不满意＝2，非常不满意＝1
报销的方式及流程	很合理＝5，比较合理＝4，一般＝3，比较不合理＝2，很不合理＝1
监督权利	
了解途径	很好＝5，比较好＝4，一般＝3，比较差＝2，很差＝1
基金管理透明度	很好＝5，比较好＝4，一般＝3，比较差＝2，很差＝1
反馈渠道的畅通性	很好＝5，比较好＝4，一般＝3，比较差＝2，很差＝1
监督权利的发挥	完全发挥＝5，有发挥＝4，一般＝3，基本没有＝2，完全没有＝1

（2）回归分析。

根据232份调查问卷的信息，将数据录入SPSS软件中，利用多项Logistic回归模型得出以下结果如表8－22所示。

表 8-22　Logistic 回归模型的参数估计和检验结果

自变量	系数	卡方值（Wald）	Sig.	Exp 值
农民自身特征				
年龄	0.212	0.743	0.389	1.237
民族	0.346 **	3.463	0.019	1.413
文化程度	0.299	2.609	0.106	1.348
人均年收入	0.126	1.552	0.213	1.135
身体状况	-1.907	4.225	0.140	0.149
定点医疗机构				
医院设施	0.488 *	7.680	0.060	1.628
医生技术水平	0.386 **	4.701	0.030	1.470
医疗费用	-0.431 ***	7.191	0.007	0.662
医务人员服务态度	0.593 ***	1.314	0.001	0.431
政府部门及经办机构				
政府政策制定能力	0.239	1.389	0.239	1.269
政府办事效率	0.529 ***	9.106	0.003	1.698
政府监管能力	0.562 ***	7.288	0.007	1.755
报销比例	0.647 ***	8.133	0.001	0.188
报销的方式及流程	0.120 **	3.021	0.041	0.128
监督权利				
了解途径	0.439 **	2.801	0.042	3.064
基金管理透明度	0.586 ***	8.261	0.004	1.471
反馈渠道的畅通性	0.269 **	4.038	0.044	1.309
监督权利的发挥	0.402 ***	6.493	0.006	1.572

注：*、** 和 *** 分别表示统计检验达到 10%、5% 和 1% 显著性水平。

表 8-22 中的数据结果显示，从各项因素的评价指标来看，说明本次利用模型的检验效果良好，从模型的参数估计上来看，在 0.05 水平上，民族、医生技术水平、报销的方式及流程、了解途径、反馈渠道的畅通性与农户的参合满意度呈现显著相关；在 0.01 水平上，医疗费用、医务人员服务态度、政府办事效率、政府监管能力、报销比例、基金管理透明度、监督权利的发挥与农户的参合满意度有极高的相关性。

3. 结果分析

（1）农户自身特征变量对新农合满意度影响整体不显著。

从描述农民自身特征的5个变量来看，其中，年龄、文化程度、人均年收入和身体状况对新农合满意度影响不显著。究其原因，在于焉耆县农民人均年收入和受教育程度较低，农民之间差距较小，而且新农合政策并没有因为人均收入不同和受教育程度差异而实施不同的新农合政策。另外在本次调研中，主要考虑20~60岁的人是家庭经济来源的主要提供者，对新农合感触也最深，因而调研年龄段主要集中在此部分人群，此外，由于受调查人群为年轻群体身体，状况相对较好，也会影响新农民满意度。

农民的民族特征通过了5%的显著性检验，对新农合满意度有一定影响。在新农合实施中，对西部地区有明显的政策倾斜，特别是对西部少数民族地区更是如此，少数民族农民在新农合参与中，一方面，由于政府补贴较多，参合缴费相对较低；另一方面，当农民获得补偿时，也可能会获得更多的照顾，如大病救助等，这决定了少数民族农民可能受益更多。

（2）农户对定点医疗机构的认可度对新农合满意度有影响。

从农民对定点医疗机构的认可度的四个变量来看，医院设施、医生技术水平、医疗费用和医务人员的服务态度均通过了显著性检验。其中，医院设施通过了10%的显著性检验，医生技术水平通过了5%的显著性检验，且这两项影响均为正向。说明在农民心目中，医院设施越好，医生技术水平越高，定点医疗机构治病水平也越高，农民也越容易在看病过程中获得真正的满意。

医疗费用变量通过了1%的显著性检验且影响为负向，说明医疗费用越低农民越感到满意，新农合政策的宗旨就是减轻农民看病负担，检验结果也充分说明了农民对医疗费用的强烈关注程度，农民在新农合政策中享受到的实惠越多，农民就越感到满意。当然医疗费用并不是一味地降低就好，而是要在满足农民基本需要和尽可能避免医药浪费的前提下，进一步降低农民医疗费用。

医务人员服务态度通过了1%的显著性检验，说明医务人员服务态度对新农合的满意度有很大的影响。医务人员服务态度较差对新农合满意度评价的影响是比较大的，农户在就医过程中最在乎的就是医护人员的服务态度，若医务人员服务态度太差就会影响新农合在农户心目中的良好形象。

（3）农户对政府部门及经办机构的认可度对新农合满意度有正向影响。

在农民对政府部门的认可度三个变量当中，政府政策制定能力影响没有通过显著性检验且影响为正。没有通过显著性检验应该和政府对新农合政策相对较为稳定，农民对政府政策制定能力没有显著感知相关。

政府办事效率和政府监管能力均通过了1%的显著性水平检验且符号为正，说明在整个新农合制度运行过程当中，农民对政府的办事效率和监管能力较为看重，政府办事效率越高，在政策实施过程中监管能力越强，农民在办理新农合过程中就有更多的保障，越有助于加强农民对政府的信任感，同时农民也越能获得真正的实惠，因而越感到满意。

在农民对经办机构的认可度两个变量当中，报销比例和报销的方式及流程均通过了显著性检验。其中，报销的方式及流程通过了5%的显著性检验，报销比例通过了1%的显著性检验，且影响均为正向。说明在农民心目中，报销的比例越高，对新农合满意度的评价就越高。报销流程方便简洁就越深得民心，农户报销过程变得简洁，对新农合的满意程度也会提高。

（4）农户监督权利的发挥状况对新农合满意度有显著的正向影响。

在农民监督权利发挥状况的四个变量中，基金管理透明度和监督权利的发挥均通过了1%的显著性检验且影响为正向。基金使用以及管理状况越公开透明，农民安全感越强，对政府的信心也就越大，越容易感到满意；农民充分发挥了自身的监督作用，对新农合的满意度就越高。

了解途径和反馈渠道的畅通性均通过了5%的显著性水平检验且影响为正向。这说明农户对新农合了解越多，对满意度的评价才会越客观，才会更趋向于满意，而不了解的人更容易受外界因素的影响，不能主观地判断新农合的满意程度。反馈渠道的畅通性说明农民在尽义务的同时也越来越意识到维护自己的权利，沟通的渠道越畅通，农民越容易以主人翁的姿态参与到新农合各项政策当中，同时越产生更多的认同感。

第二节 基于人力资本视角的新疆集中连片特困区反贫困的整体措施

农村人力资本投资是新疆集中连片特困区反贫困工作顺利进行的关键，在推动农村贫困人口提升生活质量、实现脱贫致富愿望的过程中发挥积极的作用。同时，由于新疆集中连片特困区人力资本投资作为一项系统的工程，面临着诸多因素的影响，如落后的思想观念、滞后的制度建设以及农村基础设施的严重匮乏均在一定程度上限制了南疆三地州农村人力资源开发工作的顺利进行。因此，本部分在充分了解新疆集中连片特困区农村人力资本在投资影响因素的基础上，结合国内外人力资源开发相关理论和经验，参考以往人力资本投资政策在实施中存在的问题，从转变农村劳动力传统观念、加强农村劳动力基础教育和职业技术教育、引导农村劳动力合理流动、消除人力资本投资制度限制以及健全农村人力资本投资政策五个维度来探寻新疆集中连片特困区人力资本反贫困的科学、合理的实现路径。

一、观念更新：南疆三地州农村人力资源开发的先行

思想观念作为一种无形的力量，在农村人力资源开发工作中发挥着潜移默化的作用。农民陈旧的思想观念诱发农民形成安于现状、墨守成规、缺乏市场意识和进取心理生活价值取向，甚至会诱发农民对新事物、新思想产生严重的抵触心理。政府由于传统工作模式的限制，对农村人力资源开发缺乏清晰的认识和准确的把握，致使农村人力资源开发工作不规范和支持力度不够。因此，在南疆三地州农村人力资源开发进程中，一方面，政府应转变政府职能，充分认识农村人力资源开发工作的重要性，加大农村人力资源开发支持力度；另一方面，应通过广播、电视等多种宣传媒介，向农民传播人力资源开发相关理念，转变农民思想观念，发挥农民主观能动性，引导农民自主开发。

1. 转变政府职能，加大农村人力资源开发支持力度

虽然农村人力资源开发作为一项经济行为，以市场规律为主导，但是政府在基础教育、公共卫生、社会保障等“公共物品”或“准公共物品”的供给中依然发挥着决定性的作用。因此，南疆三地州各级政府应尽快转变观念，充分发挥政府在农村人力资源开发工作中的指向性作用，加大农村人力资源开发支持力度，推动农村人力资源开发工作顺利、平稳地进行。在具体操作中，首先，南疆三地州各级政府应抛弃轻视、浪费人才的陈旧观念，在部门中树立“惜才、爱才和培养人才”的人才投资理念，将人力资本投资视为最具有经济和社会效益的投入。其次，对于南疆三地州农村人力资源开发规划部门来说，应充分认识农村人力资源对推动当地经济发展和农民生活质量的重要性，应把南疆三地州农村人力资源开发工作纳入当地经济和社会发展的大系统中，根据南疆三地州扶贫开发战略和农村的实际情况，制定符合南疆三地州特点的切实可行的农村人力资源开发规划。最后，对于农村人力资源开发工作执行部门来说，应在部门内部确立“振兴农村，人才为本”的人才理念，根据农村人力资源开发相关规划，有计划、有步骤、有目标地推动农村人力资源开发工作顺利进行，实现南疆三地州农村人力资源素质显著提高、人力资源结构趋于合理以及农村人力资源在数量上、质量上与当地经济社会发展协调一致。

2. 培养农民开发观念，引导农民自主开发

南疆三地州各级政府在加大农村人力资源投资力度，推动农村人力资源开发工作顺利进行的同时，应向农村地区广泛宣传农村人力资源开发相关理念，引导农民自主开发。对于农村人力资源开发工作来说，无论采取什么样的开发手段和开发模式，只能起到一定的辅助作用，只有农民转变传统观念，积极主动地提升

自己的人力资本存量，才能最大限度地发挥南疆三地州农村人力资源开发工作的成效。应加强农民思想道德建设力度，消除农民“安于现状”“不思进取”的价值取向和“等”“靠”“要”的依赖思想，通过政策宣传、明星示范和教育等培训，引导农民树立自主开发理念，充分发挥农民的主观能动性。此外，政府还应该加强农民的法律意识教育，通过举办普法宣传、教育活动，提升农民的法律意识，引导农民知法、懂法、守法和主动用法律维护自己的合法权益。

3. 应对西部贫困文化问题的措施

贫困文化论者认为，穷人所持有的贫困文化是他们贫困的根本原因，从我国多年来的扶贫实践和长期的农村调查来看，传统的扶贫方式并不能从根本上医治西部地区的贫困。要想根治西部贫困必须从西部贫困文化的成因及其表征入手，具体问题具体分析，积极地采取措施对症下药，从根本上解决西部贫困及其贫困文化问题。具体措施有以下三点：

一是政府要坚持走文化扶持与经济扶持相结合的道路，着力改变西部贫困地区居民的落后观念。过去我们所走的是以物质扶贫为主导的路子，所针对的是人们生活与生产条件的改善，但忽视文化扶持，不利于贫困地区人口自立、自强精神的树立，不利于他们眼界的拓宽，也不利于人们在长期物质扶贫下所养成的依赖心理向创业致富心态的转变。因此，针对过去扶贫工作的不足，政府应对扶贫重点和方式进行改革，从西部贫困地区实际存在的思想保守、观念落后、文教事业落后等贫困的根源因素入手，坚持经济扶贫与文化扶贫相结合的方针，走以文化扶持、生产扶持为主，以生活扶持为辅的道路，把发展生产、改善生活环境与改造观念、精神相结合，真正实现从过去“输血式”救济的被动扶贫转化为“造血式”的主动扶贫。所谓文化建设，就是要从教育、科技、文艺等诸多方面综合性地改变贫困地区文化落后的面貌，目的在于提高劳动者的思想道德和科学文化素质，从而促进经济发展和社会全面进步。进一步引导群众解放思想，更新观念，移风易俗，破除迷信，不断树立社会主义道德新风尚，拔除当地居民心中根深蒂固的贫困文化思想。

二是加强西部贫困地区文化建设，发展公共文化设施和大众传播媒介，必须把文化设施建设放在重要的位置，做到“市有功能齐全的图书馆，县有文化活动中心，乡有科技文化阅览室，村有文化活动室，交通道旁有阅报栏”。使稍有文化的西部居民能够通过阅读了解并传播来自各方的信息，包括党和国家的政策、法令、生产科技知识等，使封闭中的农民群众逐步实现人的现代化，使扶贫转变为一种促使、帮助贫困人口开发自身智力资源为主的，追求自身和内源性的创造型发展战略。要大力发展社会主义先进文化，弘扬以爱国主义精神为核心的民族精神，特别要加强对青少年的思想道德教育。积极开展群众性精神文明创建活动，加强农村、社区和乡镇企业等基层文化建设；倡导科学、健康、文明的生活方式；进一步发展文学艺术、新闻出版和广播影视业，实施精品战略，提供更多健康向上、人民群众喜闻乐见的精神文化产品。贫困地区的各级政府应根据当地的实际情况，大力发掘本地区优势产业，积极推动文学艺术、旅游、民间工艺、民俗文化等文化资源开发和文化机制创新，加大对公益性文化事业的扶持力度，完善文化产业政策，促进文化事业和文化产业共同发展，使文化产业的发展成为贫困地区脱贫致富的新的增长点。加强城乡之间、经济发达地区与贫困地区之间的交流，使物质、技术信息与文化等通过社会互动得到有效的传播，进而活跃贫困地区的文化。在封闭的自然、人文环境中要脱贫要发展就必然意味着某种程度的文化移入、文化冲击以及与之伴生的文化失调与重构。外来先进的文化和生活方式的移入，如果能够在贫困地区找到相互结合的原点就会极大地促进落后地区的发展。

三是重视“三农”问题，消除城乡差距，为消解贫困文化提供物质基础。经济是文化的基础，农民单家独户式的经营方式严重影响了贫困地区农民生存方式和价值观念的改变。党的十六大报告中提出“统筹城乡经济社会发展，建设现代农业，发展农村经济，增加农民收入，是全面建设小康社会的重大任务”。“三农”问题受到各级政府高度重视，对农业和农村经济的支持更加切实有效。要加快农业经营方式的变革，用经济的手段促使农民走合作化的道路。建立农业专业协会，拉长农业产业链，完善农业内部分工体系，打破家庭经营的传统模式，为消解西部贫困文化提供经济基础。各级政府要真正树立和落实科学发展观，从国民经济和社会发展的全局利益和长远利益出发，关注农民工市民化问题，切实做好进城农民工的服务工作，切实保护农民工权益，为农民进入城市打开通道，为消除二元经济体制，冲破城乡藩篱，切断贫困文化的承传机制创造条件。

二、教育性开发：农村人力资源开发的基础

农民作为农业和农村经济发展的主力军，其对科学技术和操作技能的掌握程度直接决定着农村经济的发展和农民生活质量的提升。而农民文化知识和科技水平的提升又取决于农村的教育水平。因此，针对南疆三地州农村人力资源质量偏低，农民知识文化素质和工作技能严重欠缺这一现状，政府应大力发展农村教育和培训事业，加大农村地区教育和培训投入力度，通过多种渠道提升农民的综合素质和工作技能，实现农村经济和社会的全面发展。

（一）落实科教兴农和人才兴农战略，加大对农村教育的投入力度

农村教育是面向农村地区进行的文化、经济、政治等方面的教育，主要包括

农村基础教育、职业技术教育和成人教育等内容。农村教育在提升农村劳动力的综合素质的同时，还应为农村经济的快速发展提供必要的人才保证和智力支持。因此，南疆三地州农村地区应加大农村教育的投资力度。然而从南疆三地州农村教育的发展现状来看，其公共教育支出水平不仅低于欧美等发达国家，与我国平均水平相比，也存在较大距离。因此，南疆三地州政府应建立和完善转移支付制度，进一步优化财政支出结构，逐步提高教育支出在财政支出中的比重，加大农村地区特别是农村贫困群体和弱势群体的教育支持力度。同时，当地政府应积极与社会相关团体合作，广开渠道，筹集教育和培训经费，提高南疆三地州农村教育和培训水平，落实科教兴农战略。

（二）夯实农村基础教育，切实落实十二年义务教育

基础教育是农村人力资源开发的基础，是将农村人力资源转变为人力资本的关键和先决条件。然而受自然条件和经济发展水平等的限制，南疆三地州农村基础教育依然存在基础教育设施破旧、落后，十二年义务教育尚未完全普及，中小学生流失严重，农村文盲、半文盲比例居高不下等问题。因此，南疆三地州各级政府应将农村的基础教育特别是十二年义务教育列为自身工作的刚性指标，建立和健全多元化的基础教育模式，切实抓好农村基础教育设施和师资队伍建设，多渠道筹集教育资金，加大农村基础教育投入。同时，南疆三地州政府应严格落实《义务教育法》等相关法律法规，通过约束性政策法规规范农村家长行为，切实保障农村青少年基础教育权利不受侵犯。此外，政府还应该通过多种宣传方式转变农村家庭“重男轻女”观念，让农村家庭认识到女童教育是提升女性治理状况、身体健康状况和改变女性生存命运的重要性。引导农村家庭对女性儿童教育的投入力度，并对女性儿童教育予以额外的保护。

（三）积极发展农村多层次、多形式的职业培训

职业技术教育是提升农民综合文化素质和增强农民创收、增收能力最直接、最有效的手段，在推动农村农业现代化生产和农民非农就业中发挥着最关键的作用。因此，鉴于南疆三地州农村职业技术教育和培训不尽如人意的特点，南疆三地州政府应结合农村的实际情况，积极发展农村多层次、多形式的职业技能教育和培训格局。在具体的操作中，南疆三地州政府应从以下三个方面努力。

首先，南疆三地州政府应加强农村职业技能培训师资队伍建设，千方百计地提升职业教师的教育素质和教学水平。由于南疆三地州农村职业技术教育起步较晚，学校规模较少，基础设施落后陈旧，师资力量匮乏，并且教师的教育素质和教学水平有待进一步提升。因此，当地政府应加强农村职业技术培训师资队伍建设，通过各种渠道提高农村职业教师的教育素质和教学水平。如可以在农村职业教师中开展职业技术教育教师资格证书制度和考核制度，加强对教师的监督考核

力度，督促职业教师及时更新专业知识和技能；从工厂和企业界中聘任合适的技术人员、管理人员和科研人员兼任职业技术教师，实现农科教结合，最大限度地提升农村职业教育的实用性和适用性。

其次，南疆三地州政府还应采用灵活的办学模式，促进农村人力资源有效开发。在农村职业技术教育课程设置方面，应紧抓职业技术教育周期性、针对性和灵活性的特点，遵循实用性的原则，根据南疆三地州农村经济发展的实际情况和农民的需求，有针对性地设置专业、课程和教材等，切实突出农村职业教育实用性和有效性的特点，使学员真正学到实用性的知识和技术。如对希望从事农村产品加工行业的农业，开展农副产品加工相关课程；而希望外出务工的农民则开展瓦工、厨师等非农就业方面的培训等。在教学方法和手段方面，也应突出灵活性的特点，针对农民的特点和农村环境和生活实际，选择合适的教学方式和方法。如通过远程开放教学、员工在岗学习，模拟训练等模式丰富职业技术教学方式和方法，突破课堂教学的单一模式。此外，农村职业技术培训还应该尽量避开农村农忙季节和农民的节日合理安排培训时间。

再次，要实现职业技术培训与产业结构相结合。目前，该地区职业技术培训偏向第二产业，建筑行业技术培训居多。为使职业技术培训协调发展，满足农民多样的生产需求，就要求其紧密结合三大产业，实现全方位、多角度立体式发展。第一产业：要加大农产品深加工技术、先进的农业生产设备操作技术、科学的畜牧养殖技术等技术培训力度；第二产业：要充分利用自然资源带动工业产业的发展，加大矿产、太阳能、风能资源开发利用技术人才培训力度；第三产业：要加大旅游服务技术培训力度，如导游培训、少数民族特色的手工制作技术培训、旅游中介服务培训等。

又次，要大量引进科学技术人才，采用“生产＋教育”的教学方式，现场示范操作技能，提高农民的学习兴趣和实际操作能力。这种方法，为少数民族农民创造了生产环境，使他们在实际操作中有切身体会，更容易学习高级技术，提高学习效率。

最后，大力发展农村非学历成人职业技术培训。基于农村职业技术教育和培训的局限性，南疆三地州相关政府应充分依靠农技站、文化站等技术推广机构，针对农村有培训需求的劳动力系统开展实用技术和科普知识等方面的培训，给他们传授“一技之长”，帮助他们掌握一到两项致富本领。切实履行教育部提出的“培训一批农民，推广一批技术，发展一项产业，振兴一方经济”的要求。

（四）全面推行农村通用语言培训

语言沟通能力是农民获取知识和寻找就业岗位的必备条件，对于降低农民进入城镇后的失业风险具有重要意义。而从南疆三地州农村劳动力的通用语言使用状况来看，其通用语言水平普遍较差，很难与其他民族同胞顺利沟通，极大地限制了农村劳动力外出务工和接受技能培训。因此，南疆三地州政府应全面推行农村双语教育和农村劳动力通用语言培训，提高农村劳动力通用语言沟通能力，消除农民外出务工和培训中的语言障碍。要实现南疆三地州农村地区双语教育和通用语言培训工作的顺利展开。从以下三个方面采取措施：首先，政府应履行自身职能，加强对农村双语教育和通用语言培训的保障工作。如相关政府可以出台《少数民族教育法》等法律法规和地方性条例，保障农民的受教育权利，规范政府在经费投入、师资队伍建设等方面的责任，使南疆三地州的双语教育和通用语言培训具有更加明确的政策和法律保障。其次，加强农村地区双语教育师资队伍建设。民族的振兴在教育，而教育振兴的希望在教师，因此，只有拥有了一批高素质的基教师资队伍，才能培养出合格的人才，真正地提升农村劳动力的通用语言沟通能力。而针对南疆三地州农村地区双语教育面临的基教教师严重不足，双语教学水平和汉语运用能力较差的“一缺二低”的突出问题，南疆三地州政府应通过双语教育专业训练、短期再教育等多种途径和方式全面提升南疆三地州双语教育的师资队伍素质。最后，针对双语教育教材质量较少、质量不高和双语教育课程设置不合理等问题，当地政府还应该在实践中不断改进双语教育教学模式，逐步完善双语教育的课程设置和教材建设等。

三、制度性开发：农村人力资源开发的关键

制度是一系列制定出来的用于规范人们行为的规则、程序以及道德伦理规范，其宗旨是实现整个社会福利或效用的最大化。南疆三地州农村人力资源开发工作是一项长期而又渐进的系统工程，必须需要与之相适应的制度进行约束和规范。但是，从目前南疆三地州农村相关制度安排来看，在二元经济结构下城乡分割的户籍制度和社会保障制度均在一定程度上制约了南疆三地州农村人力资源开发速度和成效。因此，对于南疆三地州政府来说，要想推动农村人力资源开发工作的顺利进行，应采取两方面措施：一方面应进一步深化户籍制度改革，消除户籍制度对农村劳动力在城乡合理流动的限制；另一方面应逐步完善农村社会保障制度，实现社会保障制度在城乡之间的无缝对接。同时，政府应积极推进城乡居民间的有机融合，消除城市居民对进城务工和求学的农村劳动力的歧视行为。

（一）进一步深化户籍制度改革

文章的实证结果表明，农村的户籍制度对农村人力资源开发的影响不显著，但是我们仍然不能忽视城乡分割的户籍制度对农村人力资源开发的负面影响。因此，南疆三地州政府在农村人力资源开发的过程中，应进一步深化农村户籍制度改革，消除城乡分割的户籍制度对农村劳动合理流动的影响。同时，应逐步放开

小城镇和中小城市户籍制度限制以及适当放宽大城市户籍制度管理，农民在城镇取得固定职业并且工作年限达到一定要求，则可以进入城市定居或经商等，从体制上给予农民以“国民待遇”，逐步统一城乡劳动力市场，从而为南疆三地州农村人力资源开发的顺利进行创造有利条件。

（二）逐步完善农村社会保障制度

社会保障制度是社会发展到一定阶段的产物，是有效保护人力资源、维护公平的强大动力，是社会文明和进步的重要标志。与工业部门相比，农业生产属于弱质产业，面临着自然和市场的双重风险，因此要想最大限度地消除农民可能遇到的自然和市场风险，应尽快加强农村社会保障事业，将农民工和全体农民纳入社会保障体系之中，逐步完善农村社会保障制度。对于南疆三地州农村地区来说，建立并逐步完善农村社会保障制度，实现城乡之间社会保障的无缝对接，需要从以下三个方面展开工作。首先，政府应通过广播等媒介，加大农村社会保障宣传力度，消除农民纯短期效益观念，强化农民风险意识和保险意识，提高农民参与社会保障的意识和积极性。其次，鉴于南疆三地州农村地区经济发展滞后，农民收入水平偏低的问题，政府应加大农村社会保障事业的财政支持力度，建立“政府—集体—个人”的三方筹资机制，并提高政府和集体出资额在总保险费用中的比重，尽快实现南疆三地州农村地区社会保障制度的全覆盖和农村社会保障体制的正常运行。最后，农村的社会保障制度应逐步消除以行政区域设置为主要标准的属地化管理模式，推动农村和城镇社会保障体系的无缝对接，让进城务工、经商和定居的农民也能享受到社会保障制度给其带来的好处。

（三）继续加强医疗机构的建设

由于我国农村经济发展程度不够高等原因，普遍在医疗机构的建设方面做得相对较差，无论是在农村的医疗设施建设还是医生的技术水平上来说，都还远远不足以满足农民的要求。农民在看病过程中经常因为交通不便、在心理上会担心去一些大型医院花钱更多等因素而导致治疗的延误。在对焉耆县的实地调研中我们也发现，焉耆县三级医疗网络比较健全，县医院、乡镇卫生院、村卫生室的量上基本能够满足农民日常看病需求，但在质的方面做的依然还不够。医疗机构的建设不能仅仅停留在量的方面，更要注重质的提高。伴随着经济的逐步发展，在后续新农合发展的过程中，首先要注重各级医疗机构医疗设施的建设，先进的医疗设备往往能够大幅度的提高医生的诊断能力和分析能力，从而提高医院的整体医疗水平。其次要加强对医护人员的专业培训，提高他们的业务素质，同时要扩大对外交流，学习国内外最新医疗手段，从而不断提升医护人员的技术水平。也可适当聘请专家名医进行合作会诊，使农民获得更加方便、高质量的治疗。再次，在各级医疗机构中，增加健康体检项目，让农民在日常生活中方便进行体检，对疾病早发现、早治疗，更好地做好农民的疾病防治工作。从而让农民从根本上在医疗方面获得全方位的保障。

（四）加强政府部门服务能力，减轻农民负担

在新型农村合作医疗的实施过程中，政府部门首先遇到的问题便是资金不足问题，资金不足就必然会导致对农民看病过程中的医疗费用报销比例不高问题的发生，因而在这种情况下，政府部门首先要做的就是要想方设法进一步提高融资能力、扩大筹资渠道，竭力解决新农合实施过程中的资金问题。如努力制定出更为合适的各级筹资比例，采用福利彩票、慈善捐款、投资等方式进一步扩宽筹资渠道等，同时政府部门也要大力提高对新型农村合作医疗制度的监管能力，严格要求各级相关部门，严格控制其中的乱收费、乱花费等状况，坚决避免各相关部门在各个环节中对农民提出不合理要求，层层把关，尽最大努力降低农民的医药费用，切实保障农民的基本利益。其次政府部门也要进一步提高自身的办事效率，简化处理程序，减少办事手续，提高服务能力，让农民能够更加方便快捷的获得新型农村合作医疗制度带来的实惠与服务。

（五）逐步建立使农民更加受益的报销制度

首先，完善报销的标准和比例，要根据人群层次不同，设置符合相应水平的报销标准和比例，扩大农民的受益面。对于新型农村合作医疗制度中的医疗药品报销目录也应该争取放宽一些，调整药品价格。同时对报销的起付线和封顶线也要规划的更加合理一些。对于焉耆县各乡镇中收入较低、生活较为贫困的家庭要制定出一项特殊的标准，把各项指标都能够放宽一些，能够让这类人群真正体会到新农合所带来的实惠。其次，要让一步简化报销程序以此来吸引农民就近就医，降低农民到市区就医的额外费用，简化报销程序是因为很多的农民群众的文化水平不高，对医疗报销这样的复杂问题并不能灵活的掌握，反而会让他们失去对新农台的耐心，所以要加强完善焉耆县新农合的报销信息系统的建设，可以为参加新农合的农民建立一个个人基本信息的门户网站，将农民就医的详细情况记录在这个系统中，农民在报销前先核对自己的就医情况，准确无误后再去办理报销手续。

（六）完善农民监督权利的保障机制

新时代的农民接收信息渠道较多，文化程度也在逐步提高，对自己的监督权力要求也很高，在这种情况下，政府部门更要严格要求自己，更要在新农合的实施过程中，努力做到公开公正，接收农民群众的监督，真正让农民放心、满意，加强农民对政府的信任感。在对焉耆县的调研中显示，政府在对新农合基金公开、农民对新农合知晓程度，以及农民与政府之间沟通对话方面做得还不够好，还不能令大多数农民达到满意。在这种情况下，首先，政府可以采用多种多样喜

闻乐见和通俗易懂的方式加大对新农合的宣传力度，如张贴海报、发放小手册、广播、电视、报纸、画报、文艺下乡、干部走访宣传等多种方式大力对农民进行政策的深入宣传，也可专门设立一些新农合辅导站，方便农民去咨询了解。同时也要定期采用多种方式向全社会公开基金筹集和使用状况，接受全社会成员的监督，让农民真正对政府放心，真正对新型农村合作医疗制度放心。其次，在政策制定和实施过程中，政府也要充分了解和采纳农民群众的意见，加强农民与政府之间的沟通与对话，确实保证农民的监督权利的有效发挥。

（七）强化农村法制化建设

农村法制化建设是保障农民合法权益，实现社会公平、推动城乡协调发展和社会和谐的重要手段。因此，南疆三地州政府应加大立法执法力度，开展法律法规宣传教育，提升农村法制化建设水平。首先，南疆三地州政府应针对农村发展和农村劳动力市场存在歧视、拖欠克扣工资、工作安全保障不健全等问题，积极制定、修改并实施农村劳动力培训、就业管理、劳动保障和检查、就业保障等方面的法律法规，规范市场行为，保障农村劳动力合法权益。其次，政府在执行相关法律法规时，应最大限度简化法律操作流程，缩减调查取样和审判时间，让农民深切感受到法律就在身边，实现农民“有法可依”的愿景。最后，加大农村地区法律宣传力度，在农民中形成通过运用法律武器保护自己合法权益的法制观念，消除农民外出务工或接受培训中可能遇到的歧视和伤害带来的后顾之忧，推动农村劳动力积极参加职业技能培训和外出务工等人力资源开发项目。

（八）完善县、乡、村级农村人力资源开发管理机制

鉴于县、乡和村政府在南疆三地州农村人力资源开发工作中发挥的作用的不同，各级政府应明确自身部门的具体工作职责，与其他部门密切合作，推动南疆三地州农村人力资源开发工作的顺利进行。就南疆三地州县、乡、村各级政府的部门职责来看，县级相关部门应遵循整体性、超前性等原则制定南疆三地州农村人力资源开发规划，并建立相应的责任制度，奖惩制度以及人力资源开发咨询服务机制；乡镇政府的主要任务则是在抓好基础教育，大力发展农村职业技术教育和农民培训，提高农民的文化素质和工作技能；村级相关部门则应从所在村庄的实际出发，通过多种途径，采用多种方式，引导农民向城镇和非农部门转移，实现农村劳动力资源的合理配置。此外，村政府还应该充分挖掘本村毕业生、复员军人、能工巧匠等人才，充分发挥他们的示范带头作用，激励其他村民自觉投入到农村人力资源开发事业当中去。

四、迁移性开发：南疆三地州农村人力资源开发的重点

农村人力资源开发不仅包括通过教育和培训等提升农村劳动力的文化素质和

工作技能，还包括对现有农村人力资源的优化配置，实现农村劳动力的合理流动。通过农村劳动力迁移性开发，可以使现有人力资源得到更合理的利用，实现农村劳动力的自身价值，同时，农村劳动力还可以在城乡之间自由流动。由于农村劳动力的生活环境和身份的巨大变化，自身的素质和文明程度也得到了显著的提升。因此，在南疆三地州农村地区大力发展农村人力资源开发工作，引导农村劳动力向城镇转移，推动农村劳动力在城乡之间合理流动，对实现农村劳动力资源优化配置和农民文化素质的提高具有重要意义。而作为南疆三地州农村人力资源开发的重点和难点问题，要实现农村劳动力迁移性开发的顺利进行，当地政府应从建立和完善城乡统一的劳动力市场，大力发展县域经济、乡镇企业和特色民族产业以及推动农村劳动力劳务输出等三个方面下功夫。

（一）完善城乡统一的劳动力市场，组织农村劳动力有序转移

城乡统一的劳动力市场是农村劳动力向城市转移的重要通道，对促进城乡之间协调发展和农村劳动力生活质量的提升具有重要作用。城乡统一的劳动力市场应涉及劳动力需求的信息提供、劳动力培训、劳动力组织输出和流动等方面的服务。南疆三地州农村地区要想建立城乡统一的劳动力市场，应从以下两方面采取措施：一方面，应逐步消除二元经济机构造成的城乡之间户籍、社会保障制度等方面的差异，应出台相关法律法规，明确用工单位不得以户籍、性别、年龄等内容，歧视进城务工人员，从而实现劳动力市场的公平公正。同时，将农民工和农村劳动力纳入社会保障范围之内，提高他们的保障水平，真正实现农村社会保障制度的对农村劳动力的保障功能。另一方面，政府应在农村劳动力进城务工的过程中发挥媒介作用，通过引导城镇用工单位直接到农村招人和在农村地区建立劳务输出中介结构等形式，实现农村劳动力健康、有序地进入城市就业，消除农村劳动力因进入城镇找不到工作而带来的担忧。此外，南疆三地州政府应加强外出务工人员的管理和保障工作。例如，有条件的县政府可以向喀什地区疏附县、疏勒县那样，在本县务工人员达100人的集中区派管理干部一名，带本民族师傅开办特色清真餐饮，让少数民族务工者在他乡也能感受到“家”的温暖。

（二）大力发展乡镇企业，推动县域经济发展

县域经济特别是第二、第三产业的快速发展，是解决农村剩余劳动力的主要途径。而在县域经济中，乡镇企业是吸收农村剩余劳动力最强的产业，是增加农民收入最快和提高农民素质最显著的部分。因此，南疆三地州政府应进一步加大乡镇企业支持力度，大力发展劳动力密集型和劳动资本双密集型等吸收农村剩余劳动力强的农产品加工企业。同时积极开拓农村资金和劳动力等要素市场，着重解决企业在发展过程中可能遇到交通、通信、保险、金融、信息服务和技术服务等问题，最大限度地发挥乡镇企业对农村劳动力的吸纳能力。

（三）抓住当地的人文特点，开发民族特色产业

南疆三地州农民生活在恶劣的自然环境下，在长期的生产和生活实践中积累了大量民间工艺技术，并创造了丰富的民族艺术产品，如维吾尔族的英吉沙小刀、新疆土陶、帕拉孜，哈萨克族的新疆地毯、冬不拉等。这些民族工艺产品与其民族传统文化有紧密的联系，并且为人们所喜爱的民族物色产品。因此，南疆三地州政府应将农村人力资源开发与当地的民族文化相结合，开发具有民族特色的工艺品。这样不仅保护了民族传统文化，而且通过发展民族特色产业，可以有效增加当地农民就业机会，提升农民的生活水平和财富积累，增强农民的市场竞争观念。同时，南疆三地州农民通过与外界贸易和交流，也开拓了农民的视野，激发了农民自主投资教育和培训的意识，推进了农民文化素质和工作技能的提升。

五、基础设施开发：南疆三地州农村人力资源开发的保障

（一）加强农村文化设施建设，改善农村文化环境

农村文化设施建设和文化事业发展不仅能丰富农民的文化生活，而且通过电视、广播的媒介，能实现城乡之间文化的互动和交流，开拓农民视野，转变农民的思想观念，提升农民的文化素质。因此，南疆三地州各级政府应充分认识农村文化建设的重要性，加大农村地区文化基础设施的投资力度，提高农村电视、电话、广播、农村图书馆和农村文化院的覆盖比例，并以农村文化设施为平台，组织开展农民喜爱的文化活动，宣传城镇先进文化，推动城镇文化在农村中广泛传播，实现农村文化和城镇文化的碰撞和交流，转变农民不思进取、安于现状的传统观念，在农村地区形成崇尚科学、文明向上的文化氛围，并在农民中树立市场意识和创新意识，推动农民积极参加人力资源开发活动，通过培训和外出务工提高工作技能和改变自身命运的能力。

（二）健全农村医疗保障体系

鉴于南疆三地州农村地区卫生人员欠缺、医疗床位不足和人均卫生费用偏低的问题，南疆三地州相关政府应大力推进县级、乡级、村级医疗服务网络建设。在村庄建立标准的医疗卫生室，在乡镇建立公共卫生院、妇幼保健院，县市建立疾病预防控制中心和大病救治中心，提高农村重大疾病预防检测能力。同时，优化农村卫生资源，加快改进乡村卫生机构服务模式；增加农村卫生投入，加大卫生支农和扶贫力度；加强对医务人员的培训，提高服务质量和技术水平；完善药品采购制度，规范药品及医疗服务价格，实行由政府牵头、部门配合、农民代表共同参与管理的新格局。通过县、乡、村医疗服务网络建设全面提升农村医疗服务水平和医疗人才队伍素质，提高对农村人力资源的保障能力。同时，政府应组

织开展乡村全面健身运动，普及保健知识，全面提高南疆三地州农村人力资源身体素质。

（三）加强农村治安治理，实现农村地区稳定有序发展

稳定团结的社会秩序是南疆三地州农村人力资源开发顺利进行的前提，在农村人力资源开发事业中发挥着重要的保障功能。针对南疆三地州农村民族问题、宗教问题比较突出的现象，南疆三地州政府应加大农村治安管理投入力度，健全农村治安治理章程，推动南疆三地州农村地区健康稳定有序地发展。首先，南疆三地州政府应大力发展县域经济和民族特色产业，通过各种渠道提升农民的生活水平，消除煽动分裂和挑拨民族关系的团伙势力。其次，尊重南疆三地州农民的民族风俗文化和宗教信仰，加强民族团结教育，强化各民族的中华民族认同感。再次，对南疆三地州农村地区加强宣传教育，揭露各种分裂组织的丑恶嘴脸和分裂活动本质，让农民意识到只有在共产党的领导下，维护社会稳定，才能实现家庭收入水平和生活质量的提升。最后，应对南疆三地州境内存在的各种分裂势力予以坚决的打击，阻断国外分裂势力对南疆三地州的渗透。

（四）加大农村交通基础设施建设

南疆三地州农村交通的便利与否在一定程度上也影响着农民向城镇转移和实现城镇文化向农村扩散的顺利进行以及农民视野的开阔和观念的转变。近年来，虽然南疆三地州农村地区的交通基础设施较以前有了明显改观，通公路村庄比例和通汽车村庄比例与以前相比也有了显著提高，但是与全疆的平均水平相比，依然存在较大的差距。因此，南疆三地州政府应坚持城乡统筹发展的原则，调整公共财政向农村基础设施建设的倾斜，加大农村公路、汽车等交通基础设施建设的支持力度，改善农村生产生活条件和整体面貌，消除农村劳动力外出务工的交通障碍，从而更好地实现城乡之间的互动交流和协调发展。

在对农村人力资源开发与反贫困关系和农村人力资源开发影响因素准确把握的基础上，以转变农民思想观念，加强农民基础教育和职业技能教育为主，进而推动农村劳动力在城镇之间合理流动，进一步消除农村人力资源开发制度限制以及加强农村基础设施建设，从而提升农村基础设施服务水平等角度构建南疆三地州农村人力资源开发的具体实现路径。

附录 1

附表 1　1994～2013 年南疆三地州农村人力资源开发水平

年份	南疆三地州人口自然增长率（X1）	南疆三地州农村人口结构（农村非农从业人口比重（X2）	农村女性从业人员比重（X3）	农村劳动力宗教信仰状况（宗教信仰人口占比（X4）	学龄儿童入学率（X5）	每万人大中专毕业生人数（X6）	每万人拥有教师数（X7）
1994	10. 5836	0. 0629	0. 4716	0. 9342	0. 9706	6. 9577	83. 3009
1995	11. 4769	0. 0597	0. 4700	0. 9335	0. 9703	8. 4336	80. 9451
1996	11. 0552	0. 0610	0. 4725	0. 9315	0. 9742	8. 2337	83. 4436
1997	11. 4488	0. 0589	0. 4749	0. 9311	0. 9658	8. 8166	87. 2550
1998	11. 0302	0. 0584	0. 4728	0. 9495	0. 9768	7. 8126	91. 2881
1999	10. 4270	0. 0584	0. 4693	0. 9325	0. 9709	8. 1835	94. 6173
2000	12. 4013	0. 0471	0. 4649	0. 9325	0. 9540	7. 6933	99. 6897
2001	11. 4081	0. 0619	0. 4622	0. 9296	0. 9850	7. 4763	104. 7614
2002	10. 1956	0. 0643	0. 4616	0. 9282	0. 9840	11. 7528	103. 0160
2003	11. 1665	0. 0775	0. 4616	0. 9304	0. 9730	14. 7805	102. 3863
2004	10. 1500	0. 0811	0. 4622	0. 9319	0. 9817	15. 1326	107. 0600
2005	11. 6490	0. 0944	0. 4515	0. 9321	0. 9847	11. 3409	112. 1743
2006	10. 3491	0. 0754	0. 4393	0. 9317	0. 9869	9. 0931	124. 3177
2007	12. 4334	0. 0786	0. 4517	0. 9386	0. 9930	9. 6887	120. 6854
2008	15. 2982	0. 0557	0. 4587	0. 9387	0. 9954	11. 1079	121. 9400
2009	21. 7836	0. 0561	0. 4596	0. 9393	0. 9959	19. 0932	128. 7837
2010	19. 5689	0. 0757	0. 4607	0. 8993	0. 9971	21. 6845	130. 0806
2011	17. 3127	0. 0565	0. 4556	0. 9409	0. 9942	16. 0975	127. 7417
2012	23. 8876	0. 0580	0. 4585	0. 9413	0. 9969	28. 8634	126. 7655
2013	19. 4867	0. 0796	0. 5235	0. 9506	0. 9974	30. 7064	130. 0944

续表

年份	每万人拥有职业学校教师人数（X8）	万人通识汉语人数（X9）	农民年均医疗保健支出比例（医疗支出占生活消费比重，X10）	南疆三地州每万人拥有床位数（X11）	南疆三地州每万人拥有卫生技术人员数（X12）	农村劳动力非农就业情况（工资性收入占总收入比重，X13）	农村劳动力外出务工状况（务工收入比重，X14）
1994	2.0158	47.7725	0.0618	32.8000	13.5333	0.0198	0.0033
1995	2.0859	47.9813	0.0479	32.3000	14.5333	0.0261	0.0020
1996	2.1149	48.7152	0.0514	31.0667	14.7667	0.0289	0.0048
1997	2.1419	48.9113	0.0579	30.8533	16.4633	0.0228	0.0022
1998	1.8633	49.1719	0.0472	28.9000	15.5000	0.0287	0.0146
1999	2.2459	49.2471	0.0487	29.2667	17.1333	0.0326	0.0115
2000	2.2517	51.7281	0.0587	27.9000	17.9667	0.0449	0.0137
2001	2.3224	52.8139	0.0687	27.6000	17.5667	0.0434	0.0049
2002	2.2413	70.7413	0.0719	26.9000	26.9000	0.0448	0.0027
2003	2.1443	94.7542	0.0615	27.8167	14.1330	0.0280	0.0084
2004	1.9673	126.9181	0.0649	27.2800	13.3167	0.0314	0.0363
2005	1.6896	170.0000	0.0714	27.9100	13.6200	0.0402	0.0116
2006	2.1836	206.0000	0.0798	30.0700	13.3400	0.0635	0.0342
2007	1.5218	243.0000	0.0723	33.3500	12.4400	0.0897	0.0448
2008	1.3564	280.0000	0.0718	36.8500	12.7233	0.1105	0.0646
2009	3.0210	610.0000	0.0795	43.5900	12.6867	0.1145	0.0640
2010	3.2278	390.0000	0.0612	48.5600	13.3700	0.1186	0.0727
2011	3.2442	1110.0000	0.0818	51.2000	13.6600	0.1272	0.0671
2012	3.3195	1315.0000	0.0645	52.4200	14.5667	0.1237	0.0649
2013	3.2988	1528.0000	0.0799	44.9700	16.4117	0.1408	0.0755

续表

年份	人均粮食产量（T1）	人均肉类产量（T2）	单位耕地面积农业机械总动力（千瓦）	南疆三地州农村人口结构（农村非农从业人口比重T4）	乡镇企业发展（乡镇企业从业人员数，T5）	农村人均纯收入（T6）	现金收入比重（T7）	恩格尔系数（T8）	人口自然增长率（T9）
1994	409.4206	20.7171	0.　0996	0.0629	211420.0000	641.1900	0.8380	0.2533	10.5836
1995	418.0772	24.4991	0.1017	0.0597	220416.0000	767.9050	0.7781	0.2429	11.4769
1996	426.0046	23.8822	0.1336	0.0610	227940.0000	775.5850	0.8633	0.2462	11.0552
1997	437.3668	26.5784	0.1152	0.0589	101260.0000	952.8250	0.8202	0.2780	11.4488
1998	0.9768	28.9000	0.8453	16.6075	0.5389	3915	0.7790	0.0428	10.4522
1999	0.9709	29.2667	0.8948	17.1400	0.7405	3904	0.7576	0.0510	10.7700
2000	0.9540	27.9000	0.9391	16.2250	0.5469	3908	0.7448	0.0555	13.0100
2001	0.9850	27.6000	0.9210	15.1210	0.5846	3916	0.7576	0.0714	13.0700
2002	0.9840	26.9000	0.9237	15.5657	0.5945	3909	0.7048	0.1452	14.1200
2003	0.9730	27.8167	0.9226	16.0236	0.5916	3914	0.7101	0.1862	12.0600
2004	0.9817	27.2800	0.9079	16.4948	0.5902	3919	0.7125	0.1332	12.5100
2005	0.9847	27.9100	0.9403	16.9800	0.5887	3924	0.7278	0.1134	21.4300
2006	0.9869	30.0700	0.9414	17.3100	0.4186	3929	0.7778	0.1075	26.2900
2007	0.9930	333500	0.9404	17.5650	0.6929	3934	0.7635	0.1607	33.4900
2008	0.9954	36.8500	0.9418	17.8850	0.7159	3939	0.7138	0.3338	39.5000
2009	0.9959	43.5900	0.9482	18.1550	0.5651	3944	0.6817	0.2242	42.000
2010	0.9971	48.5600	0.9494	18.6000	0.5980	3949	0.6947	0.1339	46.2200
2011	0.9942	51.2000	0.9664	14.5100	0.7031	3954	0.6857	0.0910	55.1000
2012	0.9969	52.4200	0.9530	20.8000	0.7722	3960	0.6793	0.1120	76.3700
2013	0.9976	54.7300	0.9597	19.0675	0.7588	3995	0.7055	0.1280	71.5800

附表 2　南疆三地州扶贫开发模式成效比较分析原始数据

项目	2006	2007	2008	2009	2010
人均纯收入	1643.04	1996.9	2192.57	2502.62	2928.58
民生工程资金投入	106.23	94.4	442.36	580.1	414
人均社会救助资金	813.64	866.93	270.82	332.7	336.05
产业化资金投入	476.26	455.02	614.91	1319.82	1755.65
农村人力资源开发资金投入	56.48	51.66	57.8	122.9	157.8

附录2　南疆三地州农村人力资源开发与反贫困脉冲分析结果

Response to Cholesky One S. D. Innovations ± 2 S. E.

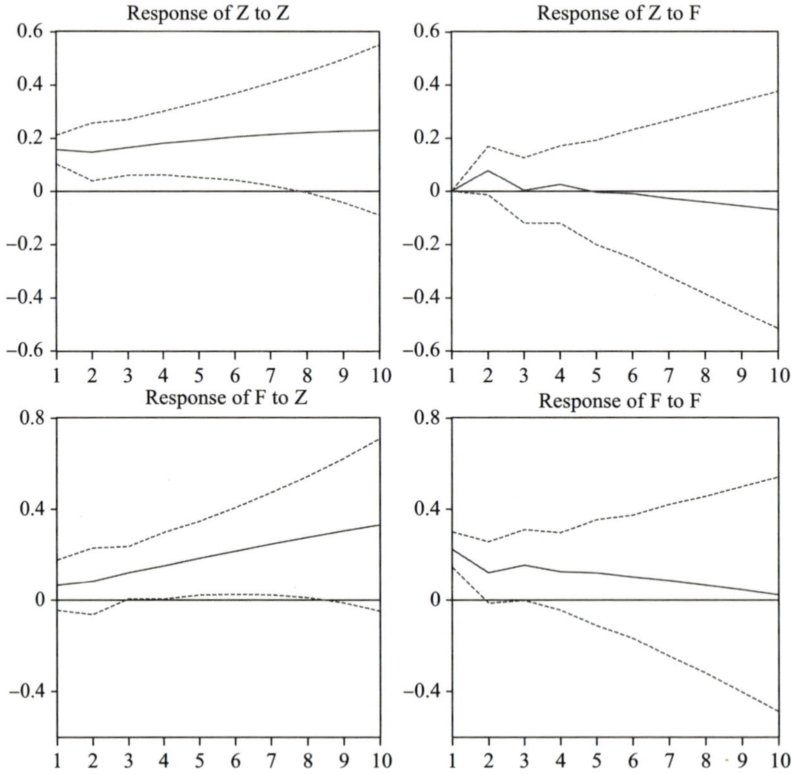

附录3　调查问卷

新疆集中连片特困区贫困人口贫困现状及原因调查

亲爱的朋友：

您好！为了了解和改善你们在农村的生活条件以及人力资本投资状况，我们开展了这次调查。请您在百忙之中能抽出宝贵时间支持我们，十分感激！

问卷填写说明：

1. 请您根据您实际情况选择，以保证调查结果正确性。

2. 此问卷以无记名方式填写，请你根据个人的真实想法，选择你认为最适合的答案。遇到有______的地方，根据要求简要填写答案。

超过50%的题目不予回答时，该问卷为无效问卷

1. 调查地点：______市/县______乡______村

2. 调查时间：2016年______月______日

一、基本情况

1. 您的民族：______性别：__男 / 女__

2. 您的年龄：

A. 25岁以下　　B. 26～35岁　　C. 36～45岁

D. 46～55岁　　E. 56～65岁　　F. 66岁以上

3. 您的教育程度：

A. 未接受过正规教育　　B. 小学以下　　C. 初中

D. 中专　　E. 高中　　F. 大专

G. 本科以上

4. 您的家庭人数为______人；其中老人______人；未成年人______人；上学的______人。

5. 您的健康状况：

A. 相当不错　　B. 比较健康　　C. 一般

D. 不太健康　　E. 非常不健康

6. 您的家庭年人均收入：

A. 0～2300 元　　B. 2301～4000 元　　C. 4001～6000 元

D. 6001～8000 元　　E. 8001 元以上

7. 您家的主要收入来源是什么？（可多选）

A. 种植业　　B. 养殖业　　C. 特色林果业

D. 经商　　E. 外出务工收入

F. 政府提供的保障资金或扶贫资金　　G. 子女或亲戚援助

H. 其他

8. 您家庭的耕地面积是：______亩

9. 您家种植的作物的类型：

A. 西瓜、哈密瓜、葡萄等瓜果

B. 小麦玉米等粮食作物

C. 棉花　　D. 雪菊等茶叶

E. 核桃、巴旦木、红枣等干果

F. 蔬菜种植　　G. 其他

二、贫困现状调查

1. 您的家庭是否有子女辍学的情况：

A. 有（转第 2 题）　　B. 没有（转第 3 题）

2. 您子女辍学的原因是：

A. 家庭经济困难，无钱上学

B. 学习成绩不好，不想让他/她上

C. 他/她自己不想上学　　D. 其他

3. 您的家庭是否有有病无钱就医的情况：

A. 有　　B. 没有

4. 您家里成员有没有因为长期患病、伤残、智力缺陷而对家庭造成巨大经济压力的：

A. 有　　B. 没有

5. 您们村是否有医疗卫生室：

A. 是　　B. 否

6. 如果有医疗卫生室的话，卫生室有几个卫生员______

7. 您家目前子女教育负担如何：

A. 很重　　B. 不太重，能够承受　　C. 没有什么负担

8. 您家目前赡养父母的负担如何：

A. 很重　　B. 不太重，能够承受　　C. 没有什么负担

三、贫困原因调查

1. 您所居住地近两年是否发生过重大自然灾害（沙尘暴、地震、旱灾、洪涝、冻害等）：

A. 有　　B. 否

2. 您所居住地的自然环境对您家庭的收入是否有重大影响：

A. 是　　B. 否

3. 家中成员是否有人外出务工：

A. 有（转第4题）　　B. 否（转第5题）

4. 外出务工的范围：

A. 本村　　B. 本县　　C. 本市

D. 本省　　E. 其他省市

5. 没有外出务工的主要原因是（可多选）：

A. 自身文化程度较低　　B. 思想观念保守　　C. 语言不通

D. 缺乏外出务工技能　　E. 身体健康状况差

F. 民族文化差异给生活带来的不便

6. 您认为您家庭贫困的原因主要是以下哪些？（多选）

A. 收入来源单一　　B. 耕地较少　　C. 没有稳定的收入

D. 当地就业岗位较少、很难找到适合的工作

E. 自身文化程度较低，语言不通、缺乏职业技能

F. 家中有重大疾病或伤残人员，医疗开支较多

G. 抚养和教育孩子的经费较高、经济压力大

H. 赡养老人负担重　　I. 家中成员上进心较差，对政府较为依赖

G. 其他（补充说明）

请对上述你选择的贫困原因按重要性进行排序：

____

7. 您认为您所居住地贫困的原因主要是以下哪些？（多选）

A. 该地较为偏远，公路及交通设施落后，交通不便

B. 该地土地贫瘠，自然环境较差，自然灾害较多
C. 该地就业岗位不足，基础设施较差，留不住人才
D. 该地高素质劳动力较少，经济发展缓慢
E. 国家扶贫精准度不高，扶贫项目落实不到位
F. 国家给予的教育、医疗等技术设备等支持不足
G. 医保、社保覆盖率较低，制度不够健全
H. 其他（补充说明）____________
请对上述你选择的贫困原因按重要性进行排序：

____

四、扶贫政策实施现状

1. 您是否了解当地政府正在开展的扶贫项目：
A. 非常了解　B. 比较了解　C. 了解一点
D. 不太清楚　E. 完全没听说过
2. 您目前最希望政府为您家做些什么？
A. 提供资金扶持　B. 提供技术帮扶　C. 提供就业机会
D. 解决生活困难　E. 其他
3. 您所在地农村扶贫方式主要有（可多选）：
A. 种养殖业扶贫　B. 科技（技术）扶贫
C. 帮助打开农副产品市场销路
D. 劳务输出扶贫　E. 农村基础设施建设　F. 安居工程扶贫
G. 提供就业信息（公益岗位）　H. 职业技能培训
I. 旅游开发扶贫　J. 资金支持　K. 教育免费及补助
L. 其他

4. 你现在上学的孩子中是否享受到14年免费教育（2014年之后没有高中含高中就读的孩子不用填写）：
A. 是　B. 否
5. 您是否参加过政府举办的培训活动：
A. 是　B. 否
6. 您参加过哪些类型的培训：
A. 生活技能　B. 生产技能　C. 专业技术技能
D. 营销技能　E. 劳动转移技术培训　F. 实用技术培训
G. 汉语言培训
7. 近几年您家__是/否__进行了房屋改造或新建，改造或新建中__是/否__

得到补助，补助金额是______元。

8. 您现在是否享受得了贫困户免抵押免担保贷款政策：

A. 是　B. 否

9. 您的家庭所参加的社会保障项目有哪些：（多选）

A. 最低生活保障　B. 新型农村社会养老保险

C. 新型农村合作医疗　D. 农村“五保”政策　E. 农村医疗救助

F. 其他

10. 您是否得到过贫困救助：

A. 有　B. 没有（转13题）

11. 救助的来源有（可多选）：

A. 亲朋好友　B. 村民邻居　C. 村集体

D. 政府贫困补助　E. 政府提供的低保金　F. 慈善组织或社会捐赠

G. 其他______

12. 就您所知当前的扶贫项目有没有漏掉一些贫困家庭或是错置给非贫困家庭：

A. 有　B. 没有

13. 如果有漏掉一些贫困家庭或是错置给非贫困家庭的扶贫项目，你所了解到原因是什么？

A. 贫困家庭不愿意参与　B. 贫困家庭申请扶贫项目但无果

C. 非贫困家庭通过各种非正当关系获得　D. 政府硬性安排

E. 贫困家庭根本不知道有哪些扶贫项目

14. 您所在地的农村困难群体同时享受低保和扶贫优惠政策的情况：

A. 非常普遍　B. 较为普遍　C. 一般

D. 较少　E. 极少　F. 不清楚

15. 您所在地是否有困难村民脱贫后继续享受着扶贫或低保待遇的？（______）

A. 非常普遍　B. 较为普遍　C. 一般

D. 较少　E. 极少　F. 不清楚

五、扶贫政策实施效果调查

1. 政府现施行的教育政策是否缓解了子女的教育负担：

A. 是　B. 否

2. 您的子女现在就读 幼儿园/小学/初中/高中/大学/职业技术院校 一学年的教育费用大概是多少______一学年政府大概补助______元。

3. 您参加的职业技能培训提高了经济收入：

A. 非常不同意　B. 不同意　C. 比较同意

D. 同意　E. 非常同意

4. 若得到过贫困救助，救助效果如何：

A. 非常有效　B. 较为有效　C. 效果一般

D. 没有什么效果　E. 完全无效

5. 据你所知你们村是否存在因病返贫的情况：

A. 是　B. 否

6. 您认为新农合的补偿力度能否完全解除您对因大病初愈而使家人陷入困境的担忧吗？

A. 完全不能解除　B. 稍微有点缓解　C. 效果一般

D. 有所缓解，效果较好　E. 有所缓解，效果非常好

7. 您或您的家人享受扶贫政策后，家庭收入是否增加？

A. 增加了　B. 没有增加

8. 若您的家庭在扶贫政策下收入有所增加，那么您家的年收入大概增加了多少？

A. 500 元以内　B. 500～1000 元　C. 1000～3000 元

D. 3000 元以上

9. 您的家庭的收入增加主要是靠政府直接投拨资金还是通过各种政策提升自己及家庭成员的能力获取收入？

A. 政府直接投拨资金

B. 通过政策提升自己及家庭成员的能力获取收入

六、人力资本投资现状调查

1. 您__是/否__支持子女接受高等教育，您愿意培养子女到那个教育阶段：

A. 大学毕业　B. 研究生毕业　C. 博士毕业

D. 只要子女有能力无条件培养

2. 您看重子女教育培养的原因是什么：

A. 能够找到好工作，有好的发展

B. 摆脱贫困，走出农村

C. 由于自己知识缺乏，感到没有知识是不行的

D. 学习是子女改变自己命运的唯一途径，以后可以有好的生活

E. 子女学习好，自己有面子

F. 自己没有考虑那么多

3. 除了培养子女接受正规教育以外，您还会注重他哪方面的培养：

A. 兴趣爱好　　B. 处理事物的能力　　C. 性格方面

D. 思想品德上

4. 您培训意愿如何：

A. 很弱　　B. 较弱　　C. 一般

D. 较强　　E. 强烈

5. 您每年平均支付的职业技能培训费用是：

A. 10 元以内　　B. 10～20 元　　C. 20～50 元

D. 50～100 元　　E. 100～200 元　　F. 200 元以上

6. 如果政府组织免费的职业技能培训你是否愿意参加：

A. 是　　B. 否

7. 您＿是/否＿会坚持体育锻炼，如果没有坚持的原因是：

A. 没有时间　　B. 每天干活累，没有多余的精力锻炼

C. 身边没有人锻炼所以我也没锻炼

D. 没有地方可锻炼　　E. 没有考虑过

8. 您每年是否会进行体检：

A. 是（转第 9 题）　　B. 否（转第 10 题）

9. 您体检是政府组织的还是自发的：

A. 政府组织的　　B. 自发去的

C. 政府组织的体检项目不全，有时自己会多加些钱，增加体检项目

10. 您每年没有定期体检的原因是：

A. 认为身体挺好的没必要定期体检

B. 费用太高

C. 家里经济困难，不想花这个钱

D. 认为体检作用不大

11. 您认为在教育、技能培训、健康方面的投资能够使您的收入增加吗？

A. 非常不同意　　B. 不同意　　C. 比较同意

D. 同意　　E. 非常同意

七、人力资本投资障碍因素调查

1. 收入水平较低是否阻碍了您在教育、职业技能培训等方面的投资：

A. 是　　B. 否

2. 落后保守的思想观念是否阻碍了您在教育、职业技能培训等方面的投资：

A. 是　　B. 否

3. 家中供养的大学生毕业工作是否改变了家庭的经济状况：

A. 是　　　　　　B. 否

4. 家中供养的大学生毕业后是否回家乡工作了：

A. 是（转第6题）　　　　　　B. 否

5. 家中供养的大学生毕业后没有回家乡工作的原因：

A. 家里人希望他在大城市成家立业

B. 他自己不想回来，认为大城市机会更多

C. 他认为家乡的条件太差了，不愿回来

D. 大城市更符合自己的发展规划

6. 您家属于下面哪种情况：

A. 不管什么病，有病就医

B. 不管什么病，能拖就拖

C. 看情况，小病能拖就拖，大病不拖

7. 导致您家出现小病能拖就拖的原因是：

A. 可以省医疗费用　　　　　　B. 距就医地点较远，去看病比较麻烦

C. 认为小病影响不大，没必要去就医

8. 农村医疗卫生状况是否影响了您在健康医疗方面的投资：

A. 是　　　　　　B. 否

9. 我国目前的户籍制度是否影响了您向城市迁徙：

A. 是　　　　　　B. 否

10. 以下家庭因素哪些是您进行人力资本投资首要考虑的因素：

A. 家庭成员的强烈意愿

B. 家庭较为贫困想要脱贫

C. 希望孩子能比自己过得更好

D. 家庭收入勉强能够进行投资

11. 在进行人力资本投资之前您主要考虑的个体因素是什么：

A. 年龄　　　　　　B. 性别　　　　　　C. 受教育程度

D. 性格特征　　　　　　E. 健康状况　　　　　　F. 其他______

12. 所居住地的和谐与稳定是否是您进行人力资本投资的障碍性因素：

A. 是　　　　　　B. 否

感谢你的配合！

参考文献

［1］纳克斯著，谨斋译．不发达国家的资本形成问题［M］．北京：商务印书馆，1966.

［2］冈纳·缪尔达尔．世界贫困的挑战—世界反贫困大纲［M］．北京：北京经济学院出版社，1991.

［3］西奥多·W·舒尔茨．论人力资本投资［M］．北京：北京经济学院出版社，1990.

［4］Lewis，W. A. Unlimited Labor：Further Notes［J］．The Manchester School，January 1958.

［5］纳尔逊著，李德娟译．欠发达经济中的低水平均衡陷阱理论［J］．中国劳动经济学，2006（3）．

［6］马尔萨斯著，丁伟译．人口原理［M］．甘肃：敦煌文艺出版社，2007.

［7］Kuznets，Simon. Economic Growth and Income Inequality［J］．The American Review，1955（XIV）．

［8］马克思恩格斯全集［M］．北京：人民出版社，1956.

［9］朱霞梅．反贫困的理论与实践研究［D］．复旦大学博士学位论文，2010.

［10］刘丽娜．湖北民族地区贫困成因及扶贫政策研究［D］．中南民族大学硕士学位论文，2012.

［11］程厚思、曹文．制度、技术与边疆民族地区贫困问题［J］．中国农村经济，1997（12）．

［12］程厚思、邱文达等．边缘与“孤岛”—关于云南少数民族地区贫困成因的一种解释［J］．中国农村观察，1999（6）．

［13］王改弟．反贫困与可持续发展［J］．经济问题，2000（4）．

［14］敬莉．少数民族人口贫困问题的多角度分析研究［J］．生产力研究，

2008（3）.

［15］蔡昉．中国人口与劳动问题报告—转轨中的城市贫困问题［M］．社会科学文献出版社，2003.

［16］王朝明．中国农村30年开发式扶贫：政策实践与理论反思［C］．中国《资本论》研究会．全国高等财经院校《资本论》研究会2008年第25届学术年会论文集，中国贵阳，西南财经大学，2008.

［17］叶普万、周明：农民工贫困：一个基于托达罗模型的分析框架［J］．管理世界，2008（9）.

［18］陕立勤、kangShou Lu. 对我国政府主导型扶贫模式效率的思考［J］．开发研究，2009（1）.

［19］郑志龙．制度绩效评估标准及我国政府扶贫开发制度绩效分析［J］．郑州大学学报（哲学社会科学版），2009（2）.

［20］樊纲．发展的道理［M］．北京：生活．读书．新知三联书店，2002.

［21］张杰、高晓红．注资博弈与中国农信社改革［J］．金融与保险，2006（8）.

［22］张雄．西部大开发与西部少数民族经济社会和谐可持续发展论纲——一个政治经济学分析视角［D］．西南财经大学，2007（5）.

［23］峻峰．西部少数民族地区贫困问题与人力资本投资［J］．青海民族研究，2004（2）.

［24］汪三贵、朱希刚．信贷扶贫资金的传递、管理与织金县的扶贫开发［C］．中国扶贫论文精粹，2010（10）.

［25］魏淑清．论西部民族地区贫困人口对经济发展的影响［J］．生产力研究，2011（7）.

［26］李俊杰、伍学德．对民族地区劳务输出的观察与思考［J］．吉首大学学报（社会科学版），2006（6）.

［27］徐贵恒．主体视界下的民族地区贫困问题分析［J］．中国民族，2006（4）.

［28］樊怀玉、郭志仪、李俱恒等．贫困论—贫困与反贫困的理论与实践［M］．北京：民族出版社，2002.

［29］李茂林．民族地区贫困农村的反贫困策略［J］．经济导刊，2010（2）.

［30］邵志忠．从人力资源因素看红水河流域少数民族地区的贫困［J］．广西民族研究，2011（2）.

［31］庄天慧、牛廷立、张卓颖．“两免一补”政策实施对民族地区贫困农

户反贫困的影响评价—以四川少数民族地区为例［J］．改革与开放，2010（19）．

［32］原思敏．集中连片贫困区旅游发展动因与模式研究［D］．北京交通大学，2011.

［33］尚建宝．中国东部贫困地区县域政府公共产品有效供给研究［D］．东华大学，2010.

［34］张昌英、徐昀．智力资源在农村地区反贫困中的作用———以沂蒙老区为例［J］．农村经济与科技，2012（2）．

［35］张大维．生计资本视角下连片特困区的现状与治理——以集中连片特困地区武陵山区为对象［J］．华东师范大学学报（人文社会科学版），2011（7）．

［36］张大维．集中连片少数民族困难社区的灾害与贫困关联研究——基于渝鄂湘黔交界处149个村的调查［J］．内蒙古社会科学（汉文版），2011（9）．

［37］张玉玺．民族地区构建和谐社会中的反贫困绩效研究——以四川民族贫困县为例［D］．四川农业大学，2011.

［38］黄玉娜．社会资本视角下政府反贫困政策绩效的定量分析——基于典型地区城乡贫困家庭的调研［D］．西南财经大学，2011.

［39］龚宵侠．西部民族地区反贫困问题研究［D］．兰州大学，2007.

［40］杨颖．西部农村反贫困的影响因素分析——基于贵州农户家庭层面的问卷数据［J］．云南农业大学学报（社会科学版），2011（9）．

［41］潘明明．西部民族特困区农村人力资源开发减贫效应研究——以南疆三地州为例［J］．人口与发展，2016（2）．

［42］鲍步云、刘朝臣．农村人力资本投资是解决“三农”问题的基础［J］．乡镇经济，2007（11）．

［43］沈利生、朱运法．人力资源开发与经济增长关系的定量研究［J］．数量经济技术经济研究，1997（12）．

［44］白菊红．农村家庭户主人力资本存量与家庭收入关系实证分析［J］．西北农林科技大学学报（社会科学版），2004（10）．

［45］韩林芝．我国农村贫困主要影响因子的灰色关联分析［J］．中国人口·资源与环境，2009（8）．

［46］黄英君．我国政府反贫困政策回顾、反思与展望———基于社会资本投资的视角［J］．探索，2011（5）．

［47］刘林、付云宝．新疆贫困地区扶贫效率的模糊综合评价分析［J］．农业经济与管理，2013（2）．

［48］王宝珍、龚新蜀．边疆少数民族地区扶贫开发绩效评价—以新疆南疆三地州连片特困地区为例［J］．广东农业科学，2013（24）．

［49］窦鹏辉．中国农村青年人力资源开发报告［M］，北京：社会科学文献出版社，2005.

［50］张晓梅．中国农村人力资源开发与利用研究［M］．北京：北京农业出版社，2005.

［51］陈洛．中国西部人力资源开发［M］．北京：中共中央党校出版社，2004.

［52］胡平波．农村人力资源开发影响因素的维度结构与测量［J］．农业经济问题，2009（7）．

［53］沈鸿、赵永乐．西南少数民族地区农村人力资源开发影响因素研究——基于西南四省少数民族农村地区963份调查数据［J］．经济问题探索，2011（9）．

［54］裴鸿卫、胡平波．江西省农村人力资源开发利用影响因素实证分析［J］．江西财经大学学报，2007（6）．

［55］李光明、潘明明．个人特征、家庭特征、就业环境对维吾尔族农村劳动力外出务工意愿的影响［J］．统计与信息论坛，2013（8）．

［56］杨林、屠年松、常志有．边疆少数民族地区人力资源开发的障碍因素分析［J］．学术探索，2007（2）．

［57］毛德志．中国农村人力资源开发问题研究［D］．华中农业大学，2006.

［58］温铁军．新农村建设理论探索［M］．北京：北京出版社，2006.

［59］廖桂蓉．中国城镇贫困人口的人力资本与反贫困研究［M］．北京：民族出版社，2010.

［60］米切若张．社会发展与文化脱贫备议——少数民族贫困地区文化状况的调查与思考［J］．中南民族学院学报（哲学社会科学版），1994（5）．

［61］高香芝，徐贵恒．贫困文化对民族地区反贫困的多层次影响［J］．理论研究，2008（2）．

［62］阿班·毛力提汗．新疆贫困地区的文化脱贫问题［J］．新疆社会科学，2004（3）．

［63］项保华，刘丽珍．社会资本与人力资本的互动机制研究［J］．科学管理研究，2007（3）．

［64］刘林．新疆贫困地区扶贫开发机制研究［M］．经济科学出版社，2014.

［65］宋志辉．印度农村反贫困研究［M］．四川出版集团巴蜀出版书社，2011.

［66］安春英．非洲的贫困与反贫困问题研究［M］．四川出版集团巴蜀出版书社，2011.

［67］郑皓瑜．墨西哥贫困人口人力资本投资的经验及对中国的启示［J］．北京社会科学，2015（9）．

［68］焦国栋．国外反贫困的经验及对我国的启示［J］．理论前沿，2006（11）．

［69］加里·贝克尔．人力资本［M］．北京大学出版社，1987.

［70］赵曦．中国西部农村反贫困战略研究［M］，北京：人民出版社，2000.

［71］林毅夫．解决农村贫困问题需要有新的战略思路——评审季节银行新的惠及贫困人口的农村发展战略［J］．北京大学学报（社会科学版），2002（9）．

［72］赵茂林．中国西部农村“教育反贫困”战略研究［J］．理论探讨，2005（4）．

［73］刘新民．我国城市贫困群体现状及建议［J］．宏观经济管理，2006（6）．

［74］王庆林、贾敬．贫困与反贫困的社会学分析——基于布厄迪的实践社会学［J］．法治与社会，2008（7）．

［75］李迎春、龙方．农村反贫困的分析与选择［J］．湖南农业大学学报（社会科学版），2008（9）．

［76］康晓光．中国贫困与反贫困理论［M］．广西：广西人民出版社，1995.

［77］关信平．中国城市贫困问题研究［M］．湖南：湖南人民出版社，1998.

［78］江亮演．社会救助的理论与实践［M］．台湾：桂冠图书股份有限公司，1990.

［79］王曙光．中国的贫困与反贫困［J］．农村经济，2011（3）．

［80］郭熙保、宋健明．对贫困概念和扶贫政策的反思［N］．光明日报，2006－2－21（10）．

［81］李珊珊．广西农村人力资源现状与教育开发［D］．广西大学，2007.

［82］李凯、李崇光．农村劳动力收入水平与农村人力资源开发实证研究［J］．经济问题探索，2005（1）．

[83] 卫胜．欠发达地区农村人力资源开发研究——以安徽省为例［D］．南京农业大学，2007.

[84] 童玉芬，王海霞．中国西部少数民族地区人口的贫困原因及其政策启示［J］．人口与经济，2006（1）．

[85] 周永平．民族地区职业教育补偿的转型研究［D］．西南大学，2012.

[86] 李明生．南疆三地州农村职业教育发展研究［D］．新疆农业大学，2012.

[87] 杨骁．关于新疆南疆三地州农村劳动力转移的思考——以新疆喀什地区疏勒县为例［J］．实事求是，2012，（3）．

[88] 梁金贵．新疆喀什地区职业教育发展状况分析［N］．河南科技学院学报，2012－12（12）．

[89] 徐丽霞．新疆农村地区职业教育新体系构建：现实基础与基本策略［J］．理论见地，2009，（10）．

[90] 王新霞．新疆少数民族地区职业教育状况分析及对策研究［D］．江南大学，2012.

[91] 刘厚军．面向农村的职业教育体制机制研究［D］．长江大学，2012.

[92] 陈福祥．公共性职业教育培训的有效供给［D］．西南大学，2011.

[93] 张珂．农村职业教育的城市化倾向问题研究［D］．陕西师范大学，2013.

[94] 沈迪．农村职业教育现状分析及对策［D］．武汉工业学院，2012.

[95] 刘华，曹飞．基于农户视角的新型农村合作医疗满意度的实证分析［J］．华中农业大学学报（社会科学版），2010（6）．

[96] 彭春燕．浅谈新疆新型农村合作医疗制度［J］．兵团党校学报，2007（2）．

[97] 李广舜．新疆农村最低生活保障制度改革思考［J］．辽东学院学报（社会科学版），2008（12）．

[98] 郑彦玲，张利萍等．新疆乌苏市新型农村合作医疗满意度评价及影响因素研究［J］．数理医药学杂志，2011（6）．

[99] 胡伟．安徽省农民参与新型农村合作医疗的影响因素及满意度分析［D］．安徽工业大学硕士学位论文，2011.

[100] 罗昱．农民对新型农村合作医疗的评价及政策建议［D］．湘潭大学硕士学位论文，2009.

[101] 王珍珍．广东省新型农村合作医疗参合及满意度的影响因素研究［D］．南方医科大学硕士学位论文，2012.

［102］孙金铭．新型农村合作医疗参合农民满意度评价及其影响因素研究［D］．浙江大学硕士学位论文，2015.

［103］Lewis，W. A.，Unlimited Labor：Further Notes［J］．The Manchester School，January 1958：26.

［104］Kuznets，Simon.（1955）．Economic Growth and Income Inequality［J］．The American Review，XIV，1－28.